教育科学研究方法

钟以俊　龙文祥　主编

JIAOYU KEXUE YANJIU FANGFA

安徽大学出版社
ANHUI UNIVERSITY PRESS

图书在版编目(CIP)数据

教育科学研究方法/钟以俊,龙文祥主编.—合肥:安徽大学出版社,1997.04(2019.10重印)

ISBN 978-7-81052-053-9

Ⅰ.①教… Ⅱ.①钟…②龙… Ⅲ.①教育科学—研究方法—高等学校—教材 Ⅳ.①G40-03

中国版本图书馆 CIP 数据核字(2001)第 015751 号

教育科学研究方法

钟以俊　龙文祥　主编

出版发行	安徽大学出版社	印　刷	安徽昶颉包装印务有限责任公司
	（合肥市肥西路3号　邮编230039）	开　本	850×1168　1/32
联系电话	编辑部 0551-65107901	印　张	9.625
	发行部 0551-65107716	字　数	240 千
电子信箱	ahdxchps@mail.hf.ah.cn	版　次	1997年4月第1版
责任编辑	谈　菁	印　次	2019年10月第12次印刷
封面设计	孟献辉		

ISBN 978-7-81052-053-9　　　　　定价 25.00 元

如有影响阅读的印装质量问题,请与出版社发行部联系调换

前　　言

为满足高等学校教育学专业（教育科学研究方法）课程教学的需要，并为广大教育实践工作者提供必要的教育科研方法的指导，我们编写了这本《教育科学研究方法》。

本书在编写中，力图贯彻理论联系实际的原则，试图较系统地介绍教育科学研究的一般方法论思想及各种具体的研究方法与技术。同时，较充分地考虑到当前教育科学研究工作的现状及未来的发展趋势，在具体方法的阐释上作了适度的取舍工作，对实证性研究方法及数量化的研究方法与技术给予了更多的关注，试图做到学术性与应用性有机统一。

本书由安徽师范大学教育系的部分老师参加编写。承担各章编写任务的人员是（以编写章节先后为序）：周兴国（第一章第一、二、三节，第十章），钟以俊（第一章第四节），葛国、吴玲（第二章、第十一章），金维才（第三章、第四章），龙文祥（第五章、第八章、第九章），罗兴根、查晓虎（第六章、第七章）。全书由钟以俊、龙文祥负责统稿。

本书在编写中，广泛参阅了国内已出版的相关材料，在此谨对参考文献中所列述的专家、学者们表示最衷心的感谢。

编者
1997年元月于安徽师大

目　次

第一章　绪论 …………………………………………… (1)
  第一节　教育科学研究的对象与任务 ………………… (1)
  第二节　教育科学研究的过程与类型 ………………… (20)
  第三节　教育科学研究的发展趋势 …………………… (31)
  第四节　教育研究科学化的主要基础 ………………… (37)

第二章　教育科学研究课题的选择与确定 …………… (50)
  第一节　教育科学研究课题的来源 …………………… (50)
  第二节　教育科学研究课题的类型 …………………… (59)
  第三节　教育科学研究课题的选择 …………………… (64)
  第四节　科学研究的课题选择的一般程序 …………… (69)

第三章　教育科学研究假说的设计与构造 …………… (75)
  第一节　教育科学研究假说的特点与作用 …………… (75)
  第二节　教育科学研究假说的形成和内容 …………… (80)
  第三节　教育科学研究假说的检验 …………………… (82)
  第四节　教育科学研究假说的发展 …………………… (85)

第四章　调查法 ………………………………………… (88)
  第一节　调查法的特点和意义 ………………………… (88)
  第二节　调查法的类型 ………………………………… (89)
  第三节　调查的一般程序 ……………………………… (93)
  第四节　调查的具体方法 ……………………………… (98)

第五章　实验法 ………………………………………… (114)
  第一节　实验法的特征与种类 ………………………… (114)
  第二节　教育实验设计 ………………………………… (122)

第三节　教育实验结果的质量与验证 …………………… (134)
第六章　经验总结法 ………………………………………………… (139)
　　　第一节　经验总结的意义和作用 ………………………… (139)
　　　第二节　经验总结的方法和步骤 ………………………… (143)
　　　第三节　经验总结的基本要求 …………………………… (147)
　　　第四节　推广先进经验 …………………………………… (150)
第七章　历史法 ……………………………………………………… (154)
　　　第一节　历史法的意义和作用 …………………………… (154)
　　　第二节　运用历史法的原则 ……………………………… (155)
　　　第三节　运用历史法的步骤 ……………………………… (157)
　　　第四节　历史法研究应注意的几个问题 ………………… (161)
第八章　教育科学研究中的数量化方法 …………………………… (163)
　　　第一节　统计法 …………………………………………… (163)
　　　第二节　图表法 …………………………………………… (177)
第九章　教育科学研究中的辅助性方法 …………………………… (187)
　　　第一节　抽样法 …………………………………………… (187)
　　　第二节　测量法 …………………………………………… (192)
　　　第三节　个案法 …………………………………………… (200)
　　　第四节　预测法 …………………………………………… (203)
　　　第五节　比较法 …………………………………………… (213)
第十章　教育科学研究材料的收集、整理与分析 ………………… (217)
　　　第一节　教育科学研究材料的收集 ……………………… (217)
　　　第二节　教育科学研究材料的整理 ……………………… (225)
　　　第三节　教育科学研究材料的分析 ……………………… (230)
第十一章　教育科学研究报告的撰写 ……………………………… (247)
　　　第一节　教育科学研究报告的类型和结构 ……………… (247)
　　　第二节　教育学术论文的撰写 …………………………… (252)
　　　第三节　教育实验报告与教育调查报告的撰写 ………… (266)

附录:教育科学研究报告及研究设计三例 ………………（274）
附表:教育科学研究常用统计分析表 ………………………（289）

第一章 绪 论

教育科学研究是人们采用科学而系统的方法,遵循一定的研究程序来研究教育问题,以期获得有关教育行为的法则性知识的理性认识活动。教育研究活动的核心是寻找有意义的可靠的教育知识,目的在于调控人们的教育行为,使人们能够理性地从事教育实践活动,提高人的教育活动的功效。20世纪中叶以来,教育科学研究有了长足发展。由于研究人员有了复杂的研究设计和统计分析,人们现在已能够通过研究来着手解决一些复杂而又基本的教育问题。在过去的四五十年间,教育科学研究的活动范围已大大扩展,并且已对绝大多数教育领域(如心理学、课程改革、教育管理、教学方法及评价等)施以越来越大的实际影响。

我国在发展教育事业方面,十分重视教育科学的研究。《中国教育改革和发展纲要》中指出:"要积极开展教育决策咨询研究……,发挥教育科研对教育改革和发展的促进作用。"因此,对于从事教育实践工作的中小学教师来说,树立一定的教育科研意识,掌握一些开展教育科学研究工作的方法与技术是非常必要的。本章作为全书的引论,在正式介绍教育科学研究的各种方法与技术之前,首先对有关教育科学研究的几个前提性问题,诸如教育科学研究的对象与任务、过程与类型及教育科学研究的发展趋势作一阐述。

第一节 教育科学研究的对象与任务

一、教育科学研究的对象

教育的现象错综复杂。通过系统而科学的研究,我们可以较为清楚地认识各种教育问题,揭示教育现象所蕴含的本质和规律,为教育实践提供有效的指导。说到教育科学研究,便涉及到如何研究的问题,涉及到研究方法的问题。这就是说,科学在其自身的发展过程中,形成了许多针对特定对象的研究方法.那么在具体的研究过程中,研究者该怎样选择和运用合适的方法来研究所确定的教育问题呢？如果研究方法的选择和运用不当,从理论方面说,它可能使得教育科学研究无法达到它揭示教育规律、解决教育问题的目的,无法获得有意义的可靠的教育知识；从教育的实践方面来看,则有可能在使教育研究成果应用于教育实践的过程中,由于教育知识的不可靠而制造更多的问题与麻烦。这样,如何恰当地选择运用教育研究方法对于教育科学研究者来说,就成了在研究过程中首先要予以考虑的问题。对于这一问题,人们一般认为,教育科学研究方法是"随着教育现象的某一侧面作为研究对象而不同"。也就是说,教育科学研究方法的选择与运用取决不研究领域即研究对象的特殊性。人的认识活动总是指向特定的对象的,研究者正是根据研究对象所具有的特殊性质来选择研究方法的。这意味着,并不存在某种普遍适应所有对象的研究方法,脱离具体的研究对象,我们就难以评判说某一种研究方法更优于另一种方法。这样"如何选择和运用合适的研究方法"问题就转换成"研究对象是什么"的问题。因此,研究者要能准确恰当地选择和运用教育科学研究方法,首先需要了解教育科学研究的对象是什么,了解教育科学研究对象与其他学科研究领域的差异,了解教育科学研究对象内部不同侧面的特殊性质。

(一)不同的教育科学研究对象观

教育科学研究的对象是什么？教育理论界对这个问题的看法并不一致。考察中外教育理论家们对这个问题的论述可以发现,对教育科学研究对象大致有以下几种观点。

1.教育科学研究的对象是教育现象或教育事实

这种观点在中外教育理论界都可见到。例如,我国的一些教育学教科书即把教育学定义为"研究教育现象及其规律的科学",《辞海》定义为"研究教育现象、揭示教育规律的科学",德国的一些教育学者如弗里希艾森—苛勒和费希尔认为,教育科学研究各种教育事实;①此外,在我国曾一度流行的凯洛夫主编的《教育学》,在讨论教育学的研究对象问题时指出:"任何科学的本质的特征是它要在研究和总结事实的基础上(着重号为引者所加),去认识实际存在着的客观世界中某一方面的发展规律。教育学是一门科学,它要研究和总结教育的实践,去认识新生一代的教育规律。"②

把"教育现象"或"教育事实"作为教育科学研究的对象存在许多问题,我国已有学者对此做过分析。从教育科学研究实际角度看,"教育现象"或"教育事实"排斥了已经存在的形形色色的教育理论,缩小了教育科研的范围,而实际上教育理论亦是人们研究的对象;③从理论的角度看,"教育现象"或"教育事实"这两个概念难以解释清楚,更重要的是,人们对"现象"或"事实"的本质有不同的理解与把握,而这种理解与把握直接决定人们对研究方法的选择与运用。

首先,"教育现象"或"教育事实"这两个概念难以解释清楚,日本的教育学家村井实就教育学的研究对象是"教育现象"或"教育事实"论述道,把教育现象或教育事实当作是教育科学研究的对象是大有问题的,"每一种事实总是同时具有几种意义的事实,同时也有可能是社会事实、心理事实、经济事实或法律事实。正是因为这样,所以说,各种各样的学术和研究也都不是分别独立研究各自不同的事实,而实际上是从不同的角度来关注并共同协作来研究同一个事实而取得其成就的。"④

---

① 参见〔德〕W·布雷岑卡著:《教育知识哲学》,1992年英文版,48页。
② 〔俄〕凯洛夫主编,陈侠等译:《教育学》,人民教育出版社,1957,1页。
③ 参见叶澜著:《教育研究及其方法》,中国科学技术大学出版社,1990,4页。
④ 〔日〕大河内一男等著,曲程、迟风年译:《教育学的理论问题》,教育科学出版社,1984.27页。

当代德国教育理论家布雷岑卡在讨论教育科学的研究对象时也明确指出,教育现象植根于复杂的社会关系之中,人们只能在思维中把它们分离开来,并不真正存在一个独立形态的教育现象;同时,教育现象是指在教育活动中表现出来的外部形态和联系,它很容易使人们误解为人们在教育活动中表现出来的教育行为,而教育科学并不仅仅研究教育行为。教育是一个广泛而又复杂的活动领域。它也是其他科学研究的对象,尤其是心理学和社会学的研究领域。使得教育科学区别于心理学和社会学的,不是在于教育科学有一个自己独立的研究对象:"教育现象"或"教育事实",而是在于教育科学从自己独特的角度来看所谓的事实或现象。因此教育科学研究的对象应该是"从教育观点来看的整个人类现象"[①]。

其次,把教育科学研究的对象确定为"教育现象"或"教育事实"之不足,还在于人们对"教育现象"或"教育事实"之本质有着不同的理解与假定,这种理解与假定直接影响教育科学研究方法的选择与运用。例如,一些教育研究者认为,"教育现象"或"教育事实"本质上是组合的、有形的、可分裂的,总是表现为量的关系,"如果说存在着一件事物,它一定存在于一定的数量之中"。由于把"教育事实"或"教育现象"的本质假定为量的关系,因此一些教育科学研究者在选择和运用教育科学研究方法时,强调精确的定量研究方法,认为没有相当精确的定量就不可能有科学。

然而,另一些教育科学研究者则不同意对"教育现象"或"教育事实"作上述解释。他们认为,"教育现象"或"教育事实"本质上是多元的、无形的、整体的,教育属于社会活动的领域,教育行为本质上是一种有意义的行动,是透过人的意识和情感作用来完成一切认知和有关的价值活动,人的活动表现出目的性、价值性和规范性。因此,教育活动与行为必须放在社会的价值关系的体系中来

---

① 〔德〕布雷岑卡著:《教育知识哲学》,1992年英文版.45页~51页。

了解,而不能仅仅止于客观的描述与测量。物质世界是可以看到和触到的世界,观察为一切认识活动提供了坚实的基础。例如,学生的期中考试,可以通过测量及描述的方式,来知道其学习的结果,甚至可以了解他在全班学生中学习的状况,但更重要的是要了解学生对自己成绩的感受,或者成绩对他的意义。在这里,学生的感受与理解是通过测量而得不到的,据此这些研究者更多地采取从整体把握对象的定性研究的方法。

2. 教育科学研究的对象是教育事实和教育情境

为了避免教育科学研究对象表述的含糊性和不确定性,法国的教育研究者米亚拉雷提出了另一种关于教育科学研究对象的观点,即教育科学研究的对象是教育事实和教育情境。他认为,由于"整个人类科学的进步使得复杂的人类现象在不受破坏的情况下得到成功处理,并得到相当严格的科学分析",所以,"教育事实和教育情境就成了科学分析的对象。"米亚拉雷进一步说道:"在一定时间内存在的教育情境有两个主要因素,教育者因素和受教育者因素……这种教育情境有可能出现在专门为此目的而建立的结构中(学校)或在特定的场所(开放大学)。"而教育事实就是发生在教育情境中的教育行为,"在一定的教育情境中有许多教育过程在进行,从而产生某种特殊类型的行为(学习,主动进取等等)。"[①]教育事实的数量和种类是无限的。这种对象观的突出点在于把"教育事实"和"教育情境"并提,"教育情境"旨在说明"从教育的观点看"的具体含义。这样,教育科学就是对(过去、现在和将来的)教育情境的研究,包括解释和识别教育事实,并对这些教育事实进行严密的科学分析。

3. 教育科学研究的对象是教育存在

这是我国教育研究者提出的一种新观点。在这里,"教育存

---

① 〔法〕米亚拉雷等著,思穗、马兰译:《教育科学导论》,教育科学出版社,1991,21页～23页。

在"中的"存在"有着特定的含义:它是指相对于"无"的"有"。"教育存在"包括两种形态:实践形态的教育存在和理论形态的教育存在。①

对教育科学研究的对象有如此多的不同观点,一方面说明教育科学研究对象的多面性,正如列宁在讨论哲学的对象问题时指出的那样:"定义可能有很多,因为对象有许多方面。"另一方面也说明,对于教育研究者来说,明确教育科学研究的对象问题是很重要的。

以上各种观点虽然有差别,但在教育科学研究的根本目的上则是一致的,即都主张不但要发现有关教育行为的法则性知识,同时也都强调教育科学必须指导教育实践。几种提法都有合理的地方,但把它们和教育科学研究的实际相比就会发现不十分准确了,或者时代性不够,或者过于理性化。

鉴于上述几种对象观都有些不足,我们赞同把教育科学研究的对象确定为"教育问题"。

首先,因为科学是从问题开始的,"科学本质上是解决问题的活动"。② 引导研究者进行探索性研究活动的起点是科学的问题。在日常生活和研究工作中,我们经常观察到各种事实和现象,然而,如果我们不对观察到的事实或现象提出问题,那么它们只能是平凡的事实或现象,并不能引起人们对它进行思考和研究。自古以来,晨鸡报晓,候鸟春秋迁徙,这类现象虽是古人多见的,但没有引起古人对它进行研究。只有提出为什么生命活动具有时间的节律这个问题时,人们才会对这类习以为常的平凡现象进行研究。又如,苹果坠地这是存在于一般人面前的事实,然而只有把这一事实作为一个问题提出来的时候,才有科学研究的发端。可见,只有在把事实作为一个问题提出来的时候,科学才能开始。

---

① 参见叶澜著:《教育研究及其方法》,中国科学技术大学出版社,1990,4页。
② 拉里·劳丹著,方在庆译:《进步及其问题》,上海人民出版社,1991,1页。

从认识活动的过程来看,人类的认识活动总是在实践的基础上,由已知领域向未知领域的拓展。而表现这种拓展的思维形式便是问题,因为问题是人们认识活动中的已知同未知的连接点。以研究科学而闻名的波普尔认为,正是问题激发我们去学习,去发展知识,去实践,去观察。问题总是走在科学探索活动的最前方,总是迈向未知国土的最早拓荒者。

关于问题对科学研究的意义,爱因斯坦曾有过经典论述,他在《物理学的进化》一书中写道:"提出一个问题比解决一个问题更为重要,因为解决问题也许仅是一个数学上或实验上的技能而已;而提出新的问题、新的理论,从新的角度去看旧的问题,却需要有创造性的想象力,而且标志着科学的真正进步。"

这在人文科学上,情况也是这样。人文科学研究不能直接从它还仅仅是出现在人们面前的事实阶段来开始。只有当人们把这一事实作为一项问题提出来,于是才引起人们开始进行探究或考察,只有在这时,才有人文科学的发端。因此,日本的教育学家井上村明确地说:"正是在这种意义上,我们没有把教育学的对象称作教育现象,而是特地采用'教育问题'一词来表示,并把教育科学称作是以'教育问题'为研究对象的科学。"[①]

其次,60年代以来国际社会教育科学研究发现了这样一种趋势,即在教育科学研究目标的确定上,以价值导向作为根本依据,强调教育科学研究的应用价值。具体地说,就是当代的教育科学研究把重点放在通过各种研究方法来解决教育上的问题。例如美国的60年代是个动乱和社会变革的时代,种族歧视导致城市骚乱。领导者为此而寻求预防未来抗议的途径,他们把教育效果差与黑人们坚持认为的他们受到不公正待遇联系起来,从而把注意力集中在教育问题上,教育者注意的中心也转到少数民族儿童在

[①] 〔日〕大河内一男等著,曲程、迟凤年译:《教育学的理论问题》,教育科学出版社,1984,32页。

学校的遭遇。由于人们认识到对不同儿童群体的学校教育了解得实在很少,因而美国联邦政府开始资助一些讲究,以了解城市课堂生活的不同方面、学校和教师的期望、对儿童生活的影响及教育中的种族问题。他们期望通过系统的教育研究,为解决美国社会中的问题提供各种可供选择的解决方案和建议。

第三,由于我们这本教材的对象是直接从事教育实际工作的中小学教师,因而当我们把教育科学研究对象确,定为"教育问题"时,更易于为有志于进行教育研究的中小学教师所把握,更能将教育科学研究直接地指向现实的教育改革,定位在教育改革中出现的各种教育现象和提出的问题上。在实际的教育教学工作及教育改革中,教师会遇到各种各样的问题,教师以这些问题作为思考的出发点,并着手研究,就能够使自己对遇到的问题作出科学的分析与认识,找出解决问题的办法,从而达到改革自己教育教学工作的目的b概括地讲,把教育问题作为教育科学研究的对象,能够使教师把教育科研的理论活动同教育教学工作的实践活动结合起来,形成自己的行动研究。

(二)教育问题及其性质和分类

教育科学研究是人们采取系统而适当的科学方法解决教育问题的理性活动。不过教育科学研究的对象并未说明清楚。我们仍需要对"教育问题"这一概念作进一步的说明。什么是教育问题?它具有什么性质?不同性质的教育问题可以分为几类?教育科学研究者对这些问题都要有一个明确的认识。

1. 教育问题

什么是问题?这是我们在界定"教育问题"时首先要弄清楚的,实际上人们对"问题"很难作出精确的、严格的规定。它通常会有"不明确""疑难""困惑"之意,而就"问题"的最根本性质而言,"问题"的实质就是矛盾。谁发现了矛盾,谁就发现了问题。

从逻辑的角度来看,"问题"是一种提出疑问要求回答的思维形式。这种思维形式是用问句来表达,通常是由隐含的判断和明言的疑问两种成分构成。前者是已知的,是人们思考问题的前提与条件;后者是未知的,是人们通过思考而要填补的东西。

然而是不是所有以问句形式表示出来的"问题"都可以作为科学研究的对象呢?为回答这个问题,我们先看下面两个例句:

①夸美纽斯生于何年何月?

②夸美纽斯的《大教学论》在论证教学原则时运用了培根的归纳法吗?

关于问句①,虽然我们只需要翻阅一下有关的教育史教科书或查阅一下教育百科全书,即可找到它的答案;而关于问句②,则一般的教科书或百科全书就没有明确的答案了。我们需要仔细研究《大教学论》,并通过不断地分析与综合,经过一定的逻辑思维才能给出可能的答案。这样的一个求解的过程正是研究。

因此,作为教育科学研究的"问题"的一个重要特征就是它没有现成的答案,不能在教科书、字典、百科全书或其他参考资料中,或从他人处直接获得答案。

教育,作为人类的一种社会活动,总是为实现一定的目标而进行的。这种目标在人们从事教育活动之前,已经作为人们对自己活动的最终结果的一种期望的构想,而被描述出来,并力图通过自己的教育活动来实现它。当人们的教育活动经过一定阶段而结束时,必定会产生实际的教育结果,当实际的教育结果与人们期望的事态出现一定差距时,我们就说,教育问题产生了。就"问题的实质就是矛盾"来说,"教育问题"就是人们实际教育活动结果与在教育活动开始之前期望的结果之间的矛盾。简单地说,教育问题就是实际事态与期望事态之间的差距与矛盾。

但是在这里,我们还需要对"实际事态"与"期望事态"之关系作进一步的分析。"实际事态"与"期望事态"之差距与矛盾有两种情况。其一是在现实状态下期望的事态没有出现,实际活动结果不符合人们的期望与要求,譬如中学生辍学、学业不良、越轨行为等;其二是在现实状态下期望的事态是当前行动的出发点,是人们实际活动的未来目标,相对于未来目标而言,"期望事态"有待将来变为"实际",如学校学年的经费预算,设计一种新的教学方法等。实际事态与期望事态之差距与矛盾的两种情况图示如下:

(过去)期望事态——(当前)实际事态

(当前)实际事态——(未来)期望事态

区别教育问题的两种不同情况对教育研究者来说具有一定的实践意义。在第一种情况下,"教育问题"是不能令人满意的活动结果,是我们通常意义上的真正的问题。教育科学研究就是找出导致差距矛盾的原因并对之作出解释和说明,进而指导和调控教育实践。教育研究成为人们理性地认识教育活动的一种探索方式。对于第二种情况下的"差距和矛盾",我们虽也把它称作问题,但它已不是人们活动的不满意的结果。我们也把它作为教育科学研究对象,旨在期望教师能够以科学研究的态度和方法,着手改进.自己的实际教育工作。

2. 教育问题的性质

"教育问题"作为人们思考教育行为的一种思维形式,有着它特定的性质。

(1)"教育问题"的永恒性。所谓"永恒性"是指,"教育问题"是与人类的教育活动相伴随,与每个特定的教育者相伴随的。人类自有了教育活动以来,就产生了"怎样教育"的教育问题。人们在实际的教育实践中,会遇到各种疑难和障碍,这些疑难和障碍促使人们进行思考。各种教育思想和教育理论的产生与发展便是人们思考教育问题的物化形式,而教育科学研究的产生和发展则更使"教育问题"的存在具体化了。对于从事具体实践活动的教育者来说,自他步入教育领域至退出教育领域为止,在他整个教育生涯中,会不断地面临种种教育问题。各种教育问题无时无刻不在困扰着他,激发着他去思考,去寻找各种有效信息去解决问题。

(2)教育问题的复杂性。在教育活动的过程中,教育者面临的问题是多种多样的,因而教育研究者所面临的问题也是多种多样的。教育活动不仅涉及到目的的问题,而且还考虑实现教育目的的手段问题。对于前者来说,教育研究者需要思考"应该是什么"、"应该怎样做"等教育价值与教育规范的问题;对于后者来说,研究者需要研究"是什么"和"怎么样"等事实和技术的问题。而这些性质各不相同的问题又是相互联系的,并从而形成一个复杂的问题网络。一个问题的解决需要考虑其它问题的制约与影响,而且这样的一个问题网络也不是孤立存在的,它还受到教育系统外存在的社会、政治、经济、文化等多种因素的制约与影响。教育问题的这种内在牵连性与外在的制约性使得教育问题的解决非常复杂,研究者对此需要有清醒的认识与足够的考虑。

(3)教育问题的层次性。教育问题虽然非常复杂,但并非混乱无序。它具有一定的层次与适应的范围。从问题所涉及的领域来看,有一些问题带有普遍的意义,是每一个特定情境的教育者在从事教育活动时都要考虑的,另一些问题则是局部的问题,是特定情境中的教育者所遇到的;从解决问题指向的目的来看,教育问题又可分为理论层的问题和实践层的问题,理论层的问题主要在于认识,在于获得知识,而实践层的问题则在于改进教育实践,促进教育技能提高;从问题所涉及的范围来看,教育问题又可分为宏观层的问题、中观层的问题和微观层的问题。宏观层的问题涉及整个国家的教育事业的发展,中观层的问题则涉及教育作为一种机构的活动,微观层的问题涉及教育活动的具体展开。教育问题的层次性使得教育科学研究者能够相对地划定研究问题的领域,更有效地解决自己所感兴趣的问题。

(4)教育问题的潜在性。"教育问题"是人们在实际工作中对疑难进行思考的一种意识状态。实际情境中的各种教育行为及教育事态并没有贴上"问题"的标签。在一些情况下,人们遇到问题而不觉其存在。因此,一些教师在从事教育科学研究时往往感到没有问题,或者没有明确的问题,不清楚哪些问题可以研究,特别是对如何从教育实际工作中寻找研究课题尤感困难。这种情形固然是由于这些教师的问题意识不够,另一方面也是由于问题本身的潜在性质决定的。揭开教育问题的面纱,发现真正有价值的教育问题,对于教师来说,就显得很重要。

(5)教育问题的人为性。对于什么是"教育问题",不同情境中的教育者可能会有不同的看法与观点。这是由教育者所期望的教育状态决定的。这样,在实际的工作中,实际的教育状态所衡量的标准会有所不同。同样,在不同的历史时期和不同的社会,人们对什么是教育问题也会有不同的看法。明确这一点对于教师来说是重要的。他们在从事教育研究时,一方面固然要通过对问题的研究达到对教育活动的本质之认识,另一方面也是更为重要的方面,那就是通过对问题的研究与解决,达到改进教育实践的目的,提高自己的教育水平。因此,选择的问题具有普遍性意义当然更好,但这不是唯一的标准,更重要的是,问题的解决要对自己的教学实践的改进有意义。

3. 教育问题的分类

教育问题的分类是重要的。在科学研究的领域中,对象的特征决定着研究方法的选择与运用。作为教育科学研究对象的"教育问题",对其作出适当的分类意味着对研究的对象更明确地把握。

"教育问题"按不同的标准可以形成不同的问题类型。例如,对各种问题进行逻辑分析的问题逻辑,根据问题的可能答案的范围以及这个范围的特征,而将问题分成:是否的问题、列举事项的问题和寻求指令的问题。一些研究者从研究问题的目的出发,将问题分成理论的问题和实践的问题;另一些研究者则将问题的答案变成一个完整的命题,根据命题的性质将问题划分为事实的问题(回答是什么)、价值的问题(回答应该是什么)、规范的问题(回答应该怎样做的)和技术的问题(回答怎样做)。这种划分使得问题的特质清楚明白,研究者根据问题的性质能够很快对研究方法作出选择。例如,下面两个问题:

①小学一年级学生应该布置家庭作业吗?
②人们认为小学一年级学生应该布置家庭作业吗?

第一个问题是一个价值问题。问题的答案不是真或假,而是对或错,适当或不适当。每个人可能根据自己的标准来对此作出判断,给出自己所认为的判断的理由。它无法通过收集实证的资料来回答它,换句话说,实证的研究方法无法处理"应该"这个动词。

第二个问题则是一个事实的问题。它可以运用实证的调查和研究方法,通过收集资料来回答这个问题。

但是这种分类把价值、规范的问题包括在科学研究的范围内,会使人们对"科学"一词发生疑问。因为严格实证意义上的"科学"不涉及价值判断和规范的问题。

显然,对"教育问题"进行分类,隐含着人们的不同的"科学"观。下面介绍一种较为详细的关于教育科学研究中各种问题的分类方案,它是由西方教育学者 J. T. 迪龙提出的(见下页),仅供参考。

二、教育科学研究的任务

教育科学研究的任务可以归纳为两个方面。一方面是认识的任务,它旨在通过研究教育问题,探索教育规律,促进教育科学的发展;另一方面是实践的任务,它旨在通过教育研究,促进教育改革,改进教育工作,解决实际的教育问题,提高教育质量。对于教师从事教育科学研究来说,这两项任务不可缺一。如果教育科学研究不探索教育规律,就失去教育研究活动的意义;如果教育科学

研究问题的分类

问题范畴	问题答案的知识
第一类:属性	P/Q 的各种性质
1 存在/肯定—否定	是否是 P
2 实例/验明	这是否是 P
3 本质/定义	P 是什么
a 性质	—P 使得 P 成为 P 的是什么
b 称名	—"P"是否叫 P
c 意义	—P 或"P"意味着什么
4 特征/描述	P 具有什么
5 功能/应用	P 有什么用
a 模式	—P 是怎样运作的
b 用途	—P 能做什么
c 手段	—P 是如何产生的
6 原理的阐述/解	P 为什么或怎样具有某种性质
第二类:比较	P 和 Q 的各种性质之比较
7 伴随	P 悬否伴随 Q
a 关联	P 和 Q 是否有联系
b 分离	P 和 Q 是否是二者选一
8 等值	P 是否类似 Q,在哪方面类似
9 差异	P 和 Q 在哪些方面是不同的
a 不均衡	P 是否比 Q 多或少
b 从属	P 是 Q 的部分还是 Q 的整体
第三类:偶然	P 和 Q 的偶然性质
10 关系	P 是否涉及 Q
11 相关	P 是否和 Q 共变
12 条件	是否或怎样 P 则 Q 或 Q 则 P
a 结果	是否 P 则 Q 或 P 则 X
b 前提	是否 Q 则 P 或 X 则 P
13 双条件(因果性)	是否或怎样 P 则 Q 且 Q 则 P
附加类:其他	认识 P 的其他方式或性质
14 慎思	是否着手 P 或思考 P
15 未特别提及	以其他方式认识 P
16 不清楚	没有知识

(引自《教育研究评论》,1984 年英文版,第 54 卷,(3),40 页。)

研究不能指导教育实践,促进教育实践的发展,改进教师自身的工作,那么,它就失去了其应用价值。

（一）教育科学研究的认识任务

教育科学研究的认识活动具有梯级结构。美国教育理论研究者安德森把这种认识活动划分为四级阶梯，即描述性研究活动、解决性研究活动、普遍化研究活动和基础研究活动。实际上我们可以将这四级阶梯的研究活动划分为两种类型，第一种类型为经验认识活动即描述性研究，其任务是要描述特定的教育事实，回答"现在或过去发生了什么事"的问题；第二种类型为理论认识活动，即解释性研究、普遍化研究和基础研究，其主要任务是探索教育事件的因果关系，揭示教育规律，回答"为什么"的问题（导致事物发生的原因是什么？事情为什么会发生？同样的事情在不同的条件下会发生吗？存在起作用的基本原理是什么？等等）。

1. 描述教育事实

德国实证主义教育理论家洛赫纳认为，教育科学是那种针对整个教育现象，从平常的一系列生活现象中描述性地把这些教育现象显示出来，作为其特有对象加以考虑地、说明性地理解和解释的理论性和独立的"纯科学"[①]。这种教育科学的观点意味着，教育研究者在阐述系统的教育科学理论之前，首先要研究的是，发生了什么事？为此，研究者首先要描述事情是什么。

教育事实包括过去发生的事和现在正在发生的事，因此，作为描述事实的描述性研究就包括历史的研究和当代的研究。描述教育事实对于教育知识的积累及教育规律的认识是重要的。人们通常认为，当代和过去的大量教育现象未得到很好的认识，就是因为它们未曾得到充分的描述。而且教育中的大量问题是描述性的。例如，不发达地区的教育是如何组织的，校长把他们的时间花在哪些活动上，教师在课堂里实际做些什么，教师、家长和学生各自关心的问题是什么，中小学生的学业负担怎样等等。这表明，描述教

---

① 参见李其龙、孙祖复著：《战后德国教育研究》，江西教育出版社，1995.288页。

育现象不仅是教育科学研究揭示教育规律的前提,而且它本身也是教育科学研究的基本任务。

2.揭示教育规律

描述教育现象只是研究活动的第一步,而揭示教育规律才是教育科学研究活动的最终任务。揭示教育规律是一项理论认识活动,它的主要任务就是掌握对象的必然性的或盖然性的规律,掌握对象运行、发展的本质属性。它是教育科学研究要完成的一项基本任务。它主要回答"教育现象为什么是这样"的问题,即解释特定的教育现象(教育问题)"为什么"如此存在和发展。

教育科学研究的理论认识活动除了解释已知的教育现象(教育问题)外,还要能够预言新的教育现象。教育科学研究预测的任务,在于指明现在尚未出现,但在将来一定的条件下可能出现的事实,在过去和现在的趋势的基础上预测将来的情况。

3.形成完善的教育科学体系

描述教育现象,揭示教育规律,在此基础上形成科学的理论体系,从而最终促进教育科学的发展,也是教育科学研究的一个任务。因此一些教育研究者认为,教育科学研究的另一项任务就在于"获得新的科学成果,增长理论知识并在这个基础上改进实践活动"[①]。

我国的教育科学研究还比较落后。这一点已成为共识:教育科学"落后于当前我国教育事业的发展的需要,落后于当前世界教育科学的发展水平,落后于现代科学发展的总体水平,落后于相邻科学的发展水平。"教育理论工作者强烈希望改变教育科学的落后状态。而要做到这一点,则需要我们根据社会主义建设的需求,总结现代中国的教育经验,对现实社会中的新情况新问题进行切实的调查研究,并在此基础上进行认真的研究实验,形成具有我国特

---

① 瞿葆奎主编,叶澜、施良方选编:《教育学文集·教育研究方法》,人民教育出版社,1988,413页。

色的教育科学理论,最终建立起完善的教育科学理论体系;更需要广大教育科研工作者和广大教育工作者共同努力,通过认真的科学研究,发现教育实践中的新情况,分析解决教育实践中的新问题。教师从事实际的教育工作,容易发现当前教育实践中的问题,因此,教师从事教育科学研究,则能使科学研究密切联系实际,更好地促进教育科学的发展。

(二)教育科学研究的实践任务

马克思主义的一个基本原理是,我们不仅要认识世界,更重要的是改造世界。因此,教育科学研究除了要探索教育规律外,还要能够促进教育实践的发展。(中国教育改革和发展纲要)第26条中指出:"要积极开展教育决策咨询研究,密切教育科研同教育决策、教育构想的联系,发挥教育科研对教育改革和发展的促进作用。"因此,教育科学研究的实践任务具体表现为,促进教育改革,为教育决策提供科学的依据,改进教育工作,解决实际教育问题,最终提高教育质量。它是教育科学研究的第二个主要任务。

1. 促进教育改革

当前,我国社会正处于经济体制的转型时期。市场经济体制的逐步确立,人们的价值观念的多元化,人才观念的更新,这些都要求教育要主动适应。教育应该如何主动适应这些变化和需要呢?要准确地回答这个问题,人们就必须研究市场经济、改革开放、社会发展对普通教育的需求,对教育的影响,研究社会对人才质量、结构、数量需求的变化,从而为教育改革提供正确的思路。只有在教育与社会之间的需求关系清楚明了之后,我们才能勾画教育改革的蓝图,才能就如何进行教育改革作出正确的决策。

教育科学研究促进教育改革的任务还在于为教育改革进行探索和试验。教育要适应社会发展的需要,必须进行改革,首要的问题是怎么样改?教育改革的经验告诉我们,在着手全面的教育改革之前,必须开展教育科学研究,在了解教育现状和问题所在的基础上,形成一定的构想,然后再到实践中去试验,通过试验进一步修改、完善,再进行全面的推广。在这样的一个由试点到推广的过程中,教育科学研究始终起着一个试验、总结、反思的作用。

2.了解教育现实,为教育决策提供事实和依据

毛泽东同志说过:"实际政策的决定,一定要根据具体情况,坐在房子里面想象的东西,和看到的粗枝大叶的书面报告上写着的东西,决不是具体的情况。倘若根据'想当然'或不合实际的报告来决定政策,那是危险的。"[①]毛泽东同志的论述表明,要制定正确的教育政策,就必须要根据"具体情况",即有事实根据。如何才能获得事实根据呢?教育科学研究能够为教育决策提供事实根据。因为教育科学研究的一个内容就是研究社会对教育的需要,研究教育系统内部的现状与存在的问题,这两者则正是教育决策所需要的事实根据和最基本的出发点。无论是宏观的教育决策(教育政策和教育规划)还是微观的教育决策(学校的各项教育计划的制定、教学方法、内容方面的改革等)都必须要有充分的理论准备,即通过教育科学研究,提供教育决策的理论依据,进行政策的可行性论证,最大限度地减少失误。

教育科学研究不仅是教育决策的基础,而且也是正确执行教育决策的基础。教育决策的基本依据是社会主体与条件的普遍性质,而进行教育决策则是要把这种普遍性同本地区、本部门、本单位及教师本人的特殊性结合起来。通过教育科学研究,人们不仅能够把握普遍性的问题,而且还能使人们认识问题的特殊性。

3.改进教育工作

教育改革以及正确的教育决策,其目的在于改进教育工作促进教育实践的发展。"改进"在教育实践的内涵方面意味着对与当前社会现实不相适应的教育观念、教学内容和教学方法的更新。

---

① 《毛泽东农村调查报告文集》,人民出版社,1982,102页。

1985年《中共中央关于教育体制改革的决定》指出:"要改革同社会主义现代化建设不相适应的教育思想、教育内容、教育方法。"1993年《中国教育改革和发展纲要》指出:"进一步转变教育思想,改革教学内容和教学方法。"而通过改革教育思想、教学内容、教学方法来达到改进教育工作,最根本的途径就是要提高教育工作者的素质。具体地说就是通过教育科学研究,提高教师解决教育问题的能力,达到对教师自身工作的改进。

(1)转变教育观念。改进教育工作首先要转变教育工作者的教育思想、教育观念。教育科学研究是转变学校领导及教师教育观念的主要途径。教育科学研究意味着对事实的明确把握。建立在事实基础之上的说明与对比,能够使学校领导及教师意识到原有观念的过时,从而能够自觉主动地转变教育观念、教育思想。

(2)改革教学内容。改进教育教学工作要改革教学内容,即对课程教材进行改革。要改革课程教材,首先需要进行改革的研究与实验,改革旧的课程体系,建立新的课程教材体系。教育科学研究在这里起着不可忽视的重要作用。

(3)改革教学方法。源于旧的教育观念的教学方法,重知识轻能力,重成绩轻素质,教学方法上往往教得过死。这就必须在转变教育观念和改革教材内容的同时,改革教学方法。而教学方法的改革,同样需要研究。例如上海近年来的"喻快教育"、"成功教育"等等,其很重要的一个方面,就是通过研究改进教学方法,从而改进教育工作。

(4)改进教师的教育实践。教育工作的改进还意味着教师要改进自己的教育实践。改进教师教育实践的一个重要方面就是,教师能够在各种复杂的教育情境中,解决实际面临的各种教育问题。在实际的教育活动过程中,给出一个能够批判性反思自己的教育教学工作实际问题的解决方法可能导致该问题的解决,然而遇到其问题时,教师依然会束手无策。而教师从事教育科学研究,则能够提高教师解决问题的能力。因为教育科学研究本质上是一个解决问题的活动过程。从事教育研究就是寻找各种教育问题的可靠答案。在进行教育科学研究时,研究者不断地分析、比较教育的实际事态和期望事态,发现教育问题之所在,分析问题产生的原因,收集与解决问题有关的各种信息,最终解决问题。这样的一个问题解决的过程,也是不断提高教育研究者对问题反思的能力。它一方面可以使教师获得解决问题的一般思维方法,一方面则可以使教师在各种复杂的情境中的分析问题、解决问题的能力得到提高。

可见,教育科学研究方法的运用,通过开展教育科学研究,达到教育工作人员素质的提高,最终促进学校教育质量的提高。

第二节 教育科学研究的过程与类型

一、教育科学研究的过程

教育科学研究具有合理化与系统化的程序。这种程序是教育科学研究实际展开的基本顺序和步骤,是根据人们对于客观事物的认识规律而作出的逻辑安排。各个教育科学研究项目在正式展开时,其具体的工作阶段可能有所不同,但基本步骤是相似的。因此,对于教育研究者来说,掌握教育科学研究的基本程序是非常必要的。

(一)关于科学研究过程的各种理论

科学研究,作为人类的一种创造性的认识活动,自它产生以来,就有人对特定的、相对独立的科学研究过程进行思考和总结。随着科学的不断发展,更多的科学家、哲学家参与揭示科学认识的图式、科学发现的机制、人类新知识产生的规律,从而就相对独立的科学研究过程形成一系列精彩的理论:唯物辩证法的"实践——认识——再实践——再认识……"的宏观模式以及感性认识上升到理性认识的原理;控制论、信息论、系统论的"黑箱——灰箱——白箱"理论所描绘的认识深化的过程以及把认识看作信息加工、自组织过程的观点等等。

从科学研究的发展历程来看,关于科学研究的过程,有几种具有划时代意义的观点:

1. 归纳——演绎说

概括地讲,这种观点认为,人们首先从作为对象的事物或现象中归纳出一般性的原理,然后运用这些原理解释那些事物或现象。

亚里士多德首先提出了这一模式。亚里士多德十分重视演绎法,认为科学是通过演绎组织起来的一组陈述。他认为,科学家要先从所研究的现象中归纳出解释性原理,然后再从包含这些原理的前提中,演绎出关于对象的陈述,以揭示对象的原因。科学研究的第一阶段,是从感觉经验中归纳出一般性陈述;科学研究的第二阶段,以归纳所得的一般性陈述作前提,选择适应的中项,推演出关于对象的陈述。

2. 归纳主义模式

归纳主义的代表人物是弗兰西斯·培根。他强调归纳对于科学发现的重要作用。但是,培根十分严厉地批评亚里士多德科学程式借以实施的方式。他认为,亚里士多德及其追随者在归纳阶段所依据的简单枚举和直觉归纳是不可靠的,搜集的资料杂乱无章、不加鉴别等等。为了克服亚里士多德的科学程序理论的缺点,培根提出"新"的科学方法,其主要特点是强调逐步的、渐进的归纳和排除法。他认为,正确进行的科学研究乃是从命题金字塔的底部一步一步地上升到顶部,通过逐级上升的归纳程序将公理从事物中抽引出来。在这一过程中,要利用排除法,不断除去事实之间的偶然的相关,留下本质的关联,再进一步概括,直至达到最终的确定性。

3. 演绎主义模式

演绎主义模式的倡导者是笛卡尔等人。演绎主义把科学发现的机制理解为理智对于一般原理的直觉与洞察和从一般原理导出结论的演绎推理。笛卡尔同意培根关于科学命题金字塔的见解,与培根完全相反的是,他要求研究从顶端最一般原理出发,从确定、明晰的观念开始,一级一级通过演绎过程往下研究,得出较具体的结论。笛卡尔认为,科学理论是一个演绎系统。

4. 假设主义模式

假设是科学研究中必不可少的。上述归纳模式和演绎模式都有自身无法克服的困难,这些困难都涉及到假设问题。归纳推理必须以某种假设为条件,而且收集资料和观察也必须以某种原则作指导;仅仅依靠演绎,不仅前提来源存在障碍,而且只可能产生基本的定律,还不能解释经验对象。

针对归纳模式和演绎模式的缺陷,约翰·赫歇尔明确地提出假说模式。他认为,科学家从观察上升到定律和理论,有两种不同的方式:一类是按照培根的归纳模式;一类是提出假说以建立先前没有联系的定律之间的联系。假说在科研中具有重要作用。为了解释现象,科学家必须首先创造假说,然后检验由假设演绎出的结论。其一般程序是:假设—演绎—证实。

5. 认知心理学的观点

认知心理学认为,人的认识、思维过程是一个信息加工过程,而科学研究就是对不合理问题的求解过程。基于此,他们把科学发现归纳为两种途径:一是"材料驱动归纳"。研究者先收集大量的材料,然后分析这些材料,找出规律性的东西,再解释这个规律。二是"理论驱动归纳"。研究者先有理论,然后根据理论进行预测,看事实是否符合理论。

6. "问题—假设—检验"图式

目前流行的观点是,把科学研究理解为提出问题、建立假设、检验假设的过程。最有代表性的是波普尔的科学探索的逻辑。他认为,知与不知的矛盾引出了问题和解决问题的尝试,为了解决问题,通过大胆猜想、产生尝试性理论即假说,然后用证据反驳这种假说。如果这种假说被否证,则提出新的假说;如果没有被否证,则这种假说得到确认,继续经受批评,新的问题又引起新的研究过程。[①]

以上六类关于科学研究过程的理论,是不同时代的产物,也是从不同角度来讨论的。下面以研究主体的活动为根据,分析教育科学研究的一般过程。

（二）教育科学研究的一般过程

一般说来,教育科学研究遵循着一种相似的过程模式,即选择课题、分析问题、进行研究设计、收集和分析资料及研究成果的讨论与提出。所有的研究活动,大体上都体现了这个一般的形式特征。

1. 选择课题

选择课题就是选定与明确阐述所要研究的问题。一切科学研究都是从问题开始的。教育研究者依靠丰富的知识和创造性,根据教育实践和教育改革的需要及主客观条件,构设可行的课题,是整个研究工作中至关重要的一部分,是一项研究活动能否成功的关键。这是教育研究者的首要任务。只有对课题有了清楚的了解,才能为建构指导研究方向的参照系提供重要因素。

2. 问题的分析

在问题确定之后接着就需要对所要研究的问题作系统的、批判性的分析。这种分析包括收集现有的与这一研究领域特别有关的信息,并采用逻辑的方式对问题作出定义。

（1）收集有关信息。目的在于全面了解前人在该领域、该问题上已经做过的工作和已获取的成果,例如解决了哪些问题,留待进

[①] 参见陈波等编著:《社会科学方法论》,中国人民大学出版社,1989,64页。

一步探讨的问题,尚未涉及或尚须深究的问题。这样做在于避免研究者的重复劳动。如果前人已经解决了该问题,那么研究者显然就没有必要来重复别人的研究。收集有关信息还可以使研究者在已有的成果基础上,使得研究成果达到应有的高度,有效的研究是建立在过去的知识基础上的。

在收集有关信息时,研究者应当先查阅有关领域的主要索引文摘、动态之类的简报、根据性强的资料,按年份顺序查阅至今。找出与所要研究问题有关的资料来源、题目、摘要之后,先阅读其中的有关综述文献,比较概括地综合性地了解该问题领域的研究成果,并注意综述文章中所提及的主要资料来源。最后逐一阅读有关重要文献与研究论文报告。

在收集有关资料信息时应注意下列一些重要因素:

已经研究过的与自己研究问题紧密相关的研究报告和论文;

研究设计,包括程序和资料收集的方法与手段;

取样的总体和使用取样的方法;

给予定义的变量;

可能影响结果的无关变量;

有可能加以避免的错误;

进一步研究的建议。

(2)对问题进行定义。对问题表述中的不常用的容易误解的术语下定义是重要的。对问题进行定义可以分为一般性定义和操作性定义。由于一些教育术语有好几层意思,且在具体研究中难以操作,因此研究者应该对概念进行一般性定义和操作性定义。所谓概念的一般性定义就是用种加属差的逻辑定义方法,揭示概念所反映事物的特有属性;所谓操作性定义就是按照特定研究中对变量进行测量所要进行的必要操作给变量定义,包括对必须测定的活动及操作过程的详细说明,换句话说,即定义的内容可以观察到。例如,"中学生不良行为的心理成因和教育对策研究"中,对于"不良行为"其一般性的定义是:"中学生经常违反道德或规范要求,但还未达到违法程度,而对学校、家庭、社会的正常秩序带来一定不良影响,且妨碍学生身心健康发展和良好品德形成的行为。"其操作性定义具体化为,课间迟到、不遵守课堂纪律、不遵守公共秩序、违反交通法规、语言不文明、抄袭作业等。这样"中学生行为不良"通过操作性定义就具体化为可观察到的一系列的行为现象。又如研究者在对白鼠进行"饥饿对学习的影响"研究时,就要对饥饿进行定义。其一般性定义为:饥饿是一种感觉。然而这种定义对于研究者来说是不够的,因为这种感觉如何,白鼠是不会告诉研究者的,因此研究者还需要进一步对饥饿进行操作性定义:在一定时限内(如24小时)不给喂食。这样研究者就可以对白鼠的饥饿进行观察研究。在教育科学研究中,操作性定义是重要的。操作性定义有助于精确而客观地测量变量,使结果更为可靠;有助于使研究者思想清晰、准确;并能使不同的研究者对研究的问题及结论进行交流沟通。

(3)提出假设。收集了有关信息,确定了问题的范围与主要概念的内涵外延之后,研究者就可以考虑提出研究假设了。研究假设是对问题的尝试性回答,是为了验证其有效性而提出的对某些未知事实的假定性解释,是一种理性猜测或预感。一般说来,它建立在前人研究或一定理论的基础上,可能得到证实,也可能被研究者在收集实际资料的过程中否定。

假设一般表现为陈述句,阐明一组现象是另一组现象的函数关系或相关关系。其最简单的表现形式是:"Y 随 X 的变化而变化"。一些研究者还对两组现象关系作了进一步的分析,把它们分为三个层次。第一层次的关系陈述为:肯定或否定的关系存在(如"中学生参加体育运动对学习成绩造成不良影响");第二层次确定关系的方向性(如"阅读量对英语学习效果有显著影响");第三层次用量词加以更精确、限定的陈述(如"3 岁幼儿不会点数,可整体辨认3个物品")。

研究假设是教育科学研究所必不可少的,它可以进一步明确问题的实质和研究思路,并指导对材料的收集。

研究者在形成假设时要注意对已形成的假设进行初步的判别。我们说"初步的判别"意指在用证据确证假设之前,对"假设"表述本身作检验。一个好的假设具有以下几个基本特征:

假设是合理的;

与已知的事实或理论相一致;

假设的表述可以检验,以判断其真伪;

假设是以最简练的术语来加以表达的。

3. 进行研究设计

选择了问题并进行了批判的系统的分析之后,研究者就要着手研究设计工作,制定整个研究工作的实施计划。这一过程包括以下内容:

根据问题的性质和现有的资料,决定是采用实验设计(如心理测验法等)还是非实验设计(如个案研究、交流、观察等)来收集资料,研究设计的选择常常支配着材料的工具和程序。有时,合适的工具可能没有,或不适合特定的情境。为了选择正确的工具和合适的程序,必须要对问题真正了解。在教育研究中,研究者应考虑在特定的情境中,可以使用几种方法或技术。绝大多数研究设计需要使用多种方法或技术。因此,教育研究者需要广泛地考虑各种研究设计和方法,并能从中作出适当的选择。而做到这一点的前提是,研究者必须非常熟悉并能熟练运用各种研究方法与技术。除此之外,研究者还要考虑以下问题:

(1)研究对象的抽取与分配。研究者要明确研究对象的年级、年龄、社会经济状况、性别、人数;地点,学业成绩水平等等。

(2)规定研究实施步骤与过程。详细规定如何收集材料,如何测量、观察或访谈,以及指示语和操作性定义、注意事项等。

(3)日程安排。准备一个时间表,可以有效地预算研究的时间和内容。把项目划分为容易着手工作的部分,大致安排完成工作的时间,有利于系统安排工作,提高研究效率。

4. 实际材料的收集与分析

实际材料的收集是指有目的地为解决问题而收集资料。与分析问题时收集文献材料不一样(目的在于了解"问题"的背景信息),收集实际材料为了获取与研究课题有关的最终所需要的事实材料或数据。

收集材料是教育科学研究的一个必不可少的例行阶段。没有材料,无所谓研究。收集材料是研究过程中繁杂而重要的任务,包括观察、访谈、调查、实验及查阅文献资料等多种步骤和活动。

对收集的材料进行分析和阐释,是研究活动的实质性阶段。它往往与材料的收集交织在一起,尤其是对定性资料的分析。在材料全面且客观的基础上,研究结论是否正确和科学,完全取决于研究者对材料的理性思维。这一阶段要广泛地、灵活地、适当地运用定性与定量的各种分析方法。

5. 研究成果的讨论和提出

研究的最后阶段也许是最棘手最复杂的阶段,就是对研究成果的讨论和提出。研究者需要用理智的方式得出结论,以便使自己的研究成果与更多的人交流。

在做研究结论时,研究者应使定量分析和定性分析相结合,综合地考虑与研究有关的多种证据,以及各方面因素的影响。应对当时研究的背景、环境、具体条件或特殊情景等作出明确的描述和解释,并实事求是地限定该结论适用于进一步推断的范围。换句话说,研究的结论要保持在最初确定的问题界线之内。

研究的结论一般是以研究报告或研究论文的形式提出。研究报告或论文把研究者的研究指导思想、学术观点、研究过程与成果公诸于众,是与其他人(教师)沟通的主要渠道。研究报告或论文应具备正确、公正、可读。文字要简洁准确,浅显易懂,结论的阐述应证据充足,合乎实际。报告或论文的格式一般包括以下内容:研究目的、问题阐述、文献综述、研究假设、抽样与材料收集的方法、研究步骤与过程、材料的整理与分析、结论及其意义、以及对本研究结论的限度,对所发现问题的进一步讨论和对以后研究的建议、启示等。

二、教育科学研究的类型

教育现象的复杂性,决定了教育科学研究的多类型特征,从而产生了对教育科学研究进行分类的问题。对教育科学研究进行分类具有一定的理论意义和实践意义。通过分类,可以揭示研究方法与方法之间的联系,明确各方法在整个研究方法体系中的地位;通过分类,可以使研究者把握各方法的性质与特征,从而把握教育科学研究的实质,提高教育科学研究水平。

然而关于教育科学研究的分类,人们则有不同的观点。每种有关教育研究的教科书都提出了自己的分类体系。可以说,迄今还没有一种普遍接受的分类方案。导致分类方案不同的根本原因在于人们在分类时采取不同的分类标准。标准的不同导致了分类的差异。下面我们对不同的分类标准以及由此引发的不同的分类结果作一比较概括的介绍,并简要地提出本书对教育科学研究的分类框架。

(一)国外一些教科书对教育科学研究的一般分类

两分法。从研究的方法论层面,将所有的教育科学研究分为两大类:定性研究和定量研究。所谓定性研究,就是对于事物的质的方面的分析和研究。一事物之所以区别于另一事物,就是在于它具有自身的质的规定性。事物的质是由该事物内部或外部所具有的各种矛盾所决定的,并且要通过它与其他事物的关系,通过事物之间的区别表现出来,这正是定性研究的目的所在。所谓定量研究,就是对事物的量的方面的分析与研究。事物的量就是事物存在和发展的规模、程度、速度,以及构成事物的共同成分在空间上的排列等可以用数量表示的规定性。由于事物的质的差别是最根本的差别,区分事物的质是认识事物的开始,是认识量的前提,因此定性研究是定量的基础;同时,由于质总是一定的量的基础上的质,因此,由量进到质则会导致对事物的认识的深化。

由于从严格实证意义上来理解"科学"一词,因而,西方的一些教育研究方法教科书,其"教育科学研究"主要是指收集事实材料的探究活动。典型的分类是"三点式"分类,即所有的研究都包括观察、描述及对具体情境里发生的事件的分析等三个要素,所以教育研究可以分为:历史研究,回答过去怎样的问题,这一过程包括调查、记录、分析、解释过去的事件,目的是获得某些概括性认识,以便有助于理解过去、现在,并在有限的程度上预测将来;描述研究,回答现在怎样的问题,它描述、记录、分析和解释现在的状况。它包含某种比较和对照,并力图发现现存的非控制变量之间的联系;实验研究,回答在审慎控制或处理某些变量时将会怎样的问题,其重点放在变量之间的关系上。

日本教育学者编著的《教育学的理论问题》一书则把教育科学研究方法分为四类,即理论研究、实证研究、实验研究和历史研究。理论研究是指对现实中已发生的或正在发生的纷繁复杂的教育问题的性质和相互关系,从理论上加以分析与综合、概括与统一的种种尝试。换句话说,首先把教育问题按其目的、方法、社会条件等构成因素加以分析,继而按多种事实因素加以分析,然后对这些在程度和性质上各异的各种因素的性质和相互关系加以研究,以便从整体上、从规律上把握教育问题的性质。实证研究就是指使用经验科学通用的实证方法去研究教育问题的构成因素(包括思想因素和事实因素),收集资料,做记录、调查和统计,进行比较研究和典型事例研究。实验研究是为了验证某种假说而事先人为地提出一定的条件并根据所提出的条件采取特殊的控制手段,以求得验证的严密性。历史研究则是指对教育问题的过去进行实证研究。

(二)我国对教育科学研究的一般分类方案

我国教育理论界较有效的分类方式基本上有三种：

首先，按适用范围和概括程度，可划分为适用于某一科学研究领域的具体的科学方法，适用于各门科学的一般研究方法以及适用于一切科学的哲学方法论三个层次。

其次，按研究目的功能作用，可划分为基础性研究、应用性研究、发展性研究、评价性研究和预测性研究。基础性研究是指通过阐明新理论或重新评价旧理论从而发展完善理论知识体系的研究。应用性研究是指解决某些特定的实际问题的研究。发展性研究主要目的在于发展用于教育事业、学校建设、教育教学质量提高等方面的有效策略，回答的问题是"如何改进"。评价性研究是通过对两个或两个以上选择活动的相关价值作出判断。而预测性研究的主要目的则在于分析事物未来发展的前景和趋势。

第三，按研究方法，可分为历史研究、描述研究、比较研究、实验研究和理论研究。

此外，还有依照教育科学研究的过程和阶段而把教育研究分为研究准备的初始方法，包括概念与命题的建构方法、课题的操作方法、对象的选择方法；收集材料的中间方法，包括问询法、现场法、隐蔽法；整理分析材料的终结方法，包括描述法、解释法、预测法、规范法、报告法等。

以上分类常常是相互交叉的，它们往往并不互相排斥。显然，依照何种分类标准对教育科学研究进行分类并不很重要。重要的是，对教育科学研究进行分类，在于帮助我们对研究方法的理解和应用，在于掌握每一类方法的基本特点、适用范围和条件。应该注意的是，随着教育科学和研究方法的发展，人们已很难设计出一种单一的分类方案来囊括全部方法，而一项研究又往往是多方面的、综合的,可以归入好几种方法类型。

本书主要是从研究方法的角度来划分教育科学研究的类型。

第三节 教育科学研究的发展趋势

教育实践是人类社会的一项普遍存在而且必不可少的活动。自人类社会形成以来,人们便在进行着各种形式的教育实践。由于教育者在从事教育实践的过程中,遇到各种困难或挫折(教育问题),因而对教育实践进行思考可以说是与人类教育行为相伴随的。各种教育思想、教育理论观点显然是人们思考教育活动的最后结果。然而,人们运用系统的科学方法对教育问题进行探索性研究则迟至19世纪80年代才开始。经过教育研究者的长期努力,教育科学研究已经取得了长足的进步,并对人们有效地从事教育实践发挥着越来越重要的作用。因此,对教育科学研究的发展趋势有一个比较概括的了解,对于教育研究者来说,便显得很有必要。

从世界的范围来看,当代的教育理论工作者正在进行哪些方面的教育研究呢?这些研究又具有哪些特点呢?其发展趋势又将如何呢?下面从研究对象、研究方法、研究的主体三个方面作一简要分析。

一、研究领域逐渐扩大

从教育科学研究的对象看,教育科学研究的领域在逐渐扩大。通过对教育科学研究的发展历程及教育研究范围方面的变化,可以明显地看出这一点。

19世纪80年代,由于教育的对象主要是儿童,因而一些教育学家和心理学家,主要采用实验的方法,从事儿童的心理和生理的研究工作,努力为教育实践提供科学依据。这个时期,引起研究者注意的领域主要是使学习活动合理化(从工业劳动合理化得到的启迪)、教学法、制定课程计划(狭义的)、行政管理的大规模调查(如学业失败的统计等)和学业成绩的测量等。

1945年以后,教育科学研究的对象开始由与儿童正规教育有关的问题而转向其它方面。这种转变要归因于两个因素,一是教育研究本身所带来的对问题的深入思考,人们通过教育研究逐渐发现,教育问题是一个相当复杂的问题,单方面的研究难以触及教育活动的本质。需要对与教育活动有关的各个方面进行研究,才能更深入地把握教育现象的本质,从而有效地进行教育活动。一是教育现象范围方面的变化,这种变化表现为从国内转向国际,从严格局限在纯教育方面扩及包括教育的历史因素、社会因素和政治因素。

最近半个世纪以来,教育领域已大大扩展。这种扩展趋势朝着两个方向进行,即纵向扩展和横向扩展。纵向扩展表现为个体生命期的教育扩展,也就是说,由于知识的迅速陈旧、知识爆炸及迅速产生的闲暇文明,导致一种新的教育模式——终身教育——的产生。这意味着对人的教育已经不仅仅局限于儿童时期或青少年时期,而是人的一生,从而使通过学习求得信息和进行自我培养的成人本身也成为研究对象。横向扩展是指对开展教育负有责任的社会领域的扩展,与终身教育伴随的是对人的教育已不局限于正规的学校教育,它已包括家庭教育及社会教育(米亚拉雷称为"平行学校",指整体的社会生活和更具体的所有传播媒介的总和,诸如新闻、广播、电视等)。

这样,随着教育领域的扩展,教育科学研究领域也随之而扩展。教育科学一方面要研究个体的许多侧面(身体、生物、心理和人种等侧面);另一方面要研究据以进行教育活动的状况(文化、意识形态、社会等等);最后还要研究用于这些各不相同的学科和教育活动对象的工具性技术。这种扩展的具体表现就是"教育科学"由单数变为复数,从而产生了教育科学研究有关的各种边缘学科,如教育人种学、教育人口统计学、教育经济学、教育规划、教育生理学、小群体教育心理学、教育法学及评价科学等等。而从教育科学研究的教育问题来看,则教育科学研究涉及当代所有的教育问题,如教育改革问题、教育的"民主化"问题、女子教育问题、师资培养问题、家庭教育问题、学前教育问题、基础教育问题、技术教育问题、高等教育问题、继续教育问题、心理障碍或身体残疾少年儿童教育问题、青少年犯罪问题等等。

教育科学研究领域扩展在我国也开始引起教育研究者的注意。近年来,我国的一些教育研究者提出要"扩展教育研究领域的范围",因为我国过去的教育科学研究"主要是研究教育的内部规律,很少研究教育的外部规律。近几十年来教育科学研究的概念大大扩大了,出现了许多分支学科,许多是与别的学科相联系的跨学科"①

二、教育科学研究方法的多样化与统一

研究方法的多样化与统一集中体现在两个方面,一方面是研究的方法论由定量转向定性,形成定量与定性并重的情形;另一方面是多学科的参与,即有关学科多角度;合作研究教育问题。

(一)定量与定性研究并重

19世纪80年代,教育科学研究开展之初,研究者主要仿效自然科学的研究方法,把物理学作为自己的模式,把对照实验作为指导性方法,在教育科学研究中主要采用定量研究的方法论。由于教育科学研究持有"没有相当精确的定量就不可能有科学"的观念,因而定量的研究就成为教育科学研究的一个显著特征,这便是强调测量与测验,采用调查、问卷、统计等方法,进行实验室研究。然而,随着人类学的兴起、美国芝加哥学派的倡导,人们发现,人类学的自然的研究方法有很重要的作用。因而在教育科学研究中出

---

① 顾明远:《教育科学的现状和发展》,《克山师专学报(哲社版)》,1985(1)。

现了由定量研究向定性研究转变,定量与定性并重的情形。一些研究者认为,如果你要研究阅读教学或数学教学时,你固然可以用调查法、谈话法、随机实验设计,但也可用六个月乃至一年的时间,深入地观察和研究一位教师在一个班级教学的全部情况。从这种实地观察的记录中,我们可以得到许多并不亚于实验室提供的信息量。因此一些教育研究者指出:"定量的和定性方法只是从不同的方面帮助我们认识研究的对象。同时运用这两种方法的研究比只运用其中一种方法的研究更能产生好的效果。"[①]

(二) 多学科合作研究教育问题

教育科学研究方法发展变化的另一个方面就是多学科合作研究教育问题。埃德蒙特·金在阐述教育研究的新动向时指出,现代的研究,已不是在孤立的条件下仅仅通过对某一事项的调查来探索普遍性规律,而是在相关领域和各种知识的相互联系中进行研究;研究人员需要在技术上和情报信息上互通有无,互相补充。

为什么说多学科地参与教育问题的研究意味着教育科学研究方法上的变化呢?这可以从"科学"的本质来理解。科学是以一种研究方法和一个研究对象为特征的。多学科合作研究,意味着运用若干独特的研究方法来研究教育问题。在方法论上运用一系列的独特方法表明,没有一门科学占有垄断地位。所有其他科学的"全部研究能够阐明教育环境的演变及其合作者,也能阐明研究程序的对象"。与此相应的是现代科学技术不断被引进教育科学研究领域内。电子计算机及电子工程学被大量用于教育研究的统计分析。

多学科合作的另一个特点就是将研究人员组织起来,结成多学科的研究小组,开展联合研究。日本物理学家,1949 年诺贝尔物理学获奖者汤川秀树在谈物理学研究时曾说过,"现代科学中的

[①] 瞿葆奎主编,叶澜、施良方选编:《教育学论文集·教育研究方法》,人民教育出版社,1998,45 页。

认识主体不再是个人,它正在让位于科学家研究小组"。典型的实例是1959年伍兹霍尔的合作研讨会。在这个讨论会上,数学、心理学、教育学、历史学、物理学、生物学、医学、古典文学、电影摄制的专家们一起讨论研究教育问题,产生了《教育过程》这本著作。"它对本世纪六十年代的教育、教育研究动向产生了巨大影响"。①

(三)研究场所的变化和研究材料的变化

与上述由定量向定性研究转变相联系的是研究场所的变化和研究材料的变化。在过去,研究者对学习问题的研究主要通过实验室研究。在这方面桑代克可谓是典型的代表。他认为,一个科学家应该把自己绝大部分的时间花在实验室里,用来做对教育实践有意义的研究②。但是,在当代人们已经认识到,通过在实验室对人、有时对动物所做的实验难以得出在教育上有意义的结论。"在实验室里所获得的结果,有时也不能运用到家庭和学校的环境里"③。因此,现在教育科学的研究更多的是在学校和课堂中进行的。因为人们相信,"儿童和教师不是脱离现实的天使,不是教与学的机器"④。与研究场所变更相伴随的是研究材料的不同。在实验研究中,所研究的材料主要是人为设计的材料,研究的情境与变量都受到研究人员的改变与控制,研究对象脱离了自然的因素。而在现场研究中,研究者主要是运用深入的交谈所获得的材料、生活史、现场观察记录、案例启示、日记、信件和其个人文献。这些材料所记载的是在自然的环境下人们从事教育活动的各种信息与动态。

---

① 日本筑波大学教育学研究会编,钟启泉译:《现代教育学基础》,上海教育出版社,1986,480页。
② 瞿葆奎主编,叶澜、施良方选编:《教育学文集·教育研究方法》,人民教育出版社,1988,29页。
③ 大河内一男等著,曲程、迟风年译:《教育学的理论问题》,教育科学出版社,1984,177页。
④ 瞿葆奎主编,叶澜、施良方选编:《教育学文集·教育研究方法》,人民教育出版社,1988,359页。

三、研究主体的变化

研究主体即研究者最近也在发生着微妙的变化。这种微妙的变化是由两个因素所导致的,一是相关领域的学科参与教育问题的研究,导致非教育研究领域的研究人员的介入;二是教育科学所面临的迫切的实践使命,及对教师专业发展要求的提高,从而出现教师作为研究人员从事教育科学研究的现象。

(一)研究人员的多样化

不同学科的研究人员在国内共同从事某一教育课题的研究,相同学科或相关领域的研究人员在国际会议上与同行学者交流研究成果。研究人员的这种国际性交流导致"教育研究组织化"现象的出现,它是国与国之间或不同学科之间长期性的研究机构。像联合国教科文组织、欧洲会议的教育机构、汉堡的教科文组织等都是辅导性的研究组织。各国"教育研究组织化"现象更甚于国际。"教育研究组织化"为研究人员的连续研究提供了长期性机构,也为把不同学科、不同国家的研究人员组织在一起进行合作研究提供了必要的条件。

(二)教师是研究人员

教师作为研究人员是随着要求教育科学研究能够指导教育实践的呼声而出现的。与教师作为研究人员相对应的是行动研究。行动研究作为一种研究方法,将教育的行动与研究结合起来,行动研究实质对象是实际教育活动中出现的教育问题。行动研究就是通过研究具体的教育问题,不断提出改革教育实践的意见或方案,为教育实践提供行动的指南;教育实践的动态流程又不断提出新的问题,使研究者不断得到启示,再充实或修正方案,提出新的具体目标,因而行动又是研究的向导。

教师作为研究人员是美国教育研究者劳伦斯·斯滕豪斯作为一种解决课堂内课程改革问题的办法而首先提出的。在典型的行动研究中,研究成员由专家、研究人员、教师、行政领导人员等联合构成，从而形成一个研究群体。在这样的研究群体中，各种成员有效地相互作用，交换意见，互相取长补短，发挥研究群体的各自优势。

行动研究把注意力主要放在直接应用上而不是发展理论或一般应用上。它重点解决局部背景中的具体问题。其目的是改进学校工作，同时提高那些力求改革的教师的能力，使他们把研究水平、思维习惯、与他人协调共事的能力与职业精神结合起来。

第四节 教育研究科学化的主要基础

一、教育研究科学化及其基础的涵义

自有教育研究以来，人们一直在自觉或不自觉地寻求着教育研究自身的规范。现代教育研究领域更是学派林立、分支众多，较之于教育研究刚从哲学怀抱中独立出来的夸美纽斯与赫尔巴特时代，教育研究在科学化的道路上已经有了长足的发展，但就较严格意义上的科学化来说，尚有很长的路要走。

真正的教育研究科学化的实现，至少应：主总体上体现出以下几项内容：其一，教育研究在方法论上由定性描述的研究转变为定性研究和定量研究相结合的综合性研究；其二，教育研究在体系上由单纯的综合（大教育学）和单纯的分化（各门具体教育学科）转变为既有不同分支、又有一定层次的系统结构；其三，教育研究在手法上由个体的思辨式或经验式研究转变为遵照清晰的科学程序的实证性和非实证性相统一的规范化研究；其四，教育研究在功能上由侧重于发挥宣传议论性的功能转变为发挥评价性、解释性和决策支持性一体化的功能。

上述四项内容也可以说是现代教育研究科学化的几个显著特征。然而，欲使教育研究实现上述转变，形成上述特征，一个重要的前提是现代教育研究自身必须立足于一个有力的基础之上。

所谓教育研究科学化的基础,简言之,就是教育研究之所以能够成为一门科学的主要条件和依据。构成基础的内容,既可以是教育研究内部的一个组成部分,也可以是教育研究之外,但却对教育研究产生制约作用的方法、技术和学问。没有相对独立的基础,教育研究也就失去了其科学化的主要支撑点。从教育科学发展的角度看,确切地把握教育研究科学化的基础,将有助于促进教育研究活动的规范化,并有助于形成对教育研究的逻辑、结构与功能的正确认识。

在教育科学发展史上,研究基础总是或者潜在地、或者显在地制约着教育研究的发展。无论研究者们重视与否,教育研究赖以发展的基础客观上总是在不断丰富和发展的。同时,基础也并非是一成不变的,在教育研究发展的不同阶段,基础的深厚性及人们认识的深刻性也会有所区别。但随着现代科学的发展,尤其是知识体系与方法论的更新和丰富,教育研究自身独立基础的形成将开始具备可靠的条件。

二、教育研究科学化的方法论基础

现代科学研究,尤其是社会科学研究正在发生深刻的方法论变革,并在世界范围内出现了研究者对方法论问题研究的兴趣日益增强的趋势,教育研究也不例外。教育研究要想实现科学化,必须解决好它的方法论基础,其中以下两点又是至关重要的前提。

其一,要超越教育研究中科学主义和人文主义的对立。长期以来,在社会科学的方法论基础上,科学主义和人文主义的对立一直存在。前者认为社会科学的目标是追求精确性,它是研究客观的社会事实的;后者则认为社会科学不必追求精确性,它是研究意义和价值的。这种对立同样反映到了教育研究中。事实上,科学主义和人文主义都有合理性,现代社会科学已经打破这种对立,那种认为科学认识只能诉诸理性和实证,人文认识只能诉诸直觉和思辨的对立正在被突破。同样,教育研究也必须在其方法论基础上有效地实现这种超越。

其二,要形成综合的、有层次的方法论基础。由于教育领域的多质性和多层次性,所以,以它为对象的教育研究的方法论也应是兼具综合性和层次性的。综合性即教育研究在方法论上的多元化。无疑,用任何一种方法研究教育这一特别复杂的社会现象,都将无法穷尽它,但综合并不意味着是对各门科学的研究方法进行简单相加,而是一种面更广、范围更宽的融合,即把从各个领域中得到的相互联系和互为补充的多种多样有助于进行教育研究的方法综合起来,再创造出适合于教育研究特质的综合基础,并从教育研究的角度检验、修正、补充、完善这些成果,从而得到真正符合教育研究自身逻辑的方法论体系。

教育研究的方法论基础还应是有层次的:第一层次是哲学世界观和方法论,第二层次是一般科学方法论,第三层次是具体学科方法论,第四层次是具体的研究方法与技术。教育研究科学化的方法论基础应该不断地向上述层次化方向发展,尤应提高各层次间的协调程度,充分发挥其整体功能,从而形成一个多方位、多功能、开放式的教育研究方法论系统。

具体地说,教育研究科学化的方法论基础应该由下述几项内容构成,即:定性研究与定量研究的结合;基础研究和应用研究的结合;系统研究和专题研究的结合;理论和实践的结合;宏观研究和微观研究的结合;继承和创造的结合等等。

(一)定性研究与定量研究的结合

教育研究中定性与定量的结合,其实质并不是在教育研究的定性中加进一些定量的成份,而在于有效地形成一种系统的研究方式。其认识论的原理乃是通过建立教育研究主体在研究的组织结构、知识结构上的优化以及教育研究过程、教育研究程序上的系统综合效应去实现数据论证和理论分析的结合、价值判断和科学判断的结合、实证研究和经验判断的结合,进而实现事实和理论、逻辑和经验的结合。因此,定性与定量的结合可以有效地解决教育研究中主观与客观、事实和意义、模糊与精确等之间的矛盾,使教育研究中长期存在的科学主义和人文主义的对立在一定程度上趋于缓和。

从教育研究的现有水平来看,定量研究尚需加以大力发展,这不仅表现在使用一些统计分析的方法,如计算集中量、进行相关分析和回归分析、进行统计推断、使用图表和模型等等,而且还表现为在教育研究中运用量化的若干原理来更新教育观念,开创新的思路和论证范围。在某种意义上,后者比前者更有价值。这也意味着定性研究和定量研究的结合并非是追求简洁明了的量化,而是要在研究观念与方法上构造新的模式。

(二)基础研究和应用研究的结合

在现代科学的发展过程中,基础研究与应用研究开始被分化,并且形成了许多以应用研究为主的新领域,两者之间呈现出相互作用、相互转化的趋势。但与自然科学领域重视应用研究相反,在我国的专业教育研究队伍中却一直存在着重视基础理论研究,轻视应用研究的现象。直接的表现是缺少实证研究,非实证研究的比重过高,理论和实践两方面严重脱节。而教育研究要真正实现其科学价值,它就必须成为基础研究与应用研究高度结合的统一体。

就现状而言,教育理论必须成功地向可操作性方向转化。在这一方面,教学的渗透与计算机技术的发展已创造出于良好的外部条件。就其意义而言,基础研究和应用研究的结合可以在一定程度上强化教育研究中的实证性,提高教育研究的实践意义。长期以来,教育研究主要关注的是奠基于价值之上的评价性和阐释性研究,而奠基于事实之上的决策支持性与操作性研究则显得较为贫乏。因此,强化基础研究和应用研究的结合将会诱导教育理论研究更接近教育实践。

(三)系统研究和专题研究的结合

所谓教育的系统研究,是指以探讨教育过程全部及若干层次的联系或以探讨某一教育层次的总体联系为目标的教育研究。从总体上看,教育研究是以其系统性为基本点的,不仅从它所研究的对象自身的系统性来说是如此,而且从它自身的科学体系来看也是如此。系统研究的特点在于它注重教育系统的总体关系,它的涉及面广,如果把教育系统比作一个网的话,那么系统研究就是对这个网的总体构造的认识,它必须以自身的系统性来反映研究对象的系统性。但是,系统研究是不可能独立存在的,它又要以每个教育研究者分别从自己具体的条件、针对具体的问题所从事的专题性研究为基础。

专题研究所要探讨的,则不是整个教育系统的联系,而是那些对于实际教育活动或某一教育理论关系密切的具体问题。它在方法上的特点表现为研究者在使用思维形式时的灵活性、论证的简明性以及论证体系的个性色彩。系统研究和专题研究对于教育研究的科学化来说,都是不可或缺的。它们既有区别的一面,又有相辅相成的一面。一方面,系统研究应以专题研究为基础和构成要素,真正成为对各专题研究的总体综合;另一方面,系统研究又是专题研究的总纲,要对专题研究发挥必要的指向作用。因此,教育研究者既要避免现存的空洞地进行体系构建的现象,又要敢于在有了相当扎实的专题研究之后去实现体系上的突破与创建。

(四)理论与实践的结合

理论与实践相结合,是马克思主义认识论第一和最基本的原理。马克思主义的认识论认为,实践是理论的源泉,理论是实践的指导。没有理论,实践是盲目的;没有实践,理论是空洞的。社会的教育过程,其本身就是一个生动的社会实践过程。反映教育实践规律的教育科学也就不是纯思辨性的科学,相反,它是一门实践性很强的科学。在教育科学的研究过程中,依据理论与实践的辩证关系,就必须密切地联系教育的实际,联系社会的实际,并使一切科学研究的结论建立在广泛的严格的科学实验的基础之上。贯彻实施理论与实践相结合原则的基本要求是:

1. 重视理论对于实践的指导作用

教育科研,只有重视理论的指导,善于汲取现代科学中的新理论、新成果和新方法,不断从现代学术思想中汲取丰富的营养,以更广阔的学术背景为基础,不断从新的角度、新的层面、新的方式展开研究,才能不断有新的发现和新的创造,从丰富多彩的实践中揭示出新的规律。

2. 重视对教育实践经验的总结

一切科学理论都是在实践中产生的,又在实践中发展的。我国社会主义教育工作者创造的许多宝贵经验,特点是经过反复验证的经验,大都是在马克思主义教育思想指导下,反映社会主义教育规律的认识和实践。因此,要建立具有中国特色的教育科学体系,发展社会主义的教育理论,就必须重视对我国教育工作的实践经验进行理论的总结。同时,还应鼓励和提倡研究工作者到火热的改革实践中去,和第一线广大教育工作者结合起来,在改革实践中发现、总结经验,并进行提炼加工,去粗取精,上升为科学的理论。

(五)宏观研究和微观研究的结合

教育研究,不仅要进行教育的宏观研究,也要对教育进行微观研究。微观教育是宏观教育的基础,微观教育不能正常发展,宏观教育也就难以平衡。一般都是两者结合,即不仅研究总体问题,也研究具体问题,既研究战略问题,也研究战术问题。宏观研究作指导,微观研究作深入,教育教学质量才能得以稳步的健康的全面的发展。

1. 发挥宏观研究的指导作用

从研究范围可以看出,宏观研究对大政方针和法规的研究具有纲领性、原则性和规范性,对整个教育事业和中、微观研究都具有直接的指导作用。对重大实际问题的各方面,围绕该问题进行的中、微观研究无疑会受其制约,这种制约能对解决问题提供方式、方法、手段等方面的指导。

2. 发挥微观研究的基础作用

微观研究大多是在基层实际工作中进行的。这些课题的研究成果一方面是研究和实践密切联系在一起,直接为实践服务;另一方面是为更深一步或更大范围的研究提供信息,也就是说为中、宏观研究提供信息,成为宏观研究的依据。如果没有这些信息的启示,宏观研究将无所依从,所以说微观研究有很重要的基础作用。反之,宏观研究的成果,往往又通过微观研究得以实施,所以微观研究有对宏观研究的验证作用。

(六)继承与创造的结合

继承与创造相结合的原则,是指教育科研应遵循马克思主义唯物辩证法和历史唯物主义的原理,既要对历史上和前人的研究成果批判继承,又要根据新的实践要求不断发展创新,使批判继承与发展创新辩证地统一起来。贯彻继承与创新相结合原则的基本要求是:

1. 要坚持历史唯物主义的观点,正确对待历史上或前人的认识成果

善于运用马克思主义的唯物辩证法的分析方法,对历史的经验和思想理论加以有批判的继承,使一切有价值的经验和理论在新的条件下加以发展。

继承历史的认识成果,首先要认真研究我国自古以来教育的、文化的优秀遗产。同时也要研究外国教育史中的先进的思想和理论。所以,科研工作者应从唯物辩证法的观点,贯彻"古为今用,洋为中用"的方针。

2. 要正确处理批判与继承、继承与创造的辩证关系

继承是推动一切科学发展的重要手段,而创造则是一切科学

发展的灵魂。教育科研不能没有继承,更不能没有创造。继承和创造相结合,是推动科学研究发展的一条重要规律。继承和创造的辩证关系,首先表现在任何创造都是有条件的。人的创造离不开早已存在的和足以提供创造活动的已有材料,这些材料来自于前人或他人的实践经验和认识成果。人类历史的实践,不仅提供着借以创造的材料、也提供着各种进行创造的要求与内容的信息。善于利用前人和他人的认识成果,开辟新的认识领域,获得新的发现,提出新的观点,是一切科学研究的必由之路。其次,人们在进行创造活动时,都无不遵循科学的认识规律,借助于前人和他人创造的思维科学和研究方法。因此,创造既是人类认识的发展过程,又是人类认识的连续过程。

3. 要发扬勇于探索、锲而不舍的创造精神

教育科研不是重复前人或他人的劳动,而是在继承已有认识成果的基础上,进行十分艰巨的新探索。只有在继承的基础上进行不断的探索和创造,才能使认识深化,使理论完善和发展。勇于探索,首先,要解放思想,不迷信本本,不迷信权威,敢于冲破守旧势力和传统观念的束缚,敢于在前人没有走过的路上开拓前进。其次,要不断锻炼自己创造性的思维品质,克服习惯性思维的障碍,变思考方式的封闭性、单一性、随意性为开放性、多维性和批判性。

作为教育研究人员,应从整体上把握上述作为教育研究科学化的方法论基础的各项内容。要认识到体现上述方法论基础的教育研究的思维形式将不再是单一的分解性思维,而是适应现代教育研究整体化趋势与教育现象复杂性特点的整合性思维。这种思维也要求每个教育研究者都必须具有方法论方面的深刻知识和根据教育发展的具体条件创造性地运用这些知识的能力。

三、教育研究科学化的理论基础

所谓教育研究的理论基础,是泛指那些促进和引导教育研究

发展的基础学科和相关学科。其中,基础学科主要是为教育研究提供理论依据和方法论指导,相关学科主要是为教育研究提供一定的可资借鉴、融合的新的思想观念,扩大教育研究的范围。拓宽和深化教育研究的理论基础是现代教育研究科学化的重要条件之一。一方面,教育研究的多层次性和涉及面广的特点,在客观上要求教育研究须通过不同的来源、途径和方法获得作为基础的理论;另一方面,教育研究的现实也表明教育研究中的一些深层次问题,尤其是深层理论问题的论述,往往是哲学、经济学、文化学、社会学、美学、伦理学等学科现成或已有结论的极富创造性的演绎。

在现代科学领域,无论是自然科学还是社会科学中的各门学科都呈现出互相接近的趋势。对教育研究来说,这一趋势表明,只要不同学科的观点本身都很准确、清晰,只要研究成果是在一个相容的体系牛产生的,那么,从不同学科的观点出发,综合地、全面地研究教育,将会加速教育研究的科学化。当然,作为教育研究科学化的理论基础将会在不同意义和水平上对教育研究发挥出一定的作用。具体包括以下几方面:(1)教育研究从某些基础学科中直接获得或稍加改造而获得一定的科学认识,如从心理学意义上取得的对教育与智能发展问题的理解,由经济模式而引发的对办学模式的思考;(2)某些相关学科可作为教育研究的中介理论而存在,如控制论的思想、创造的原理等;(3)教育研究从某些相关学科中借用一定的概念和研究图式,并作出适当的沟通,以完善自身的体系。

必须指出,教育研究科学化的理论基础不是在一朝一夕间形成的,在教育研究发展的各个阶段都存在着教育研究与其他学科的相互联系。作为较为完整的理论基础,它是在整个科学的发展与教育研究自身知识体系的发展过程中奠定下来的。目前,从总体来看,确立教育研究科学化的理论基础应该包括对已有理论基础的深化和对新的理论基础的开拓两个方面。

教育研究已有的理论基础主要包括哲学、心理学、生理学、社会学等,其中尤以哲学、心理学为最。在教育研究科学化的历程中,马克思主义哲学是研究者们得出正确的教育结论的重要来源,它在教育研究的科学论证体系方面占有特殊的地位,现代教育研究中的每一重大理论问题的进展都将与哲学原理有着千丝万缕的联系。正是从马克思主义哲学的基本立场出发,我们对教育研究中的一些最重要的范畴,如教育的本质、功能,直接经验和间接经验,教育中的主体和客体等才获得了较清楚的认识。当前,深化哲学基础的作用主要表现为防止用哲学的一般结论排斥具体教育研究的做法,应把从哲学立场对教育问题进行高度概括和从教育学立场所进行的细致分析有机地统一起来。

教育研究的心理学基础是教育研究发展的显著特点,但现代教育研究在积极吸取心理学研究成果的同时,必须调整好两者间的关系。在过去很长的一段时间内,教育研究多数时候是直接从心理学中引出某些结论的。但在今天,两者的关系若仍停留于这种水平就不合适了。如果说过去的教育研究与心理学的关系主要表现为单向的实践同理论的关系的话,那么现代教育研究与心理学的关系则主要表现为双向的理论与实践、实践与理论的关系。只有如此,才能称现代教育研究对心理学基础的依赖已经达到了一种自觉水平。

较之于对已有理论基础的深化,教育研究的科学化更迫切需要的是对新的理论基础的开拓。因为,现代社会条件下,教育研究面临的问题变得更加多样和复杂,它迫切需要从一系列发展着的现代学科中吸收营养,以提高其理论的开放性程度,开辟更加广阔的研究领域。这些学科包括人类学、美学、生态学、文化学、政治学、经济学、人才学、创造学、数学、系统科学以及科学学等等。上述学科都可以在不同意义和不同程度上成为教育研究科学化的理论基础,它们或影响教育研究在内容上的进化,或影响教育研究在形式上的变迁。

如,文化学与教育研究之间的联系集中表现为,从文化学角度把教育过程看作社会中文化传递的过程,寻找不同民族在教育方式、教育内容以及结果方面的不同,探明文化背景与教育实践之间的因果联系与相互作用,排除因文化背景的差异而造成的对教育的偏见和束缚。同样,美学对于教育研究的科学化也是极有意义的,其作用直接源于美的因素对于促进人的和谐成长的重大意义,以及它在帮助实现真善美相统一的教育价值目标上的作用,尤其是现代广义的美学思想更使教育研究获得了从美学意义上开拓新思路的可能性。再比如系统科学,它已把模型的方法、量化的方法以及一系列全新思考方法推广到社会科学中,教育研究也必然能够借助系统科学来解决众多复杂的问题,为理论的论证找到更为科学的依据。

毫无疑问,教育研究的科学化将呼唤更多的新理论、新方法走进它的领域,并被吸收和同化。但教育研究者又必须认识到,绝不能用任何理论基础中的知识不加改造地去作为教育研究的结论,否则,只会造成教育研究中的教条主义和形式主义,甚至导致教育研究的对象被偷换。因此,我们一方面看到丰富的理论基础对于教育研究科学化的意义,同时,又要看到教育研究与其理论基础之间的区别。

四、教育研究科学化的技术基础

所谓教育研究科学化的技术基础,主要是指在教育研究中广泛运用现代化技术的方法,推动教育研究技术的发展,使教育研究从理论形态向实践形态不停顿地作双向运作。其实质乃是教育研究者的智慧和现代化工具的结合。

与一般社会科学研究一样,教育研究也一直受到缺乏方法性技术或技术性方法的困扰与限制。虽然,教育研究中初级层次上技术的借鉴与运用由来已久,并在教育测量、教育统计等方面取得了一定的成功,但使用这样一些具体的简单技术对实现教育研究的科学化来说尚不尽如人意。从现代科学技术手段的发展和丰富来看,教育研究科学化的技术基础的核心就是要在研究工作中广泛运用以计算机技术为中心的现代化的技术与手段。在现阶段的教育领域,一方面,教育研究人员对先进视听技术、信息处理技术运用于教育活动过程表现出浓厚的兴趣,并对用新型传播媒体和新技术解决教育系统所面临的诸多问题抱有很大希望,但另一方面,教育研究人员对多种现代化技术手段在教育研究工作中的运用尚缺乏实际的行动,这一点已远远落后于一些相关学科的研究者们。

教育研究本身是一项高度集中的创造性活动,但在缺乏良好的技术基础的研究过程中,研究人员不仅在大量浪费时间和精力,而且其创造性才智的发挥和发展也受到严重制约。目前,在科学研究领域,人们运用诸如电子计算机等技术手段,不仅大大丰富了感性认识的内容,而且可以完成资料存贮检索、图像识别、数值计算以及知识和经验的管理活动。相比之下,教育研究迫切需要广泛地使用包括计算机技术在内的各种现代工具,以提高各项教育活动的成效。已有的实践也表明,计算机技术日益精深,特别是现代大规模集成电路电子计算机的出现,为克服教育研究中教育现象变量多、机制复杂、不易把握这些障碍,准备了现代化的工具,使得数学方法在教育研究领域成为一种实在的技术性方法。具体地说,现代化技术手段对于教育研究科学化的作用范围主要表现在以下几方面:

第一,运用现代技术手段形成教育研究者具有现代化特征的科学工作方式。当代先进的智能计算机可以帮助教育研究者寻找正确的思路,通过人机交互作用共同解答问题,从而使教育研究者的工作方式从单调的个人冥想式转变为动态的人—机对话式,研究过程由单一的演绎推理转而成为人与计算机相互交流、互助的过程。

第二,运用现代信息技术去促进教育研究语言的抽象化、规范化和理论化。传统的思辨性或实证性教育研究,均采用自然语言,难以做到准确、清晰,教育概念、术语的使用缺乏统一性,从而在客观上造成了理论的封闭性。如果在教育研究中引入计算机语言、逻辑符号语言等等,就将使教育研究的语言由单纯的自然语言转而成为自然语言和人工语言的统一体。这必将极大地增强教育研究的语言功能,使研究技巧与实验设计趋于精致。

第三,运用现代技术手段去实现教育科研管理,尤其是教育研究成果的检验与评价体系的合理化。长期以来,教育研究主要是提供定性结论,而对这些定性研究的成果又难以进行可靠的检验,以至于众多的研究都止于纸上谈兵。运用现代技术手段,研究者便可以通过计算机的操作与仿真,使某些操作性强的研究成果,如学习策略、办学模式等的研究,在付诸实践之前即可受到某种程度的检验。这样,既可以密切理论和实践的联系,又可对研究成果进行更加客观的评估。

总之,技术基础的强化将会为教育研究的科学化创造出光明的前景。它也预示着:伴随着教育研究科学化的进程,专业的教育研究队伍在知识结构上将会发生较大的变革。

第二章 教育科学研究课题的选择与确定

所谓科学研究课题就是被作为科学研究对象的问题。这些问题既是人类认识和实践的成果,又是人类进一步认识和实践的起点。科学研究课题的选择与确定,是科学研究工作的初始环节。教育科学研究,实质上是通过探索教育领域中的各种矛盾,进而揭示各种矛盾运动规律的一种活动。但是,未被认识和解决的教育问题很多,人们不可能设想把它们一起解决。进行教育科学研究的首要工作,就是要从众多的矛盾中——从众多的未被人们认识和解决的问题中,正确地选择某一领域中的某一具体问题,作为将要研究和探讨的对象。科学研究课题的选择与确定是科研准备阶段最重要的任务。英国著名的科学哲学家贝尔纳明确指出:"课题的形成和选择,无论作为外部的经济技术要求,抑或作为科学本身的要求,都是研究工作中最复杂的一个阶段。一般来说,提出课题比解决课题更困难,……所以评价和选择课题,便成了研究战略的起点。"[1]

实践证明,课题选择得好,可以事半功倍,迅速取得科研成果;反之,课题选择得不准,往往会使科研工作受到影响,甚至半途而废,造成人力、物力、财力和时间上的浪费。每一个有志于教育科学研究的同志,都应当十分重视科学研究课题的选择与确定工作。

第一节 教育科学研究课题的来源

从广义上来说,选择科研课题应当包括两个方面:一是确定研究方向,二是选择具体的研究课题。

---

[1] 转引自隋启仁编:《科学方法论研究》,科学普及出版社,1983,87页。

所谓研究方向,就是研究人员在一个较长时期内从事研究活动的领域。科学史表明,许多杰出的科学家,一个时期总是集中主要精力在一个领域内进行探索。研究人员在一个时期里有相当稳定的研究方向,可以使研究工作有连续性和积累性,并可以成为选择具体研究课题的线索和范围。否则,面对广阔的领域和数不清的问题,研究工作就可能不知从何处着手。一般来说,研究方向是根据某一研究课题取得一定成果后开拓并逐渐形成的。对于一个科研新手,或研究工作尚处在初始阶段,一般只能大体上确定一个研究方向,或由导师选定一个适当的课题先做起来,在做的过程中逐渐形成自己的研究方向。可见,研究方向与研究课题是密切联系相辅相成的:课题展示方向,方向限定课题,它们是点与面的辩证统一。但是,不管你是选择他人的研究方向,还是自己重新开拓研究方向,都要从选择研究课题开始。对于一个有志于教育科学研究的人来说,确定一个大致的研究方向将对具体课题的选择及研究大有裨益。

确定了大致的研究方向之后,接着就是在这个方向上进行文献与实际调查,从而了解自己所要探索的领域的历史和现状、存在的问题和发展的趋势。调查是发现研究课题的基础和前提。不少研究人员都非常重视发现问题和提出问题,因为只有发现和提出问题,才能进一步研究和探索问题。"提出一个问题往往比解决一个问题更重要,因为解决一个问题也许仅是一个数学上的或实验上的技能而已,而提出新的问题,新的可能性,从新的角度去看旧的问题,却需要有创造性的想象力,而且标志着科学的真正进步。"[①]事实上,许多时候我们甚至无知到了不知提什么样的问题;如果我们开始提出问题,其本身也就意味着我们已经学到了许多东西。但是,并不是什么问题都能成为科学问题,也不是所有科学

---

① 爱因斯坦、英费尔德著:《物理学的进化》,上海科学技术出版社,1962,66页。

问题都能成为我们的研究课题。

一个科学问题的正确提出,一般需要满足下列三个基本条件:问题要能够纳入某个科学知识体系中加以研究和处理;问题不是笼统的,而是具体的、有明确限定的,问题的前提必须正确;问题的"解"(答案或结论)应当存在。即使如此,对于某个研究人员来说,也不是什么科学问题都可以作为他的研究课题。研究课题是从一大堆科学问题中选择出来的,这就是我们所说的形成和选择研究课题。

那么,如何选择并确定一项教育科研课题呢?事实上,对于一项科研工作来说,选择和确定科研课题是研究过程中最难的一个步骤,它需要研究者具有广博的学识和较强的分析判断能力,而发现有价值的研究课题,则是一个创造性的思维过程,不可能规定一个刻板的模式。应该说,导师或其他人在这一步骤上能给予的指导是十分有限的。然而尽管科研课题的选择与确定不像测量统计等等那样受技术规则的限制,但仍有一些基本的准则,别人(前人)成功的选题经验也可以作为借鉴。

我们可以把教育科学研究课题的来源从性质上、理论上、实践中(理论与实践的矛盾中)及从内容上分为很多类型。最常见的有以下几种:

一、课题来源于实践中所提出的实际问题

理论的意义和使命在于指导实践。理论之所以能够指导实践,是因为它来源于实践又高于实践。无论是自然科学,还是社会科学,它的主要课题都来源于社会生产和社会生活的实际。例如,澳大利亚的外来牛的粪便曾经一度结块,造成环境灾害,于是,那里的科学家关心起"牛粪问题"。在研究中科学家们发现,澳大利亚本土产的袋鼠的粪便并不结块,原因是有一种屎克郎对它特别喜欢,但这种屎克郎对牛粪并不感兴趣。于是,他们就把屎克郎作为研究对象。终于在世界其它地方找到了一种既适应本地自然环境,又对牛粪感兴趣的屎壳郎,从而解决了牛粪的灾害。又如,我国东南部盛产水稻,但水稻生长期却逢台风季节,原有品种杆细易倒伏,常常由于台风袭击造成水稻大面积倒伏减产。于是,农业专家们就开始研究起水稻"倒伏"问题。经过长期研究,他们终于找到了一种抗台风的杆粗而不易倒伏的品种,并与当地水稻品种进行杂交,培育出一种适应当地气候的高产抗台风型水稻新品种。社会科学领域中的诸如所有制问题、人口与计划生育问题等等的据出,也无不如此。

就教育领域来说,教育实践中同样存在着这样或那样的研究课题,例如,改革开放和现代信息技术的普及,学校教育已经无法回避来自社会各方面的影响,那么如何在新的形势下有效地开展教育工作呢?这就提出了很多可供科学研究和探索的问题。如,"新形势下教育与社会的关系研究"、"社会道德环境对青少年思想影响的研究"、"家庭教育与学校教育的关系研究"等等。又如,有人从我国的人口与计划生育国策对教育的影响出发,提出"独生子女的智力发展研究"、"独生子女的人格因素与学业成绩的关系研究"等等。再如,市场经济条件下,学校领导面临着如何引进竞争机制改进学校管理工作,如何评价教育教学质量,如何评价教师的工作并进行激励等等;各级各类学校实行职称评审制度以后,教学与科研工作发生矛盾,于是产生了一个教学工作与科研工作如何协调促进的问题;教师则面临如何科学测量学生的学业水平,如何协调、合作改进教学方法,提高学生的整体素质等等问题。所有这些都是教育实践中需要研究和解决的。

每一个教育工作者,尤其是第一线的教师和管理者,他们天天都在触及某寻方面的教育问题,只要善作"有心人",应该说发现有价值、可以研究的课题并不是困难的。但是,为什么有些同志还觉得没有什么课题,难以开展教育科研呢?原因主要有两方面:一是"不识庐山真面目,只缘身在此山中",过于相信直接的感觉。以为自己天天在做教育工作,情况已经很熟悉了,还有什么可以"研究"?从而"熟视无睹"、"当事者迷"。殊不知,感觉到的东西未必真正理解,而只有理解了的东西才能真正感觉它。事物的规律往往隐藏于现象的背后,不下功夫,不做有心人,不透过现象看本质,是难以把握事物的内在规律的。二是不善于把实践中的问题提炼成为科研课题。不少教育工作者虽然天天处于实际工作第一线,有时候也发现了不少问题,并进行了一定的研究,但由于有关知识经验等多种因素的限制,他们的研究还不构成真正意义上的科研(或者说多停留在研究的"初级阶段"),以致他们的研究成果缺乏普遍性,没有推广价值。解决问题的唯一办法,就是多做有心人,善作有心人,加强学习,促进自身素质的提高。

二、课题来源于对已有教育理论、观点的怀疑

如果一种理论体系或观点在逻辑上存在不一致性,那么,人们就完全有理由对该理论的真理性、科学性产生怀疑。科学史上,不少杰出的科学家都是从不成问题的地方找到了问题。爱因斯坦就是这样做的。当绝大多数物理学家完全不加怀疑地使用牛顿的时间和空间的公式时,他却尝试着对它不信任,并重新考虑全部问题。试想,如果爱因斯坦迷信牛顿力学的时空观,那么,他还怎么能形成狭义相对论思想?同样,盖伦医学观点被否定,亚里士多德许多结论被驳倒,燃素说被推翻……都是在前人认为已有答案的地方,找到了答案的漏洞。通过对已有理论或观点的怀疑,是形成科学研究课题的重要途径。

在教育科学研究中,不少研究者也是通过发现已有理论、观点的内在矛盾,或与经验事实的矛盾来提出研究课题的。例如,在相当长的一段时期里,我们教育理论界通过某种简单演绎认为,教育的本质是一种上层建筑,是阶级斗争的工具。对此很多人深信不疑,但有些同志看到这一观点的缺陷。因为根据这一观点无法解释教育的巨大功能:教育不仅是阶级斗争的工具,为一定的政

治——上层建筑服务,同时还对社会的生产具有巨大的促进作用(随着社会的发展,教育的这种促进作用越来越大),并且教育对个体的发展与完善也具有极大的作用,教育不仅作为人们进入社会获得谋生技能的一种手段,而且越来越成为今后个体发展本身。如果说,教育从属于某一现象,为某一事物服务,就等同或者说就是某一事物的话,则会导致 A 从属于 B,或就等于 B 的结论,这违背了基本的逻辑法则和经验事实。这些同志的怀疑导致了 70 年代末以来的关于教育本质的讨论。这一问题的讨论明确了教育的本质在于教育本身的特殊矛盾性,即教育是一种培养人的社会实践活动。

又如,传统的教育理论认为,教学的任务是传授基本知识和基本技能,似乎只要抓住了"双基",学生就自然得到了发展,就能够成才。有些同志就此提出质疑。通过讨论,现在人们基本上弄清了知识技能与智力以及能力之间的关系。再如,近年来,我国十分强调学生的爱国主义教育,于是有人提出幼儿德育的重点也应当放在爱国主义教育上(甚至还要在幼儿园开展国防教育)。这种观点和做法是否正确?对此有同志提出了质疑:(1)幼儿是否具有"国家"和"国防"的概念?(2)如何评价爱国与不爱国?(3)如果说前两个问题的回答是肯定的话,那么,如何在幼儿园中进行爱国主义教育,尤其是国防教育?很明显,通过质疑,这里提出了三个幼儿德育理论的研究课题,而这些问题又都是现有幼儿德育理论中没有解决而又迫切需要解决的。

上述例子说明,已有的某些理论、观点和结论,看似无懈可击,但如果对它们进行仔细推敲,就会发现其中的缺陷和不足。如果你过于迷信前人或他人的理论、观点和结论,那么,摆在眼前的课题也会无法抓住。当然,世俗的力量是维护传统的理论(观点、结论)的,对它的怀疑不仅需要气魄、胆量和自信,还需要有坚实的知识经验作为基础。

三、课题来源于学科交叉产生的"空白区"以及不同理论体系之间的矛盾

现代科学的发展趋势之一是交叉和渗透。一门学科内各分支学科的交叉结合;各门学科相互交叉结合(包括社会科学和自然科学交叉结合);科学与技术、科学技术与艺术日益紧密结合;软科学、软技术大量出现;数学向一切学科领域渗透;系统论、信息论、控制论等等新型学科向各门自然科学、技术科学和社会科学领域渗透等等。所有这些方面,都产生了大批崭新的综合性的研究课题。因此,很多富有远见的研究人员都坚持认为,这种学科之间交叉和渗透所产生的空白区,是科学园地中所未开垦的"处女地",那里的问题最多,非常需要有志之士去开垦和耕耘。不少研究者对此情有独钟。正因为如此,许多研究者在这种空白区里,抓住了有意义的研究课题,做出了开创性的工作。一般说来,研究者在了解科学上的空白区或人们很少涉及的领域时,不仅要关注科学界即同行已经或正在研究什么,更重要的是要留意科学界未曾研究过或至今不能研究的是什么,而后者可能正是你施展才华的天地。

凡是有生命力的理论,必然存在着丰富和发展自己的生长点。抓住这些生长点,就是抓住了重要的研究课题,也就是抓住了新的理论和观点产生的关键。本世纪中叶以来,教育科学有了突飞猛进的发展,这些发展突出地表现在众多交叉学科、边缘学科的出现上。如:教育哲学、教育政治学、教育社会学、教育统计学、教育卫生学、教育心理学以及教育系统论、教育控制论、教育信息论等等。同时,一门学科内部也出现了众多分支学科。这些由于学科交叉产生的"空白区",给教育科学带来了大量的研究课题。

此外,不同理论体系之间的理论矛盾也给人们带来了大量研究课题。一般说来,如果不同的科学理论,它们在各自的领域里都取得成功,具有很大的解释力,但是它们之间存在着矛盾和不一致,那么由此就可以提出科研课题。例如,在19世纪,生物进化论

和热力学第二定律在各自领域内都解释了广泛的现象,建立了相对严密的理论体系,但这两种基本原理却无法达到统一。[①] 这个问题在长达一百多年的时间里,科学家们对此几乎束手无策。直到本世纪 70 年代,随着耗散结构理论的出现,它才得到初步的合理解答。又如,在教育领域,关于学生的思想政治教育,教育学长期坚持"主导作用论",而社会学则坚持"环境制约论",两种理论都有较强的解释力,并且"自圆其说"。但两种学科的观点之间却存在着明显的矛盾与不一致。有人发现了这一问题,进行了"学校德育与社会道德环境关系的研究",提出了新的理论观点,对学校德育的"主导作用"作了条件限定,对社会道德环境的性质与发挥效能的规律作了探讨,明确了二者的性质、特点和相互关系,[②]从而为改善学校德育提供了科学的理论依据。

四、科研课题来源于学术热点以及教育研究信息的分析

对于同一对象、现象或过程,存在着不同观点、不同学派之间的学术争论,这是科学发展过程中常有的事情。社会科学中,由于对象的特殊性、具体性,由于历史传统、文化、地域、利益等各方面因素,对于许多问题人们几乎都有不同的认识。人们也不应当满足于某种统一的、概念的抽象。于是,人们开始展开讨论。那些讨论较多、争论激烈,为众多的学者关注的问题,就是学术热点。

在社会科学领域中,比较研究就是一个热点。例如,社会主义经济学中关于经济模式的比较研究。各种现实的和理论的经济模式,体现了在不同条件下人们对社会主义经济体制系统结构的不同选择,是人们对社会主义经济关系的不同认识。对这些经济模式的比较研究,必将使社会主义经济理论得到丰富和发展。其它领域同样产生了各种系统和模式比较的问题,例如,比较政治学、比较法学、比较教育学以及中西文化,尤其是价值观、伦理道德、生

---

① 参见张巨青主编:《科学研究的艺术》,湖北人民出版社,1988,37 页。
② 参见郭孝文、吴玲:《论高校德育环境及其优化》,《教育管理研究》,1991,(3)。

活方式的比较研究等。

教育领域也不例外。每一时期,都有大家普遍关心、产生兴趣的教育研究的热点问题。研究者只要进一步了解和分析有关的信息资料,就能从中发现和提出研究课题。例如,素质教育近年来就受到大家的关心和重视,因为,这一信息对大家来讲比较新,量又多。但是,当你分析了所阅读的若干有关素质教育的研究文章或直接了解素质教育的现状后,就会看到目前素质教育的研究还侧重于素质理论研究,理论观点还较笼统粗糙,与实践联系更是不足,尚未把有关理论与各项教育教学实际工作融会贯通在一起。有兴趣研究素质教育的同仁,不妨对素质教育的信息资料进行分析,从中选择出一些研究课题,也许能为素质教育研究的开展找出新的突破口。

从学术热点及教育研究动态方面选题,与研究者平时当一个有心人,多阅读,多积累,经常进行资料分析是分不开的。其实,及时掌握教育信息、教育动态,做好情报资料工作,这也是对一个研究者的基本要求。

五、课题来源于导师意见和有关文献记载

有经验的研究者,在自己的研究方向内有一系列研究课题。但当你还是科研新手,由于知识经验等方面的限制不能自己选择好课题时,老师的意见就值得认真考虑了。能得到名师指导,自然是科研生涯中的幸事,我们应当努力争取。不过,这样的幸事并非人人都能遇到。

研究课题来自实际,这无疑是正确的。但是,有些课题却来自书本(或其它载体)。人们对客观世界的认识总会遇到困难,有难题是正常现象,因而总会在书本上(或其它载体中)记载或留下他们所没有解决的问题;就是已经解决了的问题,也不见得十全十美。一般来说,在具有创见的研究专著(包括论文)中,作者都会专门谈到本学科领域的历史、现状与问题,并对某些问题提出探讨性见解。研究者应当重视这些信息。如果你能选择并解决其中某个问题，或者把前人的结果推进一步，那也不失为一个进步。

在选题时，除了参考上述各条外，还可以参考以下选题线索：对于同一个课题，是否可以从新的角度去研究？在不少命题中，经常有这样一类限定词，"在一定条件下"、"在相当程度上"、"在某种范围内"等等，那么，究竟在什么条件下，在多大程度上，在哪种范围内，对于这些限定词的具体规范的寻找，可以构成相应的研究课题。另外，对古老经验事实的理论解释，对于失败的研究，从反面或侧面提出问题重新探索等等，都可以构成研究课题。在广阔的教育领域，供科学研究的课题是数量众多并且层出不穷的。只要我们乐作有心人，善作有心人，肯动脑筋，虚心学习，拿出勇气，就一定能找到一个适合自己情况的研究方向和研究课题。

第二节 教育科学研究课题的类型

从科研课题的价值性质和成果形式上，可以把教育研究课题分为理论研究课题和应用研究课题两大类。教育理论研究与应用研究的性质不同，衡量其价值的标准也有所不同。

一、理论性课题

理论性研究课题的价值主要体现在理论贡献上。衡量理论性课题研究价值的主要依据，是课题可能作出理论贡献的大小，也就是看它寻求对理论体系哪些方面的突破和发展，是在什么程度上的突破与发展。理论性课题可分为三级：

凡是那些对构成教育科学理论体系具有全局性影响的核心概念、基本范畴和基本原理等作突破性研究的课题属于一级课题。从教育理论发展历史来看，一些世界著名的大教育家选择的多是此类课题。如夸美纽斯的《大教学论》，卢梭的《爱弥儿》，赫尔巴特的《普通教育学》，杜威的《民主主义与教育》，赞可夫的《教学与发展)等都是这一类研究的结晶,它们开创了教育理论研究的新天地,属于里程碑性的研究。

具有一级理论水平的研究课题并非随手随时都可拾得的,只有当时代发展到历史的转折时期,这类课题才会显得突出起来。在这样的时期里,社会的价值观发生了巨大的变化,与此相关,新的哲学思潮也不断地涌现,这就必然对教育基础理论形成巨大的冲击。在这种形势下,教育科学的原有概念和理论体系往往显得不够用了,原有概念和理论的弱点与局限性也显露出来了,于是产生了突破性研究的需要。当前,我国教育科学正面临着这样一个历史的转折关头,传统教育理论的概念和体系的弱点已十分突出,迫切需要具有开创性的基础理论研究。近年来,国内教育理论界关注的教育本质问题、教育起源问题、教育功能问题、教育与社会发展关系问题、教育与人的全面发展问题、教育的主体性问题、素质教育问题、创造教育问题等,都属于一级课题的研究。

一级课题是难度较大的研究课题。这类课题具有开创性,又涉及全局,它要求研究者有较强的批判思维能力,较高的专业理论修养和较宽广的知识面。基础理论研究的周期大多较长,而成功的把握与其它类型的研究比较起来却相对小,并且即使研究成功,它的社会价值和应用价值也不是很快被鲜明地反映出来,因此,这类课题往往令人望而却步。但是,基础理论研究一旦成功,带来的影响却是深远的,正因为如此,它对于具有高度事业心与坚强实力的研究人员始终是富有诱惑力的。在当前的市场经济条件下,选择基础理论研究的学者,更要有耐得寂寞与甘坐冷板凳的精神。

凡是对教育科学某一领域中已形成的概念、原则作进一步探讨(或使它更完善,或使它更具体细致)的课题均可列入二级课题。与一级课题相比,二级课题所要达到的目标不是对理论的根本性突破,而是补充性发展;它所涉及的面不是全体,而是局部。近年来,国内关于教学过程最优化理论的研究,思想品德教育系统构建的研究,社会环境影响与教育有效性关系的研究,以及教学中学生掌握知识与培养能力之间的关系研究等课题,大体属于二级课题。

二级课题一般出现在某种基础理论已确立又相对稳定的时期。众所周知,一个理论的完善需要多方面的深化,并且需要相当长的时间,因此,至少从数量上,二级课题不论在什么时代的理论研究中,都将居于主体地位和中坚部分。选择二级理论研究课题也需要具备一定条件。它一般要求研究人员对该领域内的基础理论有较透彻的了解,知其长又知其短,知其粗又知其细,只有这样,才可能通过研究达到补充、完善理论的目的。

三级理论研究课题是指对教育理论中的个别原则、概念等作出修正或更详细说明的研究课题。如对教学中启发式原则形成、发展以及基本思想的阐述,对思想政治教育中正面引导原则的分析,以及对教育史上某个教育家或某种教育观的分析和评述等等,这类课题大体属于三级课题。

三级课题涉及的范围较窄,是对个别理论问题的探讨,所以它与前两级课题相比难度较小。一般说来,这类课题的选择对研究者限制条件较少。研究人员只要掌握了有关的资料,具有分析、综合能力,并且对某个问题有自己的感受和见解,就能承担这类课题的研究。理论研究中大量的是三级课题,大多数从事教育理论研究的同志,往往也是从三级课题起步的。

二、应用性课题

与理论性研究课题不同,应用性的研究课题与解决实际问题紧密相关,其价值体现在实际效用上。衡量应用性研究课题价值的主要依据是它对实践可能产生影响的性质和大小,即课题所提出的解决问题办法的新颖性、有效性和普适性。与理论性研究课题等级相对应,也可以把应用性研究课题大体分为三级:

一级的应用性研究课题不仅涉及教育实际中某些全局性问题,而且影响深远。这类课题要求能提出前人未提过的解决问题的方法,并能在较大范围内普遍推广,对教育实际工作具有直接的推动作用。从近年的研究实践看,全国招生制度改革的研究,中国学制系统及其改革研究,我国教育法的制定,学生品德评定方法的改革,教育评价的研究等学校管理体制改革的研究可算是一级课题。

一级应用性研究课题有相当大的难度。这类研究的成功,除了直接推动教育实际工作以外,还会对理论研究产生一定影响。在市场经济和改革开放的年代里,具有较大实际推广价值的应用性课题研究,将受到更多研究者的重视。他们或提供重要的事实材料,为改善工作服务,或从实践的角度提出一系列理论问题,推动理论完善和发展。选择一级应用性课题的研究人员,不但应具有基本的专业理论素养,而且应对研究课题所涉及的实际范围的基本情况较熟悉,有较深的实际感受,至少要知道可以从哪些方面去掌握情况,怎样去获取情况。

二级课题大多是局部性的,研究教育领域中某一方面或某一部门、地区内提出的实际问题的课题,属二级的应用性研究课题。这一级研究的目的,主要是寻找在一定条件下解决某些实际问题的科学有效的方法。如,贫困山区学前教育的发展与领导管理研究;少数民族地区实施义务教育法的途径和方法研究;中小学教育环境及其对策研究;中学语文教学方法改革研究;青少年犯罪及其教育问题研究;教育劳动与教师工作的评价问题研究等。这些研究主要涉及的是基本原理或方法在某一地区、某一领域的具体应用,研究者只要对该问题涉及的基本原理和方法有较清晰的认识,对与该问题有关的具体领域有一定的了解,就可以选择这类课题。对于一些有经验的实际工作者来说,第二级应用性课题,是可以施展自己才华的好舞台。

至于三级应用性研究的课题,则是与个别实际问题的解决相关的,它的研究成果适用的范围较小,大多局限在与该课题研究条件相近的范围内,提出的解决问题的方法,也较多地局限在一些具体的操作性问题上。如,为某课程设计一系列高质量的教案;某些教师的富有特色的工作经验的总结;关于学生的个案研究;校史编写等等。选择这类课题的限制条件较少,主要要求研究人员具有认识制约条件和把握特色的能力。第三级应用性课题在现实中大量存在,它在三类课题中比例最大,每一个有心的实际工作者都能在自己的工作实践中找到它。与理论性研究课题的选择相似,一般从事教育方面的应用研究,也往往从较低层次的课题做起。

必须指出的是,课题类型和层次的划分是相对的,而课题的等级也不是研究成果等级的全部保证即课题的等级与成果的等级并不能划等号。研究人员可以选择一级课题,但可能因缺乏研究能力(条件)而终究未获成功。选择有较高价值的课题是追求较高价值研究成果的前提,研究人员不可能通过三级课题的研究获得一级研究成果。因此,研究人员在选择课题时,应该考虑到课题价值大小的等级差别,无论是理论研究还是应用性研究都是如此。

此外,关于理论性研究与应用性研究的关系,以及两类研究的价值问题也是一个人们十分关注的问题。在现实中,经常会听到两种截然不同的评价:有的认为理论性研究的课题更有价值,有的则认为理论性研究的课题与实际离得太远,不如应用性研究的课题更富有现实意义。我们认为,理论研究与应用研究之间的区别只具有相对意义,很难把两者截然分开。由于两类课题服务的对象不同,各有其不可替代的作用,所以一般不宜、也没有必要在两类课题之间进行价值比较——扬此抑彼的评价,无论对被扬的一方还是被抑的一方,都没有什么好处。理论性研究与应用性研究最理想的关系是相辅相成。当然,在历史发展的不同时期,社会(或研究者)可能更侧重其中某一方面的研究,这是正常的,是事物运动发展的不平衡规律决定的,但这并不意味着某一方面的研究更有价值,甚至可以取代另一方面的研究。

第三节 教育科学研究课题的选择

选择课题的过程,实质上是按一定的标准或条件,对可供挑选的课题进行评价、比较,最终作出抉择的过程。在一定的研究方向内,所要研究的问题可以说是俯拾皆是。但是,一项研究活动往往要受到很多因素的制约,对特定的研究者来说,并不是什么问题都可以作为研究课题的。

研究课题的选择是一个创造性的思维过程。应当研究什么问题,不应当研究什么问题,本身并没有什么固定模式。有些时候,研究者在接受某些信息刺激之后,突然意识到某个研究课题;有些时候,选择某个研究课题主要是一时的兴趣或冲动,并不存在有意识的选择过程;还有些时候,进行某项课题研究完全是一种任务或责任,研究者个人"别无选择"……。正因为如此,某些科学家强调直觉、顿悟、灵感等非逻辑因素在科研活动中的重要作用。但是,这种强调并不意味着科研课题的选择无需遵循一些基本的方法论原则。

所谓课题选择的基本原则,就是进行科研课题选择时应当遵循的基本要求,其实质是为课题选择活动提供某种行为准则和标准。我们认为,在选择教育科研课题时,应当遵循以下四个方面原则:

一、需要性原则

这是选择任何研究课题都应当遵循的首要原则。它规定了科研选题首先要满足社会实际的需要和科学自身发展的需要。对于教育科研来说,这里的需要包括两个方面,一是教育事业或工作的实际需要,二是教育科学本身发展的实际需要。

教育的性质和状况为一定社会的政治、经济、文化所决定,而教育又有力地促进和影响着社会的政治、经济、文化的发展,是促进和提高社会生产力的重要手段。随着现代社会的飞速发展,社会对教育将提出越来越多的新情况、新问题,要求研究者去解决、去探讨。通过科学研究的途径,可以使我国的教育事业在迅速发展的过程中得到科学的指导,少交"学费",少走弯路。

当然,科学研究中的课题并不全部来自教育事业或工作发展的实际需要,许多课题是从教育科学发展的内在矛盾——某个理论内部的逻辑、结构的不完善,不同理论体系之间的矛盾等等中提出来的。教育事业在发展,教育实践在变化,教育理论也需要发展与更新。理论性课题的研究,不仅是教育理论自身发展的需要,反映了人类教育认识的水平,而且有利于提高理论的指导性,加强对教育实践的指导力度。

二、科学性原则

所谓科学性原则,是指科研课题的选择必须有事实根据或理论根据,必须以事实为基础,遵循客观规律。纯属迷信荒诞的课题不选,从根本上违反科学原理的课题不选。遵循科学性原则,有利于保证科研方向和路线的正确无误,有利于保证研究的价值和最后成功。

贯彻科学性原则不是一件简单的事,由于有时对科学与非科学的分界问题没有弄清楚,在判断具体问题时,人们的认识并不总是一致的,甚至会产生严重分歧:对于同一个问题,有人认为是科学中未开垦的处女地,研究它能够导致一门新学科的建立;有人则认为是不科学的,甚至是反科学的,根本不应作为科学问题来研究。同时,对于与这类问题有关的事实,也往往有两种截然相反的看法,甚至属不属科学事实也可能产生尖锐的分歧。这种情况不仅过去存在,现在也仍然存在,将来也难以避免。例如,人们对人体特异功能现象的争论就是这样。科学与非科学究竟如何划界,这是一个非常复杂的问题,这本身就是一个值得深入研究的课题。

尽管如此,我们在选择科研课题时必须坚持以实践为基础,以事实为准绳,遵循认识规律,对于传统的挑战要有根有据,既不能把课题建立在迷信荒诞之上,也不能把课题建立在吹毛求疵之上。研究者要努力克服认识上和情感上的偏见,克服猎奇心理。

三、创新性原则

创新性是科学研究的灵魂,也是科研课题选择应当遵循的一条根本原则。具有创新性的研究课题,应当是别人没有解决或没有完全解决的问题。创新性原则体现了科学研究的价值,它能够保证预期的科研成果具有一定的学术价值和实用价值,减少不必要的重复性劳动。

教育科学研究的目的是探索人类教育领域各种事物与现象的本质和规律,探索人们的教育行为如何有效地达成目标。与其它领域的科研活动一样,教育科研在本质上也是认识未知、追求新知。为了获得具有创新性成果,教育科研从选题开始,就必须重视创造性。

贯彻创新性原则,首先要求研究者要有创新的意识,创新的气魄。任何理论都是利用世界的冗余性从某一方面刻画对象,把握其本质和规律,这样就不可避免地会撇开对象的许多属性和许多方面,因而其研究不可能是完备无缺的。历史上任何一代人,即使是科学巨匠也只能在时代给予的条件下进行认识,更何况社会是不断变化发展的。社会、时代和以往研究者个体的局限性,为我们进行创新性研究提供了广阔的空间和可能性。

不同范式、不同学派、不同观点的不一致,往往为科研工作提出新课题,预示着新的理论生长点;寻找统一性、普遍性,是科学发展的动力之一。不同领域或学科基本范畴或方法的移植,是一个具有硕大内容的、意义重大的课题;各领域各学科之间的关联,往往开拓着新的研究领域;一系列综合性的课题和交叉边缘学科将由此展开。

贝弗里奇说,如果研究的对象是一个仍在发展的学科,或是一个新的问题,或问题已解决但是一种新的看法,这对内行最有利。但是,如果研究的是一个不再发展的学科,这一领域的问题业已解决,那么需要一种新的革命的方法,而这种方法更可能由一个外行(笔者认为还应当包括科研新手)提出。内行几乎总是对革新的思想抱着怀疑的态度,这正说明已有的知识成了障碍,因此在教育科学研究活动中,每个研究者都应当注意努力克服已有知识造成的保守习惯,保持创新精神,注意在教育理论的空白区,在教育理论与教育实践、现实生活矛盾的地方,在教育理论与应用研究的前沿选择课题。选择理论性课题时,应考虑是否具有重要的理论指导意义;选择应用性课题时,应考虑它能否改善工作或为教育改革提供可能性。

四、可能性原则

众所周知,人们的认识和实践总要受到所处社会时代的生产力和科学技术的种种限制,这正如恩格斯所说:"我们只能在我们的时代的条件下进行认识,而且这些条件达到什么程度,我们便认识到什么程度"。[①] 因此,我们选择研究课题时,需要满足可能性原则。所谓可能性,就是只有具备一定的主、客观条件的科研选题才有预期成功的可能。这是一种现实的可能性,是实际具备的或经过努力可以达到的。否则,如果主、客观条件不具备,不管某个研究课题多么重要,多么具有科学性和创造性,那也不能成功。

主观条件是指科研人员为完成某个课题所必须具备的研究实力、知识结构、研究能力、研究经验和研究兴趣等,它反映着研究人员对所选课题的掌握和驾驭的程度。当然,对于同一课题,各人掌握和驾驭的程度是不相同的:对于有经验的研究人员来说,可能是轻车熟路、驾驭自如;而对于一个科研新手来说,却可能是力不从心、如负重担。

---

① 恩格斯:《自然辩证法》,人民出版社,1984,118页。

一般说来，知识面较宽的人，能胜任综合性的或交叉性的课题；基础知识较宽厚的人适合搞基础理论研究；好推测敢设想的人搞探索性的课题较为适合；而积累型的人，习惯于从事实出发思考问题的人，对应用性研究较有优势。研究经验的多寡，以及对方法掌握的程度，则影响研究人员对课题研究规模和采取何种主要方法的选择。一般来说，科研新手不宜一开始就选择规模大、周期长的复杂课题。

研究者在评价自己的主观条件和研究实力时，还需要注意的一点，就是要把自己与同一领域中其他研究者作比较，明确自己的相对实力。通常，在一些传统课题中，实力较强的，有经验的研究者较多；而在一些新兴领域中，研究者的差距则不大。对于从事实际教育工作的研究人员，只要具有一定的教育理论修养和创造性思维的能力，在应用性的研究方面会有较大的优势。反之，想在开始从事研究时就闯入基础理论研究的领域，相对于专职理论研究人员，可能劣势会明显，不足之处会更多。研究者应根据自己的实力包括兴趣来选择提供给你的研究课题。

不管怎样，对任何一个研究人员来说，其科研选题应当与自己的知识和能力水平大体相吻合，并以留有一定余地为宜——过低或过高地估计自己都是不好的。

选择研究课题时还应当考虑到客观条件。客观条件是指科学研究活动所必须具备的各种物质手段，以及必要的时间、资金、人力和图书资料等。研究人员在科研活动中，不但要善于充分利用现有的物质条件，而且还要善于发现和创造某些有利条件。这里，还应当指出，科研活动所需要的最起码的物质条件，必须在明确研究课题时就应给予落实。否则，再好的研究课题也只能束之高阁、难以实现。当然，不同的科研课题，要求的客观条件有较大的差别，有些理论研究例如社会科学理论研究，就不需要苛刻的设备条件，只需要有较丰富的图书资料就行了。

此外,研究者在选择课题时,还应当考虑到合作者与竞争者的情况,有些研究课题较大,需要有一个研究者群体才能完成,如果没有足够合格的合作者,就不能选择这类课题。也有些研究课题很有价值,自己也能搞好,但该领域内人才济济,高手如林,自己相形见绌,这样的课题也最好放弃,另辟蹊径。有时还应当考虑到可能影响课题完成的社会环境因素。

第四节 科学研究课题选择的一般程序

选择教育科研课题是一个创造性思维过程,也是一项复杂的系统工程。要想选择一个有研究价值、确实可行的教育研究课题,还需要遵循一定的步骤或程序。

一、提出初选课题

如前所述,研究人员可以根据选择课题的原则,从以上五个来源中提出不少可供研究的课题。但任何课题都不是凭空想象出来的,一般来说,它在研究者的思想上有一个积累和孕育过程,通过这个过程形成一个初始意念。研究者如果善于捕捉住这些初始意念,就能不断地为科研选题提供线索,不断开拓新课题。但是,提出的研究课题不论属于哪种性质或者哪个来源,在未做认真分析和论证之前,只能算作一个初选课题。

二、明确选题的目的任务

明确选题的目的任务是选题过程中的基本要求。任何一项研究课题都只能解决教育科学体系中的个别问题——选题越是明确,所要解答的问题越是清楚,就越容易找到研究的突破口。如果研究的问题比较大,则应尽可能把它分割成若干个具体清晰的小课题,逐个解决。如果对选题的目的任务还明确不了,则表明研究者对所选的课题还处于含糊朦胧之中。例如,有人提出的选题是"学生智能培养的研究",这个选题对研究问题的范围就不清楚。

事实上,任何研究都是不可能把学生智能培养方面的问题统括在一个课题中加以研究解决的。又如"语文阅读和写作的研究"、"开辟学校教育中的第三渠道",这一类选题的目的任务也是不明确的。为了克服初选课题常常出现的空泛弊病,研究者要尽可能用具体明确的语句来表达课题的名称。

三、论证选题的研究价值

任何研究课题都应当是有价值的,否则,再卓越的研究,也只能导致徒劳无功的结果。一项选题有什么意义,将取得怎样的成效,这是每个研究者都必须清楚的。对课题研究价值的认识主要取决于研究者(论证者)的研究素养。研究者在论证选题的研究价值时一般要从以下三个方面进行考虑:

(一)提出的研究课题是否具有创造性意义

选题要有创造性,使自己的研究领先,才能具有较高的研究价值,这就必须追溯前人或他人的研究。首先,要摸清楚自己所要研究的课题以前有没有人研究过,如研究过,其水平如何,取得了哪些成果,得出了什么结论,有哪些地方还需要补充和修改,是否还有遗留下来的问题需要进一步探索。这就是说:"了解行情,就是要从大量的文献资料中看出自己所研究课题要达到的'终点',从而找到自己课题的'起点'。"[①]了解行情时,不但要了解本国行情,有的课题还要了解外国行情,为此,研究人员必须通过互通选题情报、收集有关教育科研计划、参阅《正在进行中科研项目情报》等途径,及时掌握和分析国内外同行或相邻相关专业的科研动向,从而选择出既避免重复、又能发挥自己专业的课题。在了解行情时,既要了解人家做了什么,还要了解人家不会做什么,后一点往往更为重要。通过查阅文献情报资料以了解目前研究状况,就能使自己知道前人或他人从事相关研究课题的经验教训,从而作为自己的

---

① 刘昌果等著:《学术论文及其撰写》,四川省社会科学出版社,1985,40页。

借鉴,使自己的研究尽量少走弯路。

有的教师认为,让学生做练习越多,学习效果会越好,因此布置的练习重复、量多,造成学生负担过重。重复练习与学习效果的关系如何呢?早就有人把它作为研究课题提出来。但此后仍有人选择这一课题,其中大量的是重复研究,该课题研究实际上可追溯到1892年,有位名叫赖斯的研究者,收集了美国小学生每天花在拼写课上的时间和他们拼写水平的资料,研究后的结果表明,拼写成绩同所花的时间并无联系。赖斯根据研究的结果写成《无益的拼写练习》一书。在此以后,有不少人的研究得出了相同的结论。1981年上海一所小学对学生抄写生字遍数也进行过实验,结论是抄写四遍和八遍的效果并无显著差异。由此说明,上述问题是一个已经基本解决的问题,只是还有不少人没有了解和认识,他们不断进行重复研究。一项选题如果别人已经研究过,已有了公认的结论,就没有再研究的价值了,除非研究者对原有研究结果怀疑或有新的看法。对于别人也在研究的课题,则要注意选择新的研究角度,或者索性另辟蹊径。

总之,要使自己选题的研究价值高,就必须重视选题是否具有新意、具有特色。选题的一个重要技巧是选"冷门",并且这个"冷门"最好是即将成为热门的冷门。这当然需要研究者具有较好的研究素质和洞察力。

(二)提出的研究课题是否对当前的教育实践和教育理论具有积极意义

课题的研究价值可以是有实践价值,即对解决教育实践中的问题有帮助,对指导教育实际工作有帮助;也可以是有理论价值,即对填补教育理论的空白、开创新的教育理论有价值,这两种价值都是为教育科学研究作贡献。但是,一个研究者不论提出的是教育实践的课题,还是教育理论的课题,都应该考虑对当前的教育有何种积极意义,即有何种现实意义。因为只有具有现实意义的研究课题才是社会所需要的,教育科学尤其要重视这一点。

(三)选择投入的人力、物力、财力是否与预期的研究成果相适合

所谓力量的投入与成果相适合、成比例,就是要核算研究工作的经济效益。对于教育领域的科研工作来说,普遍存在的情况是条件不足,并且,许多同志又都是教育科研的"志愿兵",是利用自己空余时间从事研究,人力、财力、物力就显得更为宝贵,所以,提出的选题应力求用较小的代价而取得尽可能大的成果。如果发现某项选题没有研究价值或研究价值很小,应该立即淘汰。比如,一项应用性研究课题动用了许多单位的人员,却不能切实地解决教育工作中急待解决的问题,或仅解决了一个很微小的问题,这就是得不偿失了。

(四)论证选题的可行性

美国贝尔研究所所长莫顿说:"选择题目不能草率,如果根本没有实现可能,选题就等于零。"①教育科研选题是否可行,是受到研究的客观条件和主观条件限制的。论证选题的可行性就是要考虑客观条件和主观条件。

为完成一项教育研究课题,研究者可以通过主观努力来克服某些条件的不足,如知识不足,可以通过学习来补充。但是,有些条件是无法靠主观努力来解决的。如研究中小学不同年龄阶段学生学习能力的发展水平,如果没有适当的测量工具而自己又不能制造,这项研究就无法进行。类似这样的选题就必须放弃。

又如关于不同学制的比较研究。我国普通中小学现在有"六、三、三""五、四、三""五、三、三"等多种学制,哪一种更符合我国或某一省市或某一类学生的具体情况呢?这项研究一般通过实验比较来进行研究,这就牵涉到编制两种教材,设置两种课程,还要研

---

① 黄金南等著:《科学发现与科学方法》,华中工学院出版社,1983.23页。

究学生生理心理发展规律,以及社会就业等许多问题。不难看出,这类课题就不是个别中小学教师和领导所能研究的,它需要有上级的授权,并由相当高一级的教育行政部门,通过组织若干单位协作研究才能完成。可行性论证还要注意预测各种条件的可能变化,加强预见性。

(五)选题方案评估

教育科研课题确定以后,一般还要制定若干个课题实施计划或方案,即研究计划;研究计划应包括组织工作、研究步骤和实施进度、成果形成以及研究的场所、设备及经费等。课题较小,订一个通盘的计划即可,课题较大由几个单位协作的,则最好能制定出分阶段计划,其中必须明确规定每个阶段中具体执行人或单位的具体任务、完成期限、衡量完成与否的指标等。此外,在制定计划时,对研究进程中可能出现的问题也要有所估计,以便及早作出对策,增强应付不虞事件的能力。选题方案评估,就是在对几种不同的选题方案进行系统论证的基础上,综合各项目的评定情况,判断各课题方案的整体情况,然后对综合评价结果进行比较,筛选出最佳选题方案。

课题综合评价的方法,目前大多采用同行专家评议和管理部门决策相结合的方法。由同行专家和科研管理人员就申请课题的科学意义、学术水平、预期目标、经费预算和申请者的素质等进行评议,是鉴别课题"前沿性"、"可行性"、"效益性"的有效途径,是使选题工作减少片面性、盲目性和避免重复性的好办法。同行专家评议通常采用评分法。同行专家的评议为管理;决策提供依据,管理部门则根据同行专家的评议结果进行研究,最后确定中标选题方案。

对于重大课题的选题方案,在系统论证和综合评价中,还要进行多次反馈,即对照目标修改课题方案或产生新方案,从而使所选课题更满意地达到研究目标。有些重大课题,除了综合论证和系统评议外,必要时还应当进行先期研究,试探一下可能性,然后才能作出最后决定。因此,选题要努力做到准确,尽量减少失误。当然,所谓选题的准确性也只能是相对的。无论怎样慎重,也难免发生预料不到的情况。

应当指出,有些科研新手常常出现好高骛远的毛病,这是应当避免的。一般认为,初搞科研的同志不要寄希望一口吃一个胖子,立刻获得很大的研究成果,而应当着眼于比较现实、具体的小课题。因为这种课题研究时间短,花费的人力、物力较小,收效也快,既能保证课题研究成功,又能较早取得研究成果,还能积累研究的经验,提高研究的兴趣和能力。

当一项选题完成了上述步骤,如果证实它具有明确的研究目的、任务,具有研究的价值和研究的可行性,那么,这个选题就可以确定下来。从此,研究开始进入课题的设计阶段和工作阶段。

第三章 教育科学研究假说的设计与构造

教育科学研究的目的是要达到对教育现象内在的规律性的认识。从收集到的感性材料进行加工所得到的认识,一般说来,只是一种假说,有待实践的检验,才能形成理论。假说是科学发展的重要形式,它不仅反映科学研究的一般成果,更是科学研究的重要方法。

第一节 教育科学研究假说的特点与作用

一、假说的定义

人们一般把假说定义为:根据科学原理和事实,对未知的新事实作出的假定性说明。这是从概念的来源来定义的。从假说的来源看,假说不仅是对未知新事实所作的假定性说明,而且也可以是.对理论自身的矛盾和理论与新旧事实之间的矛盾所作的说明。因此上述定义偏窄。

假说有三种类型的来源[①]:(1)相当一部分假说来源于理论与实践的矛盾。随着人们实践活动的发展,一些新的事实被发现,而旧的理论却不能予以解释,于是产生了一种新的尝试性或猜测性的说明。例如,随着脑科学的发展及人的潜能研究的深入,传统教育理论中白板说、容器说等与实践相矛盾,因此出现杜威的进步教育理论、布鲁纳的结构主义教育理论、前苏联赞可夫的新教学体系理论及联邦德国根舍因范例方式教学理论等,这些理论在开始时都是一种研究假说。(2)有的假说是为了直接解决理论自身中的矛盾而产生的。在积累起来的大量理性材料的基础上,人们在对

[①] 参见刘元亮等著:《科学认识论与方法论》,清华大学出版社,1987,304页。

它的进一步加工、综合、移植、类推的过程中,会产生对事物的属性及其关系的种种猜测、设想,它们都是以假说形式出现的,是属于理论自身矛盾性的反映。如美国心理学家布鲁纳根据科学家、发明家创造和发明的事实设想;发现不限于寻求人类尚未知晓的事物,而是包括用自己的头脑来亲自获得知识的一切形式。(3)有的假说是对新旧事实矛盾的假定性说明,即对同一事物先前发现的事实与后来发现的事实之间的矛盾现象而提出的设想。

上述三种类型的假说,都有一个共同的特点,即都是人们为了解决所研究的问题而提出的一种试探性的设想,或猜测性的说明。

在对假说的定义时还有一种片面理解,认为假说是一种学说,如有人定义"假说是关于事物的因果性或规律性的假定性解释",把假说仅仅看作是一种知识形态的假定性理论。其实假说就其知识形态来说是多种多样的,大至理论体系(如凯洛夫教育学等),小至一个概念(如赞可夫的"一般发展"、皮亚杰的"图式"、布鲁纳的"结构"等)、一个判断、一个模型,它可以是对某一事实、存在的预言,也可以是对问题性质的某种猜想。假说不仅是一种认识,具有知识形态,而且也是一种研究的方法,可以用于认识的任何一个阶段上。

再从假说的形成过程看,开始它只能以极其初步的设想和猜测形式出现,随着研究进程,最初的设想得到修正、补充,丰富发展为系统的、具有理论形态的科学假说。一个典型的科学研究过程,是从问题→初步假说→科学假说(理论)的发展过程。假说要包含上述全部内容,只有用它在各种类型、各种不同形态和过程中的最一般的特征来定义,即假说是根据一定的科学事实和科学理论,对研究中的问题所提出的尝试性、假定性的看法和说明,也称为假设、设想。

二、假说的一般特征

假说具有两个特征[①]：

(一)具有一定的科学根据

任何假说虽然都是尝试性、猜测性的,但必须以一定的科学事实或理论为根据,并能解释与它有关的事物和现象。

从科学事实和理论出发提出研究假说、假设应该是从事实材料入手,经过整理分析,发挥想象,凭借直觉灵感而提出的猜测与设想。可见,假说并不像波普尔所说的"发现近似于试探着说谎",是把"编造出来的规律,强加于自然",[②]它更像大科学家爱因斯坦所说的猜测一个设计得很巧妙的字谜那样,猜的方式虽很自由,但却是受到客观限制的。它是与大自然的谜底有"相关性的自由"。即使最为抽象的理论,也得有事实和逻辑的根据。这里说的是自然科学中的研究假说,同样也适合教育科学研究。研究假说应该有一定的科学根据,否则便是无知或胡说的代名词,对教育科学极为有害。正是以科学事实和科学理论为基础,研究假说才有了科学性,与神话、幻想、迷信才有原则的区别。

作为研究假说的客观依据,科学事实比科学理论更为重要。因为科学理论虽也是假说的科学根据,但它只是相对真理,还需要随实践的发展而发展,随着新的事实的发现而修改自己的内容。理论要服从事实,假说必须能解释事实。

(二)具有一定的尝试性、猜测性和或然性

研究假说虽然有一定的科学根据,但开始研究问题时,根据常常不足,资料也不完备;对问题的看法是一种推测,还没经过实践的检验,是否正确还不能断定。所以任何科学假说都带有尝试性、猜测性的成分,其结果是或然的。因此它与理论不同,理论是通过了检验被确认为真理性的认识,而假说只是待检验的或然性认识。

[①] 参见刘元亮等编著:《科学认识论和方法论》,清华大学出版社,1987,305页。

三、假说的作用

研究假说事关整个研究项目的定夺、研究过程的组织、资料的收集、分析的倾向性和研究结果的合理性。科学发现的核心问题,也就是假说的产生。可见,假说在科学研究中具有重要意义。罗素在评培根的归纳法时,批评他对假说不够重视,并指出:"一般讲,假说是科学工作中最难的部分,也正是少不得大本领的部分。迄今为止,还没有找出方法,能够按规定创造假说。通常,有某种假说是收集事实的必要先决条件,因为在对事实的选择上,要求有某种方法确定事实是否与题有关。离了这种东西,单只一大堆事实就让人束手无策。"[①]

假说在科学研究中的重要作用具体表现在以下方面[②]:

(一)假说是发挥思维能动性的有效方法

人类对未知世界的探索往往带有很大的盲目性,但探索过程又是在一定的思想和目的指导下进行的能动性活动。这种盲目性、目的性、能动性以及主观与客观的矛盾的解决,常常采用假说的形式。在研究工作的开始阶段,要在已有理论知识与客观材料的基础上,先提出一个尝试性设想,对问题的解决有所猜测和计划。尽管最初的猜测带有很大的试探性、粗糙性,但没有它就无法进行科学研究工作。这种设想或猜测可以说是假说的萌芽形态。在它指引下收集资料的过程,同时又是检验它自身的过程。随着研究的深入,最初的猜测得到修改、补充、完善,从而达到主客观一致。人们就是这样借助于已有的知识,向未知世界试探着前进。假说是发挥思维能动性的有效方式,是智力活动的主要手段。

(二)假说是科学认识发展的必要环节

假说不仅是科学研究的方法,而且也是感性认识向理性认识,主观认识向客观真理过渡的必要环节。人们从观察资料出发,经

---

① 转引自陈波等编著:《社会科学方法论》,中国人民大学出版社,1989,64页。
② 参见刘元亮等著:《科学认识论与方法论》,清华大学出版社,1987,308页。

过整理与分析,通过想象和思维,形成猜测性的看法,提出初步的推断。这一假设中不符合实际的部分不可能在思维范围内解决,只有通过实践检验才能鉴别和剔除。科学理论的发展就是通过假说形式来实现的。提出假说,检验假说,进而转化为理论。科学就是沿着假说——理论,新假说——新理论……这个发展途径,越来越丰富和完善的。

(三)不同假说的争论有利于科学研究的深入和发展

假说可以促进不同学说、观点的争论,有利于学术的繁荣和科学的发展。提出不同假说的各家都力图证明自己的观点正确,以便说服或驳倒对方,这样就使事物的不同侧面得到更充分的挖掘和揭露。通过争论,揭露矛盾,可以启发思想,打破习惯性思维和传统心理定势的束缚,有利于开阔思路、克服缺点、完善自身,从而促进科学的发展。例如关于学生思想品德的心理结构,我国研究工作者提出各种不同的设想。除了传统的"知、情、意、行"四因素说外,又有"四项意识说"——认为人的思想品德由政治观、世界观、人生观、道德观四个意识因素构成;"三环结构说"——主张人的思想品德由品德心理要素环、个性倾向环和能力环三个方面构成的;"三维结构说"——人的思想品德是心理内容、心理形式和心理能力三者的有机统一体等等。不同假说的争论,促进了品德心理研究的深入开展。

即使错误的研究假说,对科学理论和发展也能起一定的积极作用。错误假说常常孕育了正确的假说和科学的理论。相比之下,有一个假说总比没有任何假说好。我国著名的地质学家李四光曾说过:"顽固的保守主义可以意味着不理会任何新的概念。不管它们如何有启发性。另一方面,轻易地发明假说,特别容易导致混乱。在知识发展的意义上说,后者似乎害处较少,因为无论一个假说如何粗糙也逃脱不过事实的最终裁判。"① 因此,我们要重视假说在科学发展中的作用,敢于和善于提出假说,同时又要尊重事实,不固执己见。这样就可避免长期坚持错误的假说,以致造成思想混乱和产生消极影响。

第二节 教育科学研究假说的形成和内容

一般来说,假说都有一个形成和发展的过程,分为三个阶段,一是孕育阶段,根据为数不多的材料和科学理论,对问题的解决提出初步的假说;二是形成阶段,在初步假说的基础上,进一步搜集实验的资料和理论根据,进行论证,充实其内容,修正其错误,使假说发展成为一个比较完整的体系;三是检验阶段,对假说进行全面检验,使主观认识与客观一致。

如何根据有限的事实材料和已有科学理论,对问题进行解答,即研究对象的本质和规律,做出推测性的初步的假说,实际上没有固定的格式,它需要大胆的联想、直觉的推断、敏锐的洞察力和丰富的想象力与创造力。但是,提出假说应遵循一些共同原则。

一、提出假说应遵循的原则

假说是理论的过渡形态、初级阶段,因此科学理论本身的特性与功能,就成为提出假说时应考虑的原则。②

(一)解释性原则

这是就假说与事实的关系而提出的原则。一般说来,提出的假说应有客观事实作依据,不应与已有的事实冲突,并且能对这些事实作出统一的说明与解释。但是,在开始提出假说时,可以不要求它说明全部事实,也可以不受现有材料的限制,暂时绕开一些难点、疑点,留待以后进一步的研究去解决。

---

① 转引自刘元亮等编著:《科学认识论和方法论》,清华大学出版社,1987,312页。
② 参见刘元亮等编著:《科学认识论和方法论》,清华大学出版社,1987,313页。

(二)对应性原则

这条原则是就假说与已知理论的关系而提出的。假说不应与已有的理论矛盾,若发生矛盾,常常通过增加辅助性假说或限制条件等方法,进行修改、调整。在不得已情况下,开始提出假说时,也可暂时不顾及理论的相容性,但最后,新假说取代旧理论时,它应继承旧理论中已被实践检验过证明为合理的内容。

(三)简洁性原则

这条原则是指新假说应具有逻辑上的简洁性。作为对解答问题的一种主观反映形式,新假说应具有简洁性,即它"所包含的彼此独立的假说或公理最少"(爱因斯坦语),而非理论内容上的浅易、数学形式上的简单。应该注意不断清洗和提炼假说的内容使它们协调一致,以便采用最少的假说前提说明更多的现象。

(四)可检验性原则

这要求提出的假说能够用观察、实验等方法进行检验。这样,才能判定它的真伪。不可检验,不能重复的假说是不科学的,也是不可取的。

二、假说的类型

根据问题解决深度的不同及反映认识层次的区别,假说可分为两种类型:

(一)经验型的假说

它是对经验型的问题提出经验定律、公式等形式的假说。它是在一定理论指导下,对大量观察材料进行整理使之系统化,运用分析、比较、分类、归纳、综合、概括等方法发现现象之间的联系,再外推看它是否有更普遍的属性。如人类心理活动——记忆的机制是什么,科学家们提出各种不同的假说,像记忆的心理学说、记忆的生理学说、记忆的生化学说、记忆的信息加工学说等。这一类型假说是认识的低级层次,只能知其然,不能知其所以然,其可靠程度取决于材料、指导理论和各种逻辑方法综合运用的情况。哥德巴赫猜想就是一个典型例子。数学家哥德巴赫在研究偶数时,发现许多偶数能够用两个素数之和表示,于是外推,提出任何偶数都可以表示为两个素数之和,这就是有名的"1+1问题,即哥德巴赫猜想。

(二)原理型的假说

它是对原理型的问题提出具有理论、规律等形式的假说,这是深入到现象内部揭示其所以然,从事物的固有本质或从它的极少数的性质、规律来对各种现象作出统一的解释,还能推出一些新的未知的属性和结论。这是认识的较高层次。对于一种新现象或新情况,人们总是力图利用已知理论去解释它,遇到困难时就在保持旧有理论的基础上提出辅助性假说。只有当各种尝试都失败了,人们才被迫用新的假说代替它。提出原理型的假说时,除了运用各种逻辑方法、类比方法和科学抽象方法,发挥想象力进行猜测外,还需要直觉、灵感帮助解决问题。

第三节 教育科学研究假说的检验

在大量的观察资料基础上,对所研究的问题提出初步的假说,还要受到实践检验,如果证明它是正确的,那它就由假说上升为定律、法则或理论。假设的正确性,只能在实践中去检验,它应能正确地解释已有的全部观察资料(内符),而且,更重要的,还要能预见将来,指导今后的实践(外推)。[①]

假说的检验包含逻辑分析和实验检验。[②]

一、假说的逻辑分析

假说形成后,在实验检验之前,需要对假说进行逻辑分析,作出理论评价。其内容主要是判定假说在理论上能否成立,是否值

[①] 参见王梓坤著:《科学发展纵横谈》,上海人民出版社,1982,99页。
[②] 参见刘元亮等著:《科学认识论与方法论》,清华大学出版社,1987,319页。

得检验,以便在众多的假说中选择那些最有价值的假说首先进行检验,以避免不必要的浪费。还有些假说受到现实条件的限制暂时不能检验时,也需要对它作出评价,得到初步确认的假说才有存在的价值。逻辑分析可以说是对假说的初步筛选和确认。

逻辑分析的方法,首先是对提出的假说进行分析,如果这个假说是正确的,那么从这个假说就可以推出它应有的伴随现象出现。这就形成一个假言判断,"如果 A,则 B"。A 是假说,如果 A 是正确的,则必有伴随现象 B 出现。A 是 B 的充分条件,有 A 必定有 B。接着就是检查有 A 是否有 B 出现,这种检查可以通过直接观察,也可通过实验,在后面内容中加以阐述)进行。如果检查结果,没有 B 现象出现,那就证明这个假说不能成立。如果检查结果,B 现象确实存在,那就说明这个假说有一定程度的可靠性,但还不能证明这个假说可以成立,因为 B 现象的出现,也可能是由其他原因引起的。为了进一步检验这个假说,这时可运用选言推理。首先是把产生 B 现象的一切可能的原因找出来,构成选言推理的大前提,然后经过分析研究,把不是产生 B 现象的原因一一加以排除,最后得出 A 是产生 B 现象的原因的结论,这就证明了这个假说可以成立。

利用逻辑分析方法检验假说,还可以综合地运用类比推理、归纳推理和演绎推理等方法。

二、实验检验

实验检验,一般分为直接检验与间接检验两种。

直接检验是直接用实验的方法验证假说的内容。在实验中,若观测到某一事物或现象,研究假说一般来说就被确认了。这种直接检验的结果是很有说服力的,但在许多情况下,特别是在受到实践水平限制的情况下难以实现。

间接检验就是通过结果确认原因,这是一种逆演绎过程,在逻辑学上就是通过后件(结论)检验前件(前提),其结果有两种情况:

第一,肯定的结果,即实验结果与假说预期一致,一般称为假说通过检验被确认。第二,否定的结果,即实验结果与假说预期的不一致,一般称为假说未通过检验,被"证伪"。这两种情况在逻辑上是不对称的。前者逻辑根据不足,其结果是或然的,由于事物的复杂性,一果多因现象的存在,所以没有逻辑的必然性。这一点,前已详述。

否定的结果在逻辑学上为否定后件推理,对结果的否定就是对前提的否定,其结果是必然的。其逻辑形式为:

如果 A 而且 C,那么 B

<u>　　非 B　　</u>

所以,非 A、C

其意是,如果一个假说 A 在条件 C 下,可推出事实 B,如果观察不到 B,那么假说 A 或条件 C 其中必有假①。

这两种结果对假说的检验都有意义,若要证明假说的正确性,就需要得到实验的支持和证实。如果一个假说预见的各种事实都与观察实验结果惊人地相符,又有很高的精确性,它的确认程度就会大大提高,如果对事物的认识是从不同方面去研究确定的,那么其可靠程度会增加。这是因为,若一事物在多种约束条件下,它所处的可能的运动状态的范围就缩小,确定性也相对地增加,因此,收集充足论据,对复杂事物的认识尤为重要。

为了提高假说检验的可靠性,研究者常常设计一种巧妙的实验,使它带有判决的性质,即在两个互相排斥的假说之间作出抉择。若有 A1、A2 两种假说,在条件 C 下,由 A1 得出 B1,由 A2 得出 B2,而 B1、B2 互相排斥,实验结果证明 B1 真,就是对 A1 肯定,同时对 A2 的否定,其推理形式:

如果 A1 而且 C,那么 B1

---

① 参见刘元亮等编著:《科学认识论和方法论》,清华大学出版社,1987,322 页。

如果 A2 而且 C,那么 B2
B1、B2 排斥
B1(即 B1 真)
─────────────
则 A1 真,A2 假

但是,绝对的判决性的实验是不存在的,相对意义的判决是可以的,而且也是有意义的。它说明在一定的条件下,两者相比,某一假说可能更接近实际情况。

总之,假说的检验是一个历史过程,无论是证实还是证伪都具有相对性的一面,而且还包含着错误,还要不断被检验,但也不能因此否认我们能够通过实践一步步认识客观真理,凡是经过实践确认的东西,都包含有不会被推翻的真理成分,而且只有实践能够确定认识的真理性,并排除认识中的错误①。

第四节 教育科学研究假说的发展

研究开始时提出的假说,如果经实践证明是正确的,就上升为法则或理论。

一、假说向理论过渡的条件

假说经实验检验和逻辑验证可能会出现下列几种结果:

(1)实验与假说预期的结果一致,确认它的正确性,于是假说发展为理论。

(2)经实践验证,发现假说不太符合实际,就要采用逐步逼近法,对它进行修改、补充、再检验,最后达到主客观一致。

(3)实验结果与假说预期的不一致,假说被证伪,用新的假说代替它,再经过实践检验。

假说经受实践检验和逻辑证明,达到主客观的一致,就基本上

───────────
① 参见刘元亮等编著:《科学认识论和方法论》,清华大学出版社,1987,325页。

成立了,这时假说就向理论过渡,转化为理论。新理论代替旧理论一般应满足三个条件[①]:第一,能说明旧理论已经说明的事物和现象。第二,能说明旧理论不能说明的现象。第三,能提供新的预见。这样就使新理论比旧理论具有超量的信息。

实际上,新理论很难同时满足上述条件(如一些中间、过渡性理论),即使全部满足了还不一定能够代替旧理论。新理论代替旧理论除上述条件外,还需要为社会接受。因为科学认识是社会实践的产物,它的认识主体是研究者集体,作为科学理论只有被社会承认、接受,才能最终确立为理论,才能发挥它应有的社会作用。

二、科学理论的评价与选择

科学理论被社会承认,实际上是研究工作者及其集体对理论评价与选择的过程。这项工作从研究开始提出假说时就已进行。由于认识的复杂性,认识是反映过程和创造过程的统一,因此,对同一问题或一组经验往往建立起多种假说和理论,它们会受到不同程度的实践验证。研究工作者要在这些假说和理论之间作出评价和选择。[②]

(一)理论评价的重要性

评价是为了选择,如何正确评价这些理论的优劣,如何在多种假说和理论中作出抉择,从那些还不完善的众多理论中选择最有生命力和最有希望的理论来,这在科学方法上有着至关重要的意义,它不仅关系到理论自身的进步和成长,而且也关系到科学家个人研究成果的取得。理论评价问题在科学研究的过程中起定向指导和研究纲领的作用,它关系到研究课题的选择、研究方向的确定、研究领域的开辟及科学知识的成长。因此,它具有重要的理论意义和实践意义。[③]

---

① 参见刘元亮等编著:《科学认识论和方法论》,清华大学出版社,1987,326页。
② 参见刘元亮等编著:《科学认识论和方法论》,清华大学出版社,1987,326页~327页。
③ 参见刘元亮等编著:《科学认识论和方法论》,清华大学出版社,1987,326页~327页。

(二)评价标准的客观性

教育科学研究的目的是揭示教育现象发生发展的内在规律性,以便高质量地培养大批人才。只有尊重教育规律才能实现预期的目的。因此,理论评价的第一要求是求真,然后才是理论的价值、功能问题。从认识论上看,理论评价实质是真理性评价,包括质的评价(真或伪)和量的评价(真的程度)。也有人称前者为真理评价,后者是价值或功能评价。实际上,这两者是统一的,质的评价是量的评价的基础,量的评价又是质的评价的继续和发展。[①]

理论评价的客观标准,就是前面内容所阐述的逻辑和实践的标准。一个好的理论是高度符合客观实际的,它应能提供更多、更精确的信息,拥有更大的解释能力、预见能力和解决问题的能力,即应有更好的认识功能。因而对理论进行价值评价时,可通过理论所能提供的认识功能,去推测该理论的好坏、优劣。这就是逻辑标准的客观依据。但在严格意义上,应根据实验检验去调节修正它,实践标准就是最高的唯一标准,尽管逻辑标准也是由实践产生的。

(三)理论评价标准的历史性和动态性

由于教育研究对象的多样性、多元性和层次性,实践标准的绝对性和相对性,检验具有整体性,因而理论评价标准不可能是绝对不变的,它应当随着社会历史的发展而发展,随着实践的广度和深度的变化而变化。

同时,评价标准具有动态性。这是由于它是一个多因素、多层次的动态系统,评价系统需要根据一定时间、空间和对象的特点,对评价系统作出调整、补充,对评价因素给以不同的加权。这种调整当然不是主观随意的,它是受到客观事物的性质的制约的。

---

① 参见刘元亮等编著:《科学认识论和方法论》,清华大学出版社,1987,330 页。

第四章 调 查 法

第一节 调查法的特点和意义

一般的社会调查,就是研究者直接接触有关的社会现象及其行为者以获得研究的资料和数据的方法,其目的是搜集经验材料,了解事实真相,探索客观规律,那么,教育调查法就是研究者通过对有关的教育现象及其行为者直接接触以弄清教育事实真相,探索教育规律而采取的步骤和方法。

教育调查法一般有三个特点:第一是直接接触研究对象。它是一种直接接触有关的教育现象及其行为者,如对小学生近视主要成因的问卷调查,问卷内容直接涉及到可能影响学生视力的诸多因素,包括学生的学习、起居、饮食、活动、用眼卫生习惯及学校环境、家庭环境、心理状态、德智体成绩、遗传等,每份问卷由小学生、班主任、家长、校医四种人填写。但是,调查法的"直接接触"调查对象不同于观察法"直接"用感官去感知现实,调查法是调查者通过语词回答"直接接触"调查对象来搜集资料的研究方法。第二是间接研究教育现实。教育调查不是对教育现象及其行为者的直接观察,它所获得的资料不是对教育的经验现实的直接搜集的结果,而是方法的产物。[①] 如对小学生吸烟问题研究,研究者不可能直接观察每一个或一群小学生的行为,而通过问卷和访谈等形式,则可掌握小学生吸烟的人数、年龄、年级分布及原因、危害等第一手材料。语词问答的科学性、艺术性、合理性是研究者搜集真实资料的关键,并且,调查者在第一手材料的基础上去伪存真、去粗取

---

① 参见李达顺等著:《社会科学方法研究》,中国国际广播出版社,1991,76页。

精、由表及里,揭示其内在属性及发展规律。第三是现实性和自然性。教育调查的动因是当前教育实践的需要,教育实践中出现的新情况、新问题,是教育调查的研究对象,调查者就是要深入了解当前教育的实际情况,弄清教育事实;自然性是指调查在自然的过程中进行,反映被调查者(包括相关的教育现象及其行为者)真实的本来面目。

教育调查是搜集教育现象资料的基本方法之一,是教育科学研究在经验层次上获得第一手材料的根本手段,是研究者从理性层次把握教育现象的内在属性和规律的基础和前提,所以,毛泽东同志指出:"要了解情况,唯一的方法是向社会作调查。""没有调查就没有发言权。"具体说来,调查法有三方面的作用:第一,为教育科学研究提供既定研究课题的第一手材料和数据。第二,为教育行政部门制订教育政策、教育规划、教育改革提供事实依据。第三,明了教育的现状,发现新的研究课题、先进的教育经验或教育上存在着的问题,并提出解决问题的新见解、新理论,从而推进教育事业与教育科学的发展。①

第二节 调查法的类型

教育调查依据不同的分类标准,可划分出许多不同的类型。

根据调查者的直接目的不同,可分为描述性调查、因果性调查、预测性调查以及实用性调查和研究性调查(学术性调查)等②。描述性调查是对教育基本情况的了解,旨在认识某一教育现象的概况;因果性调查是要弄清某一教育现象的因果关系,如农村小学流生原因的调查;预测性调查,旨在掌握教育发展的未来情况,如颁布一项新的教育改革措施之前所作的民意调查;实用性调查,是

---

① 参见李秉德主编:《教育科学研究方法》,人民教育出版社,1986,45页。
② 参见李达顺等著:《社会科学方法研究》,中国国际广播出版社,1991,76页。

为了掌握教育现实中的问题,寻求解决办法所进行的调查,也包括为了教育政策、教育决策而提供客观统计材料的调查等;研究性调查或学术性调查,旨在探讨教育规律,得出某种科学结论的调查,如美国教育心理学家柯尔伯格利用道德两难故事调查儿童道德发展水平,提出了儿童道德发展阶段理论。

根据调查范围大小、内容多少,可分为综合调查和专题调查①。在调查范围上,大有国际性的、全国性的、地区性(省、市、县、乡、村级)的调查,小有一校一班、一人一事的调查。调查内容事项多的,如综合调查,也称一般性调查,如某省、市教育情况的调查,其内容包括该省、市教育各方面的问题,涵盖学前教育、普通中小学教育、高等教育、师范教育、职业教育、业余教育、社会教育等各级各类的教育情况。调查内容事项少的为专题调查,它仅涉及到某地区教育的某一方面的问题,如学校行政组织的调查、教职员的调查、课程设置的调查、教材或教学法的调查、教育经费的调查、学生的学习、健康及课外活动的调查等。

根据调查者是否对调查对象的所有方面或部分方面进行调查,可分为全面调查(也称普遍调查,简称普查)和非全面调查(包括典型调查、随机抽样调查、重点调查)。因为全面调查和非全面调查是各种调查中最基本、最常用的调查类型,所以,下面重点介绍这两种类型的调查。②

一、全面调查

所谓全面调查,就是对全部调查对象无一遗漏地逐个进行的调查,它可以是全国性的,也可以是地区性的、部门性的。如某县对每个小学教师所进行的调查,或某省对普及九年义务教育实施情况的全面调查。

全面调查或普查与其它类型的调查相比,最主要的优点是调

---

① 参见李秉德主编:《教育科学研究方法》,人民教育出版社,1986,45页。
② 参见李达顺等著:《社会科学方法研究》,中国国际广播出版社,1991,77页。

查资料的全面性和准确性,因此,普查是了解教育基本情况的重要方法,就一个地区、一个部门或一个学校而言,普查能够了解该地区、该部门或该学校的基本情况,制定出合适的工作计划,因此是一项重要的基础性工作。

但是,普查也有缺点,普查涉及的范围广、工作量大、组织工作复杂,因此,要花很大的人力、物力、财力。另外,普查只能调查一些最基本、最一般的现象,不可能对教育问题进行深入细致的调查。

二、典型调查

所谓典型调查,就是在对所研究的对象进行初步全面了解的基础上,有计划有目的地选择具有代表性的单位或个人所进行的调查,其目的是通过典型进行深入细致而又全面的调查,从而了解某一教育现象的发展趋势及其本质。典型调查的优点是,它可以采取灵活多样的方法进行调查;它是系统深入的调查,可以收集比较全面、细致的第一手材料;它可以节省人力、财力和时间。但是,典型调查也有缺点,其一是典型的选择是在调查进行之前做出的,因此所认定的典型是否具有代表性是无法测定的;其二是典型的选择易受调查者主观意志的影响;其三是即使所选择的典型是适当的,但根据少数典型所提供的情况毕竟是有限的,其代表性总是不完全的,在时空上都无法反映总体情况,因此,根据典型的情况总结概括为一般原则去指导工作时,就难免片面性。

三、抽样调查

所谓抽样调查,就是从调查对象的总体中抽取一部分对象作为样本,并用以推断或说明总体的一种非全面调查。在抽样调查中,全体调查对象称为总体,从全体调查对象中抽取的那部分代表,称为样本。

抽样调查可分为随机抽样调查和非随机抽样调查两种类型。非随机抽样调查就是调查者根据自己的主观设想和经验而没有按照随机性原则来抽取样本所进行的调查。其优点是简便易行、省时省力省费用,因此,对于那些不可能或不需要推断总体的调查来说,非随机抽样是极为可取的。其缺点是,样本的抽取,主要取决于调查者的主观因素,因此样本的代表性、客观性差,不能从样本调查结论中对总体作出可靠的推测。此外,调查者无法计算抽样误差。

随机抽样调查是调查者按概率均等原则来抽取样本所进行的调查,它比非随机抽样要科学和可靠。在一般情况下,调查多半采用随机抽样的调查方法。随机抽样又分为:简单随机抽样、等距随机抽样、分层随机抽样和整群随机抽样等方法。简单随机抽样又称纯随机抽样,它是调查者在调查对象的总体中不做任何人为的分组情况下按随机原则抽取若干个单位组成样本进行调查的方法;等距随机抽样,也称机械随机抽样或系统随机抽样,它是事先将总体各单位按某一顺序排队,按固定间隔抽取样本的一种方法;分层随机抽样又称分类随机抽样,它是先将总体各单位按照某种指标。分类或分层,然后采用简单随机抽样或等距随机抽样从各类或各层中抽取样本的一种方法;整群随机抽样又叫集体随机抽样或区域随机抽样,它类似简单随机抽样,但它又不像简单随机抽样那样逐个单位进行抽选,而是整群组地抽选样本,并对被抽选的各群(组)中的全部单位,无一遗漏地逐个进行调查。

抽样调查具有十分明显的优点:其一,调查的样本一般都是按照随机性原则抽选出来的,因此样本的指标数值对总体具有较大的代表性;其二,由样本推断总体具有严格的数学依据,因此结果具有相当高的准确性;其三,调查的样本单位仅仅是总体中的一小部分单位,因此这种调查相对于普遍调查来说,可以在短时间内以较少的人力、物力和财力取得较详细的统计资料,收到事半功倍的效果。抽样调查的缺点:其一,它主要适于定量调查而不大适于定性调查;其二,对于调查总体的范围尚不十分清晰的调查对象,其中包括许多正在形成中的新生事物,就不可能进行抽样调查;其

三、抽样调查需要调查者掌握概率论和数理统计方面的知识,这对大多数教育科学工作者来说无疑是个棘手的问题,因此,抽样调查方法的使用受到了一定的限制。

四、重点调查

重点调查是指从调查对象总体中选出一部分重点单位作为样本所进行的调查,其宗旨是了解调查对象总体全部的基本情况,这里所谓"重点单位"是指在总体中占很大比重或者对总体的发展起着重大作用的单位,它是相对于一般单位而言的。

第三节 调查的一般程序

教育调查是一种有目的有计划的科学研究活动,其一般程序大致分为三个阶段:调查准备阶段、实施阶段和总结阶段。

一、调查准备阶段

调查研究课题确定后,调查者所面临的首要任务是如何做好调查前的准备工作,有效地实现课题目标,从某种意义上说,调查准备工作是否完善决定着调查工作的成败。一般来说,调查前的准备工作包括以下三个主要环节。[①]

(一)探索性研究

所谓探索性研究,就是调查课题确定之后,调查者为了初步了解情况,开扩思路,为直接调查打下基础,而对调查问题的已有情况和知识所进行的初步研究。

探索性研究工作中应包括如下内容,首先是查阅文献资料,如论著、论文、政府文件、档案材料等,所查资料应与调查课题密切相关。如对小学生思想品德情况的调查,就应了解他人和前人对这个问题的研究情况,这样就可避免不必要的重复,而且有利于确定

---

① 参见李达顺等著:《社会科学方法研究》,中国国际广播出版社,1991,85页。

自己调查研究的起点和重点;其次是向有关人员咨询,包括与调查问题有关系的人和对该问题有过专门研究的专家、学者等。

(二)提出研究假设

所谓研究假设,就是调查者在初步探索性研究的基础上对所调查的问题提出的假定性的说明和判断。不是任何一种说法都能成为假设,那些关于人们的意愿、价值判断或规章规范方面的判断或说法,就不能成为研究假设。如"每个学生都要遵守课堂纪律"这一说法是学校规章制度,不能是假定性,但如果说"××班有90％学生能遵守课堂纪律",则是假定性的判断,可以进行验证的。

调查者在制定调查方案和实施调查之前,提出研究假设具有重要意义。因为调查对象的表现形式是多种多样的,其原因往往是错综复杂的,因此,调查者在调查过程中应调查什么,向谁调查,如何透过事物的表面现象把握住本质,从而抓住问题的实质和要害,就需要有一定的理论作指导。可见,提出研究假设能起到桥梁和导向的作用,因为提出研究假设的目的在于把调查课题进一步明确化,找出哪些现象之间有可能是相互关联的,这样就可使调查有明确的方向以及某种初步解决调查问题的办法。总之,如果没有提出研究假设,则不得进行调查研究工作,提出研究假设是调查研究过程中不可缺少的一个环节,也是一个重要的研究方法。

(三)制定调查方案

提出研究假设之后,就要在研究假设指导下着手制定具体的调查方案,这一环节主要包括两个步骤,首先是界定和解释概念,其次是确定调查指标。

界定和解释概念,是要求研究者对题目和研究假设所涉及到的概念作严格的界定和明确的解释,也就是阐明和规定有关概念的内涵和外延,即给概念下定义。在给概念下定义时,一般采用操作性定义。所谓操作性定义,就是指不用抽象文字去描述概念所反映的事物的特征、性质,而是用可感知、可量度的事物、现象或方法来描述这些特征和性质。如某人的"跑步速度"这个概念就不能用"快如闪电"或"脱缰的野马"等抽象的文字来描述,因为这样会使调查者难以做经验上的测量,无法解决在调查过程中如何实际操作的问题。如果给"跑步速度"概念下操作性定义,表述为"该人跑完百米全程的时间",则便于调查过程中的实际操作,便于进行客观测量。

在教育调查时,每个概念的定义都必须是能够通过或以前已经通过调查测定的,如"竞争使学生学习负担过重"这个调查课题中的"竞争"和"学习负担"这两个概念,就应当采用操作性定义。"竞争"可以定义为:"为升入高一级学校创造条件或机会";"学习负担"可以定义为:"上课时数、作业量、选做作业量"等。由于这两概念的定义是可操作的、可测量的,因而调查者就可以对准备升学和不准备升学的学生分别调查,比较他们的上课时数、完成的作业量、主动完成的选做作业量的多少,这样就能证实竞争到底是否使学生的学习负担加重了。

在对调查课题涉及到的概念作出界定和解释后,就必须进一步确定调查指标,仍以调查"竞争使学生学习负担过重"为例,要设计和确定以下几个调查指标:(1)学生每天的时间支配,即上课、自习、课外活动、午休、睡眠等各占多少时间;(2)学生的学习强度,即课程门数、课时、进度、课内作业量、课外作业量等;(3)学生的健康状况,即患有各种慢性疾病的情况、请病假的情况等;(4)学生、教师和家长的反映等。只有设计和确定了调查指标以后,才能制定调查方案,然后才能进行调查。①

制定调查方案,一般包括如下一些基本内容:

其一,调查目标,即调查所要达到的具体目的。例如"小学生思想品德情况调查"课题的目标是为了进一步了解小学生的思想

---

① 参见李达顺等著:《社会科学方法论》,中国国际广播出版社,1991,89页~90页。

品德现状,通过学生现状来分析当前教育工作,研究有关问题,加强小学生思想品德教育工作的针对性。

其二,调查对象和调查类型。调查对象是指实施调查工作的基本单位,它可以是人,可以是户,也可以是单位、部门和地区。调查类型是指对调查对象是进行普遍调查,还是进行典型调查,或者是进行抽样调查。这要根据不同的情况进行选择。

其三,调查地域和调查时间安排。调查地域是指教育调查选择在什么地区进行、在多大的范围内进行。调查地域的选择要有利于实现调查目的,有利于实地调查工作的进行,有利于节省人力、物力、财力和时间。调查时间安排,即教育调查在什么时间进行,需要多少时间完成。

其四,调查资料的收集方法。它包括问卷法、访问法、召开座谈会、填调查表等一些具体方法,每一具体方法的运用要适应调查课题和调查类型的需要。同一调查课题或调查类型往往可以采取不同的方法,而同一方法往往可以适用于不同的调查课题或调查类型。

其五,调查工具。它可分为两类:一类是文书性的工具,包括访问提纲或问卷提纲、各种调查表、统计表等;一类是器具性的工具,如照像机、录音机、计算机、摄像机等。不论何种调查方法,都应当配备一定的调查工具。因此,调查者应根据调查资料的收集方法和调查指标的需要,设计反映这种需要的调查提纲、各种调查表、统计表等工具。

其六,调查人员的组织和调查经费的筹集。除了调查者单独进行的教育调查外,任何教育调查都存在着调查人员的选择和组织问题,因此,在调查方案中应包括这方面的内容。同时,由于任何调查都需要一定的经费,因此,如何筹集和使用调查经费,如何用最少的花费获得最佳的调查成果,这也是制定调查方案中的一项重要内容。①

---

① 参见李达顺等著:《社会科学方法研究》,中国国际广播出版社,1991,91页。

二、调查实施阶段

调查实施阶段是调查者在调查计划和目标的指导下实际操作的过程,是整个调查过程中唯一的现场实施阶段,也是获取第一手资料的重要阶段。

调查实施阶段的主要任务是搜集资料,即按照调查方案所设计的调查资料收集方法,搜集第一手资料。这里的第一手资料包括两类[①],一类是书面资料,如教科书、教师教案、学生作业、学校工作总结与计划、教育行政部门的档案、报刊上发表的有关文章等;一类是来自调查对象的口述的资料,以及由调查者实地考察所得的教育现象的事实材料等。搜集资料要力求全面、系统,要注意资料的典型性、客观性和真实性。

就规模较大的教育调查来说,搜集资料是一项复杂的系统工程,需要做好组织领导工作,包括外部协调工作和内部指导工作[②]。

外部协调工作主要是要争取被调查单位或个人及有关部门领导的支持和合作,努力争取被调查对象的充分理解和协作。内部指导工作应根据实际调查的初期、中期、后期的不同情况采取不同的方式。一般说来,在调查实施阶段的初期,应加强对调查人员的实战训练,指导他们尽快打开调查工作的局面,为整个调查工作开一个好头;在调查实施阶段的中期,应及时总结和交流调查工作的经验和教训,及时发现和解决调查工作中出现的新情况、新问题,特别是应采取有效措施,加强对后继调查人员的帮助和指导;在调查实施阶段的后期,应搞好调查资料的扫尾工作,调查资料收集完毕以后,要在调查地点就地对调查资料进行严格的质量检查和初步整理工作,以便及时发现问题,就地改正或补充资料。

---

① 参见李秉德主编:《教育科学研究方法》,人民教育出版社,1986,49页。
② 参见李达顺等著:《社会科学方法研究》,中国国际广播出版社,1991,92页。

三、调查总结阶段

调查总结阶段包括两项基本工作:一项是对所收集的材料进行整理、组织,另一项就是撰写研究报告,提出新理论、新见解。

就整理资料而言,调查者首先要对调查的文字资料和数字资料进行全面审核,去粗取精,去伪存真,以保证调查资料的真实性、准确性和完整性;其次是对初步整理出来的资料进行统计分析,使之数量化,并通过比较、归纳、推理等手段,进行理论分析,这样将定量分析和定性分析结合起来,既反映出事物之间的数量关系,又揭示事物发展变化的原因及发展趋势。

在对调查资料进行整理和分析之后,就可以用调查报告的形式把调查研究的成果反映出来。调查者在撰写调查研究报告时,除了做到题目与内容相贴切、层次清楚、数据精确、中心思想突出外,更重要的是要有新观点、新见解、新思想,要对需要解决的问题提出建设性意见,这样才能为教育行政部门制定方针政策和作出科学决策提供科学依据,或者提高学术水平和理论研究水平。

调查总结阶段是教育调查的最后阶段,是调查能否出成果及成果大小的重要阶段。因此,认真做好调查总结工作,对于确保教育调查的完成和水平的提高,都具有重要意义。

第四节 调查的具体方法

教育调查,根据调查课题、调查对象、调查内容的不同,可采取不同的方法,可以通过问卷进行;也可以通过直接访问、观察、记录进行;或者发给调查表,由被调查者填写;或者查阅档案文件及统计资料等。下面着重介绍教育调查中常用的四种具体方法:

一、问卷法

问卷法是教育调查中一种基本方法,又称问卷调查法。它是调查者通过将所要调查的问题编成一种统一的问卷表格,发给所有调查对象填答,并及时收回调查资料的一种方法。

(一)问卷法的特点

问卷法是通过统一的问卷表格收集调查资料,因此它一般都是采用标准化调查,即按照统一设计的有一定结构的问卷表格进行的调查。一般说来,问卷调查都是以书面形式进行的调查,即调查者以书面形式提出问题,所有调查对象也以书面形式回答问题。因此,问卷调查一般都是间接调查,即调查者一般不与所有调查对象直接见面,而由调查对象自己填答问卷。可见,标准化、书面形式、间接性,是问卷调查的主要特点[①]。

(二)问卷的结构

一份完整的问卷,一般包括标题、介绍词、填表说明、调查项目和结语五个部分。

1. 问卷的标题

问卷标题可以从逻辑角度提出来,如"关于小学生课外作业量的调查""三年级学生体育活动时间的调查";也可以从心理学角度提出来,如"你喜欢哪些课的作业,不喜欢哪些课的作业?为什么?""算一算,你的体育活动时间是多少?"对小学生来说,标题从心理学角度提出更为适宜[②]。

2. 介绍词

也叫前言或说明。一般应包括下列内容:说明是谁或是哪个组织在进行这项调查以及调查的重要性;说明被调查者是按照科学方法选出来的代表,其意见很重要;介绍正确的操作方法,包括答卷时不与别人商量及怎样填答才有效等等。介绍词的语言要谦虚、真挚、热情、恳切,文字要简洁、明确,可读性强。

[①] 参见李达顺等著:《社会科学方法研究》,中国国际广播出版社,1991,94页。
[②] 参见哈敬主编:《小学教育教程》,华东师范大学出版社,1991,321页。

3.填表说明

有些问卷中,将填表说明列入介绍词(前言)中,不另外单独列出,但更多的问卷则是单独列出的,它是向被调查者提示如何填写问卷和解释某些调查项目的含义的部分。它要求调查者明确地说明和解释问卷中统一的规定和要求,否则,调查对象填写的问卷就可能不规范、不统一,这就既不好统计,又容易产生废卷。为防止这种现象的出现,问卷中必须设有"填表说明"这一项。

4.调查项目

它是问卷的主要组成部分,也就是问卷调查的内容,一般包括三个方面:第一方面是每个调查对象的基本情况,包括调查对象的年龄、性别、文化程度、职业、婚姻情况、家庭成员情况、收入情况等,第二方面是被调查者的行为情况,第三方面是态度情况;包括调查对象的意见、看法、感想、动机三类,以及有关价值或人格方面,如进取心、道德、伦理观念、信仰等。

5.结语

这部分既可简短地对调查对象的合作表示真诚的感谢,也可向调查对象征询对该问卷的看法、意见和感受等[①]。

(三)问卷的类型

问卷,对调查对象来说,就是一份对问题的答卷,因此,按其回答问题方式可分为开放式问卷和封闭式问卷两种基本类型。所谓开放式问卷,是指在问卷中只向调查对象提问,不提供预先列出的答案,而由调查对象自由回答的一种问卷;封闭式问卷,是指在问卷中把提出的问题和供选择的答案一起列出,由调查对象从给定约答案中选择出一项或几项答案填上的一种问卷。

1.封闭式问卷

封闭式问卷有以下一些具体方式:[②]

[①] 参见李达顺等著:《社会科学方法论》,中国国际广播出版社,1991,96页~97页。

[②] 同上。

(1)两项选一式:即只能从两种答案中选一项的问卷方式。例如:

您请了一位家庭教师吗?(调查项)

是( );不是( )(选答项,请在相应的括号里打√)

这种问卷方式,适用于互相排斥的两择其一的定类问题。

(2)多项选择式:即从多种答案中由调查对象自由选择几种答案的问卷方式。例如:

您某次数学考试成绩不理想的原因是什么?(调查项)

能力差;没努力;

身体弱;数学老师不行;

运气不好;考试时粗心;

(选答项,请您在选择的项目后面打〇,可选两项)

这种问卷方式,适用于有几种互不排斥答案的定类问题。在几种答案中,既可规定选择一项,也可规定选择几项。

(3)顺序填答式:即列出多种答案,由调查对象填写答案的先后顺序的问卷方式。例如:

您平时数学成绩差,但本次考试成绩较理想。原因是什么?(调查项)

□复习得法;□老师辅导有方;

□精力充沛;□碰巧做对;

□考题泄密;□考试作弊;

□其他。

(选答项,请您按最主要原因记为1,其次原因记为2,再次原因记为3,…,最小为7,把序号排列在□内)。

这种填答方式,适用于要表示一定先后次序或轻重缓急的定序问题。

(4)等级填答式:即列出不同等级的答案,由调查对象选择填答的问卷方式。例如:

您对这学期期终考试成绩的看法?(调查项)

①____很满意;②____比较满意,

③____无所谓;④____不满意;

⑤____很不满意;⑥____无法回答。

(选答项,请您在适合自己看法的空档内打√)

此外,常用的等级式问卷还有:完全同意,同意(或赞成),无所谓,不同意(或反对),完全不同意(或极反对),无法回答;非常喜欢,比较喜欢,无所谓,讨厌,非常讨厌;极重要,重要,比较重要,无所谓,不重要,不知道等。这些都是用文字直接表达等级的,但也可以用图表法来表示。例如:

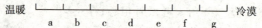

其中两端 a 和 g 分别表示"××班级""十分温暖"和"十分冷漠",b 和 f 分别表示"相当温暖"和"相当冷漠",c 和 e 分别表示"稍微有点温暖"和"稍微有点冷漠",d 格表示"无所谓"。

或者:

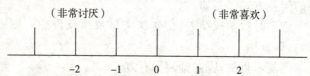

其中"2"代表非常喜欢,"1"代表比较喜欢,"0"表示无所谓或不知道,"-1"表示讨厌,"-2"表示非常讨厌。

这种填答方式,适用于要表示意见、态度、感情的等级或强烈程度的定序问题。

封闭式问卷的优点:①它设计好标准答案,因而有利于被调查者正确理解问题和回答问题,保证有较高的填答率和问卷的回收率;②它的问题是统一的,选择题是一致的,因此便于调查者对问卷结果的处理、分析和比较研究;③它可以在匿名的情况下填答,因而能够收集到一些客观的真实材料。

封闭式问卷也有其局限性:①问卷本身的设计比较困难,一份科学合理的问卷是调查成功的关键,因此,调查者要认真考虑、反复推敲每一问卷题的选答项目,这是一项复杂而艰巨的工作;②它的填答方式比较机械,没有弹性,难以发挥调查对象的主观能动性;③它的填答比较容易,这样就会使那些不知怎样回答、无定见的被调查者随便选答或猜答,从而降低了回答的真实性和可靠性。

2. 开放式问卷

开放式问卷之关键是在一问题下被调查者可自由回答。例如:

您认为学校应当如何开展素质教育?

答:

您对学校教学改革有什么建议?

答:

开放式问卷的优点是:①灵活性大,适应性强,它可用于回答各种类型的问题;②有利于调查对象发挥主动性和创造性,充分自由地表达自己的意见、建议或看法;③调查者可得到各种合适的答案,甚至是意想不到的答案。

开放式问卷的局限性表现在:①往往会收集到一些不相关和无价值的资料;②适用范围偏窄,它只能适用于那些有较高的文化素养和有相当文字表达能力的调查对象;③由于该问卷的回答需要更多时间和精力,因而问卷的回收率和有效率可能会降低。

封闭式问卷和开放式问卷各有优缺点,实际使用中应灵活运用。根据调查课题和调查项目的需要,或者采用开放式,或者采用封闭式,或者采用半开放半封闭式。

(四)问卷题的要求

问卷调查的关键是问卷题的设计,一个问卷题包括问题(或调查项目)和备选答案(或选答项目)。在开放式问卷中没有备选答

案。对问卷题的设计要遵循如下一些要求:①

1.问题的语言要通俗、具体、准确,防止歧义

例如,在对小学生的问卷中问"您认为素质教育有什么意义?"、"您的价值观是什么?"这里的"素质教育"、"价值观"都属于不通俗、过于专业化的术语。有些问题过于笼统,容易产生歧义。如:"您认为学生负担重不重?"其中的语言不准确,因为"负担"的含义不明确——可以指学业负担,也可以指社会工作负担,还可以指家务劳动的负担或总的负担⋯⋯,为了防止问题发生歧义,问卷出题者应在"负担"的前面加上必要的限制词。此外,不要把两个或两个以上的问题合成一个问题,因为复合性的问题难以判断。例如,"您父母支持您参加业余体校吗?"对于这种不具体不明确的问题,被调查者难以准确回答。因为一个学生参加业余体校,可能得到父亲的支持,而遭到母亲的反对,或者相反。在参加业余体校这个问题上,父母的态度不同,被调查者无法回答这个问题。另外,如"好像"、"也许"、"大概"、"可能"等这些模棱两可的词,应避免使用。还有一些含混不清的词,如"经常"、"有时"、"偶尔"应该作出具体的说明,如"经常"指每周一次或两次,"有时"指每月一至两次等等。

2.问题不能带有暗示,避免用诱导性或倾向性的语言

例如:

  有的同学上课前先预习一下,你是

   a 不预习。( )

   b 很少预习。( )

   c 老师布置预习就预习。( )

   d 经常预习。( )

其中,"有的同学上课前先预习一下",暗示了调查者是主张预

---

① 参见哈敬主编:《学教育学教程》,华东师大出版社,1991,321,页。

习的,具有明显的倾向性。这样,学生就会接受题目的暗示,受到题意的诱导,较多地选择"经常预习",从而使调查失实。如果把"有的同学上课前先预习一下",改为"您在上课前",措词就显得不偏不倚,没有任何倾向。此外,还有一些肯定词或否定词、褒义词或贬义词也带有一定的暗示性,对答题者也是个诱导。例如,"您喜欢教师这一受人尊敬的职业吗?"、"您不吸烟,对吗?"在这种情况下,会使调查对象增加肯定回答的比例,也造成调查失实。为避免这种倾向性,应该用中性词,上述问题可改为:"您喜欢教师这一职业吗?"、"您是否吸烟?"

3. 备选答案(即选答项目)要按一个标准分类

这要求备选答案应是同一性质或类别的。例如,在上面"课前预习"的例子中,"不预习"、"很少预习"、"经常预习"这三个备选答案是按"预习的频率"来分类的,而"老师布置预习就预习"这个答案不是按这个标准分类的,应把它去掉。否则,答题者就得在 c 和 d 后面的括号都打上"√",使一个选择题有两个答案,从而给后面的数据处理带来困难。

4. 备选答案之间的距离要大致相等

仍以"课前预习"的例子为例,"不预习"和"很少预习"之间的距离较小,而"很少预习"和"经常预习"之间的距离较大,为了改变这一情况,可把此题改为:

您在上课前,
  a 不预习。
  b 有时预习。
  c 经常预习。

5. 备选答案应该穷尽

这就是说,应该把可能的答案都写上,供被调查者选择,为了做到这一点,必须在事先把问题的答案搜集全。答案可以由调查者作初步估计,还可以在小范围内对要调查的同一类型的人作预备调查,以搜集到更多的答案。有时,为了防止仍有答案遗漏,可增加"其他"这一备选答案。

6. 避免提出对方可能产生顾虑的问题

对那些敏感性强、威胁性大的问题,应在语言表述上尽量减轻敏感程度和威胁程度,使被调查者能够和敢于坦率做出真实的回答。例如,"您认为您的班主任老师是不是称职?"这个问题会使学生在回答时产生顾虑,特别是由班主任老师主持调查的时候更是这样,被调查者不敢做出真实回答,只好以虚假掩盖真实。

(五)问卷法的优、缺点

问卷法的优点是:

1. 节省人力、财力和时间

与访问调查相比,问卷法只靠一份问卷就可以了解有关情况,并且在一两周内即可收回问卷,不必兴师动众,它可以用较小的投入获取大量的社会信息。

2. 切实可行,有极大的应用性

与访问调查相比,问卷法不受时空限制。问卷调查可以在广阔的空间范围内对众多的调查对象同时进行。被调查者可以利用空余时间填答问卷,也可以对问题充分思考后填答,调查者不必专门花时间去访问调查对象。

3. 匿名性

一般来说,在填答问卷题时,被调查者可以不署名,且没有调查人员在场。这样,被调查者可以知无不言、言无不尽,从而提高调查的真实性和可靠性。

4. 问卷题的规范化、标准化,有利于对调查资料的处理、分析和比较研究

问卷法也有一定的局限性:它只能获取书面的信息,无法了解新事物和新情况对被调查者的影响,无法知道答题者是在什么情况下、什么环境中填答的,有时,问卷调查的回收率和有效率较低。

二、访问法

访问法是教育调查的又一基本方法。要掌握这种调查方法,就要弄清其特点、基本要求及优缺点等。

(一)访问法及其特点

访问法,又称访谈法或面谈,是指调查者(即访问者)通过有计划地与调查对象(即被访问者)面对面谈话来了解情况、搜集资料的方法。访问有两种形式:一是正式的访问,它要求有一定的组织手续,严格按照预先拟定的计划进行。采用这种形式的访问,可以在短时间内获得所需要的材料。但被访问者往往会存有戒心,谈话留有余地,影响调查的真实度。二是非正式访问,它是调查者和被访问者在日常接触中,在自然气氛和环境中进行的谈话,常常能够获得意想不到的宝贵材料,但花时间很多。

不论是正式的访问,还是非正式的访问,它们共同的特点是,整个访问过程都是访问者与被访问者直接接触的过程,是访问者和被访问者相互影响、相互作用的过程。在访问过程中,访问者向调查对象面对面地提出调查问题,而被访问者也向访问者面对面地回答问题。这说明,访问调查是调查者在人际交往中实现收集调查资料这一目的的。这便是访问调查的突出特点。

(二)访问调查的要求

怎样进行访问才能收集到真实的材料呢?除了访问者须持"虚心请教"的态度,采取"共同讨论"的方式外,更为重要的是要注意以下事项[①]:

(1)选择访问对象时应考虑到对方能否提供有价值的事实材料,是否能积极配合乐于回答访问者的问题。因此,访问者要通过一定的渠道事先了解被访者的经历、地位和个性特征等。

---

① 参见李秉德主编:《教育科学研究方法》,人民教育出版社,1986,53页。

(2)访问的时间和地点以不影响被访问者的工作或学习为前提,最好是事先预约或者利用课余和休假时间。

(3)访问者取得被访问者的信任和合作是关键。为此访问者可请专家或有声望有地位的人,或上级领导机关出函介绍;在访问前要征得被访者同意;谈话前说明访问目的,使对方感到问题的重要;访问者的态度要谦逊、诚恳、有礼貌等。

(4)要善于洞察被访者的心理变化。访谈者要机智灵活,注意被访问者的态度、情绪的变化,打消一些顾虑、担心的念头,随机应变,引导回忆,启发思考。

(5)要掌握发问的技术。提问题通常有三种方法:

直接法,即一见面就开门见山、直截了当地向对方提出问题。这种方式一般是在访问者和被访者之间比较了解、比较熟悉的情况下较为适宜。

间接法,即不是直接提出想了解的问题,而是通过提相关的其他问题实现调查目的。如,要调查某学校领导的工作能力,可以通过相关的教学管理、后勤管理、学校改革等方面的问题间接了解,而不必让被访问者直接回答主题。

迂回法,即从各个不同的侧面了解情况,即所谓旁敲侧击。问的是张三的问题,实际要了解的是李四的问题。

(三)访问法的优缺点

访问法有不少优点:

(1)它可以对各种问题进行全面深入的调查。因为访问调查是调查者和被调查者之间面对面的直接的口头调查。这样,访问者不仅可以了解到正在发生的各种现象和问题,而且可以询问过去和外地曾经发生过的现象和问题;不仅可以调查事实,询问人们观念、态度、感情方面的问题,而且能够访问比较复杂的现象和问题。

(2)它具有较强的灵活性。访问调查是通过访问者和被访者之间问答对话的方式进行的,因此,访问者可以根据被访问者和访问过程中的具体情况,采取灵活多样的访问技巧和方法,实现收集调查资料的目的。这就保证了调查的真实性、有效性和可靠性。

(3)它可适用各种类型的调查对象。前面所提到的问卷调查对调查对象有一定的文化程度要求,而访问调查,由于是一种口头调查,对调查对象没有文化程度的要求,它能适用于一切有正常思维能力和口头表达能力的访问对象,包括文盲、半文盲和盲人等。

和其它调查方法一样,访问法也有其局限性:

(1)费人、费时、费钱是访问法最大的缺点。访问调查需要使用较多的访问人员,并且还需要专门的培训,这就需要花费大量的培训费和差旅费。另外,访问一般要安排在被访问者的空余时间里,还要事先与他们联系好,访问过程中也要花费较多时间。因此,访问调查通常只能在较小的范围内使用。

(2)访问调查的成效很大程度上取决于访问者的素质和被访者的合作态度与能力。从访问者来看,他们若有高度责任感和丰富的经验,就能收集到真实、具体、准确而完整的资料,反之,只能收集到一些表面的、不真实、不具体、不完整的资料;就被访问者而言,他们若能积极合作并有较强回答问题的能力,就能够提供许多真实、具体、准确而完整的资料,反之,就提供不了多少有价值的资料。这在很大程度上限制了访问调查的运用。

(3)难以保证被访问者匿名。访问调查不同于问卷调查,后者不需要答题者署名,被调查者可以匿名回答问题。而访问调查则是面对面的直接调查,访问者知道被访问者的姓名、住址、电话,被访问者不能匿名回答问题。因此,在一些敏感性问题上,被访问者就有一些顾虑和担忧,从而影响调查资料的真实性、完整性。

访问法尽管有种种局限性,但它与问卷法一样,都是收集调查资料不可缺少的基本方法。

三、开调查会

开调查会,也是教育调查中普遍使用的一种收集调查资料的方法。下面介绍这种方法的涵义、要求及优缺点①。

(一)调查会的涵义

调查会又叫座谈会,它是由访谈员主持会议,依据事先准备的调查提纲,向到会者提出问题,展开讨论,从而实现收集调查资料目的的一种调查方法。与前文所提的访问法相比,调查会有自身的特点,在访问调查中,访问者和被访问者之间进行着面对面的直接调查,这是一种双向的信息交流,是一种问答对话式的交流过程。而在调查会中,不仅调查者和被调查者之间进行问答对话这一信息交流,而且被调查者之间可以展开讨论,互相启发,因此这种方法是一种多向的信息交流,这就决定了调查会对于收集调查资料有独特的作用。

(二)开调查会的要求

开好调查会,通常要注意以下几点:

(1)参加开会的人要慎重选择,到会的人必须是与调查问题有关的人员,无关的人员不必在场。

(2)参加开会的人数不必多,一般以三五个或七八个为宜,究竟需要多少人,这要根据调查会的要求和调查者的组织能力而定。

(3)要开有准备的会,包括事先拟订好详细的调查提纲,并尽可能事先发给每一位到会者,让他们会前有个准备,同时,还要预约好开会的地点和时间等。

(4)调查者必须讲清楚开调查会的目的,采取谦虚、同志式的态度,争取与会者的合作,还要善于引导与会者展开讨论。

(5)调查者要按照提纲一一发问,对每一问题、每一件事都要问清楚、问确切。调查者要自己记录或由专人记录。

(三)调查会的优缺点

通过调查会收集调查资料有很多优点:与会者都是与调查课

---

① 参见李秉德主编:《教育科学研究方法》,人民教育出版社,1986,51页。

题有关的人员,因此调查者可了解事实真相;与会者人多,可以集思广益,互相启发,彼此印证。

开调查会也有缺点:如果与会者受人情、人事关系的影响,他们就不会或不敢说出事实真相;如果到会者是由什么人指定的,他们的发言就可能有很大的倾向性;如果与会者事先无充分准备,而每个人看问题的角度和方法不同,那么他们所提供的材料,就难免会产生遗漏、误差乃至错误。这些方面都对调查者提出更高的素质要求,包括组织协调能力、发现问题提出问题的能力等。

四、填调查表①

调查表是在调查研究工作中用以对调查对象进行调查登记,并列有一系列调查项目的表格。如"学龄儿童人数调查表"、"小学教师学历调查表"等。采用填调查表法和问卷调查法一样,都是调查人员用书面或通讯形式收集资料的一种手段,所不同的是:问卷法侧重于意见的征询,而填调查表则偏重于事实及数字材料的收集。

(一)调查表的类型

调查表有单一表和一览表两种类型。单一表是在一张调查表上只登记一个调查事项,如下表:

_____市(县)_____小学专任教师学历调查表
(1994—1995学年)

调查的教师数	专科以上学历		中专及高中学历		初中以下	
	人数	占调查教师(%)	人数	占调查教师(%)	人数	占调查教师(%)

(参照李秉德主编《教育科学研究方法》第56页,略有改动)

一览表则是在一张调查表上登记若干个调查事项(见下页),

---

① 参见李秉德主编:《教育科学研究方法》,人民教育出版社,1986,56页。

××学校职工基本情况调查表

姓　　名		性别		年龄		民族	
籍　　贯							
政治面貌				现任职务			
参加工作时间				工资级别			
特　　长							
体质状况							
奖惩情况							
教龄	解放前	小学					
		中学					
	解放后	小学					
		中学					
	共计						
担任科目							
每周授课时数							
校内外兼任职务							
其　　他							
备　　注							

(参照李秉德主编《教育科学研究方法》第57页,略有改动)

(二)编制调查表的要求

调查表本身的科学性、合理性,是该调查方法能否收集到真实资料的关键。为此,编制调查表应遵循下列要求:

(1)表的标题应言简意赅、醒目明了,使人一望而知其意义。

(2)表的大小须能容纳所有调查项目,并便于携带和保管。

(3)表中的调查项目应做系统的合理安排,每一项文字要简明,并留有足量的空白处。

(4)为防止答案不确切,宜有相互参证的调查项目。如调查某地区学龄儿童入学率,既有全地区适龄儿童数,又有入学儿童数,以便前后参证。

(5)表尾应注明调查单位,并留有调查员、填表者姓名(非个人调查表)及填表日期的空档。

(6)表中应附有"填表说明",首先应说明调查的目的和意义,以争取被调查者的配合。其次要说明填表要求,有关指标的计算方法及填表时应注意事项等。

第五章 实验法

第一节 实验法的特征与种类

一、实验法的意义

实验法是指研究人员根据研究目的,运用一定的人为手段主动干预或控制研究对象的发生、发展过程,并通过把有干预情况下所获得的事实与未干预情况下同类现象变化的事实进行比较,确认事物间因果关系的方法。

实验法常用于教育科学研究中。例如,陶行知先生在晓庄师范进行的"乡村师范教育实验";上海青浦教师进修学校顾泠沅主持的"上海青浦县大面积提高数学教学质量的改革实验"等,就是将教育科学和心理科学作为研究理论基础,运用实验法严格控制有关因子,分析教育现象发生的成因并探索其发展规律。

将实验法运用于教育研究中即为教育实验法,它是教育研究人员沿着既定的教育目标所确定的方向,控制那些干扰教育目标成因的因素,操纵那些导致教育目标实现的决定性因素,从而确定那些被操纵的因素与既定目标之间的因果关系,亦即运用控制手段创设一定的条件,用以探索教育现象成因的研究方法。

二、实验法的特点

在科学研究中,我们要得出两个事物之间的因果关系,需要具备三个条件:

一为共变关系,即相关关系,一个事物随着另一个事物的变化而变化。例如在开设了"科学研究方法论"课程后,学生科学研究能力有所增强,科学研究中能较熟练地运用各种方法,则说明两者之间存在着共变关系。若大部分学生科研能力没有任何改变,说明"方法论"课程对科研无任何影响,两者不存在共变关系。

二为时间顺序,即作为"原因"的事物的变化总是在作为"结果"的事物的变化之前或同时,也就是说,"因"变化在前,"果"变化在后或同时。例如,如果学生科研能力在上"方法论"课之前就提高了,就不满足时间顺序的条件,就不能说是"方法论"课程起的作用。

三为控制无关因素的影响,即对实验因素以外的其他可能影响研究结果的因素加以控制。研究中影响结果的因素可能有很多,我们把实验中所要研究的因素称为实验因子。例如,两种教学方法比较的实验,教学方法就是实验因素。那些会影响教学效果的师资水平、学生学习的原有水平基础、学习态度等都是与该实验研究无关的因素,称作无关因子。还有一些会引起研究结果微小变化,但又无法控制的偶然性因素,称为偶然因子或随机因子。在实验研究中,我们必须把无关因子控制起来,否则,研究结果到底是由实验因子所导致还是由无关因子所引起,就很难判断。至于随机因子的影响,可以通过统计检验的方法进行处理。关于"因子"问题,在实验设计中再做进一步叙述。

教育实验就是为我们提供满足上述三个条件,作出因果关系推论的研究方法,它的精髓之处就是有目的、有方向的控制。与前面介绍的调查法、观察法相比,它采用较严密的科学方法,侧重于阐明事物的本质与规律,它是教育研究人员以及工作人员所必备的工具。

实验法与调查法和观察法相比,有以下明显的特点:

第一,实验法是通过改变研究对象的性质或状态来进行研究的方法,它要求对研究过程涉及的各种变量作出分析与控制,没有控制就没有实验。而观察法与调查法是以不干预研究对象的原有状态为前提的,它们不要求人为地控制研究过程中的有关变量。事实上,如果进行干预则观察和调查取得的材料就会失去真实性。

第二,实验法是用来揭示变量间的因果关系的有效方法。通过观察和调查,可以看出事物间存在着众多联系,但是,这些联系中究竟哪些是因,哪些是果,难以作出确定的判断。实验法由于对变量做了控制,就有可能使事物间的因果关系以可观察到的形态显现出来,观察法与调查法都无法揭示因果关系,其主要原因就是无法摆脱无关因素的干扰。

第三,实验法要求有假设与验证,有严格的操作规则,精确的测量手段和数量处理,以保证研究结果的客观性和准确性。并在相同的条件下,有可能重复同一实验。越是经得起重复的试验,其科学性、可靠性就越高,这样严格的操作要求,在观察法和调查法中是难以全部做到的。

现在,有不少人常把实验与试验混为一谈,其实它们有本质的区别。首先,实验的宗旨为认识事物的本质与规律,试验则是对某一认识的探索性应用,其宗旨为总结应用的经验与检验应用的实际效果。其次,实验在方法设计上要求严格,试验则相对降低一些。但两者在方法步骤上却比较一致,对于一些具有一定整体规模的、需要实验与控制的、较为复杂又难以控制并需精确分析的研究,若采用实验法则在人力、物力和技术上都有一定困难时,可先采用试验法进行探索性试验,在此基础上总结经验,然后,再运用实验法进行实验验证。

三、实验法的类型

实验研究可根据不同的分类方法归为不同的类型,大致可有下列几种:

(一)实验室实验法与自然实验法

实验室内进行的并具有高度人工控制环境中的实验,称作实验室实验法。这种方法可有效地控制无关变量,把自变量严格分离,对各种变量定义明确,准确观察共变关系,从而使实验结果可以由他人准确地重复得到。这种实验常用于探讨理论问题。例如,前苏联教育家赞科夫在提出《实验教学论体系》的实验中,即采用于实验室实验法。

在实际自然情景中进行的实验称为自然实验法。这种实验由于在自然状态下进行,只能尽量地、不能完全地控制无关变量,所以实验结果不可能做到十分准确,但能在较长的时间里进行重复地观察、分析,其研究结果能解决教育实践中的实际问题。例如,中央教科所吕敬先先生主持的小学语文整体发展教学实验,就是在普通学校、普通教师、普通学生和普通教材的"四普通"的状态下进行的,这种实验可以回避实验室方法所需条件的限制,其实验结果有较高的推广价值。

(二)探索性实验法与验证性实验法

为了探索一个新的教育理论或教育实践中的实际问题,从事具有开创性的研究实验,称作探索性实验法。因为对研究的问题了解得很有限,对有关因果关系认识尚不清楚,所以只能提出非正式的试探性假设,目的在于寻找足以影响因变量的各种自变量。

验证性实验法是在具有明确的假设和一定理论或事实根据的基础上,预测对自变量的操纵可能引起的结果,经设计并实施实验,检验所得结果是否符合假设的原则。其目的在于验证自变量是因变量变化的原因的实验,虽然这种实验具有"验证"性质,但考虑到教育现象的复杂性,它仍然具有一定的再创造性。

(三)真实验与准实验

具有明确的理论目标、可操作的设计、有效的控制、完整的观测资料与严肃科学的相关归因分析等的实验,称作真实验。然而,在实际工作中由于现象的不确定性和复杂的相关性进行真实验相当困难,只能进行准实验,即与真实验相比有程度上差距的实验。它是一种接近真实验,而又不合格的实验方法,其目的也是为了揭示事物之间的因果关系,但对变量的控制以及实验过程的要求不够严密。

(四)单因子实验法与多因子实验法

在实验过程中,可有多个自变量同时存在,但所要测定的因变量只有一个的实验,称为单因子实验法,也称作单项实验。

在实验过程中,可有多个自变量与多个因变量,可同时分析多个变量之间的因果关系以及发展规律,这种实验称为多因子实验法,也称作综合实验。这种实验方法对资料的统计处理难度高,一般需要计算机系统完成。

四、实验法的基本步骤

(一)提出假设

任何一个课题的提出都是基于一种对事物认识的假设。因此,一个课题的提出和确定的过程,往往也同时是一个假说的形成和明确的过程。对于教育实验来说,这种假设的重要性更为突出,实验必须有明确的假设,也就是说对某一现象或问题的假定解释或初步待证的理论观点,在不能确定其成立与否的情况下,可考虑运用实验法,设计出某种操纵变量的过程以验证假设。

假设应该具有两个特点:(1)假设具有推测的性质。如果已经知道某种新的考核方法更能可靠地评价学生,则没有必要提出假设去验证。只有对问题还没有得到确切的答案,尚未达到可靠的认识,才有必要以假说的形式去推测问题的正确结论。(2)假说具有事实和科学知识的基础。虽然假说对于未知事物的推测性解释是否把握了客观真理还尚属疑问,但假说是具有根据的推测,它是以真实的事实材料为基础的,以实践或理论为根据,加以逻辑的推理而作出的。提出的假说科学与否,是研究成败的先决条件,教育实验的假说一般是在经验或初步研究所获得的初步认识基础上提出的,是经验或认识的进一步深化。同时,需要通过实验论证的假说的原因和结果要十分明确,因为产生结果的原因是实验中要探索的实验因子,而结果则联系到实验中要观察、记录和测定的指标。

(二) 实验设计

实验设计主要是对实验中的实验因子,进行全面的安排,保证在满足因果推论的条件下,实施测量与评价,以达到科学、经济、高效的目的。

实验方案设计的好坏,是决定实验成败的关键。一个好的实验方案的设计,必须使实验结果合理地解决所提出的问题,并在时间、人力和财力上是最经济的。实验方案的设计要考虑到实验因子、无关因子的操纵与控制,实验的组织与取样,实验指标的测量等,最后组成一个完整的实验实施方案。关于实验设计问题,本章将另设专题详细叙述。

(三) 实验的实施

按所设计的实验方案进行实验为本步骤主要工作,实际上也是实验具体工作的主体,它包括被试的选取、变量的操纵、指标的测量、资料的搜集工作等。在整个过程中,除了因实验设计不周需对方案加以修正,且这种修订又不影响实验的前后一贯性外,应严格按设计的方案执行,特别应随时注意到无关因子的有效控制。

除此以外,在实施过程中,应注意霍桑效应与皮格马利翁效应。实验中防止这些效应对实验的干扰,即不是实验因子本身的作用,而是由于实验的形式或他人的过分关注,对被试暂时形成了一种新异的刺激或较高的期望,提高了被试的兴趣、注意力或积极性,从而导致了实验结果的提高。防止这一现象的一般方法为:(1)将实验因子在实验前一段时间内混入到常规的工作中,让被试事先有所适应。(2)在实验的全过程中,根本不将正在做实验的任何信息告诉被试。(3)采用轮组实验。

在实验的实施中,应及时准确地观察、测量和收集资料,并作出一些初步的分析。

(四) 实验结果的整理分析

这一步的做法与观察法和调查法中整理分析资料方法基本相

同,只是实验结果的整理分析更加侧重于统计学的分析整理,这些将辟专门章节(见第九章)介绍。整理分析的关键是根据具体资料灵活运用统计方法。

(五)提出对结果的分析,并撰写实验报告

对实验结果的分析是把实验结果推向具体实践的桥梁,主要从逻辑理论上加以考证,并提出自己的观点及结论。

实验报告重点应说明下述问题:

(1)实验目的:说明为什么提出这项实验课题,它具备什么意义以及价值的大小。

(2)实验方法:包括被试的选择,实验的组织,实验因子与无关因子的操纵与控制,实验所应用的工具,观察测量的方法与指标等。

(3)实验结果:包括观察测量所得的各种数据、评价及其统计处理的结果等。

(4)实验结果的分析与解释:包括对实验结果的解释,对具体实践工作中的启示与应用建议以及对实验中某些不足的反省和深入研究的方向等。

最后,还应强调一点,若有必要则要进行重复试验和扩大实验。因为一些较为复杂的实验,对实验因子难于严格的控制,因而导致实验结果常会有所波动,仅通过一次实验不能作出较为准确科学的结论,所以应多次重复进行。同时可以逐步放宽条件,从而逐步扩大研究范围,使得结果更加适应于自然的环境。

五、实验法在教育研究中应用的范围

实验法在教育研究中有广泛的应用,较集中地使用在以下几种类型的课题研究中:

(一)学生发展状态的研究

在教育工作中,为了测定学生已有的发展水平和可能达到的发展水平,可以通过实验来进行。这类实验是以促进学生在智力、体力、道德及审美情感方面充分自由的发展为研究目标。例如,中央教科所吕敬先生主持的"小学生语文能力整体发展"实验;上海师大教科所在上海市实验学校进行的"充分开发少年儿童智慧活动的中小学教育整体改革实验"等。

(二)改进学校的教学或教育工作的实验研究

这是运用实验法的主要领域,也是 80 年代以来发展最快并取得显著成效的一个领域。如,课程体系改革、教材改革、教学方法的改革、对学生进行道德教育方法的改革实验等。这类实验操作性强,实验结果有较大的应用价值和推广价值。

(三)对已有的教育观点、教育经验或其他人做过的教育实验进行实验性验证

它是以已取得的实验成果为目标,对已取得的认识成果用再实践的经验来检验、修正和完善。如,罗森塔尔等人所作的"皮格马利翁效应"的实验,证明教师对学生良好的期望能促进学生学习成绩的提高。有人对此种效应表示怀疑就重复这一实验,得出的结论与前者不一致,从而引起争论。后者的实验就是验证性实验。我们可以就目前教育心理领域中的有关问题做重复验证实验。

(四)为形成新的教育理论、教育模式或改革方案提供实验依据

例如,为了研究所提出的未来教学模式是否合理,或使它更加完善,可以通过实验来进行。它可以帮助我们更具体、更清晰地看到,为了实现理想的教学模式,必须具备哪些条件,在实现假设的过程中,可能会发生一些什么问题,所提供的方案有哪些方面必须予以修正等等。通过这类实验,一方面寻求将新的理论具体化,并运用于教育教学实践过程的操作程序中;另一方面,实验的结果又将进一步检验、充实、完善这些理论模式的科学性、先进性和可操作性。

第二节　教育实验设计

一、教育实验设计的一般步骤

教育实验设计是一个具有可操作性的步骤。

（一）陈述研究的问题并提出研究假设

（二）确定实验处理

处理即教育实验中所要操纵的自变量的变化，一个实验起码有两种以上的不同处理。

（三）确定被试群体、样本、实验单位、抽样方法及样本大小

关于抽样方法及样本大小的确定将在专门章节介绍（第八章）。

（四）选择因变量及适当的测量手段

对因变量的测量要考虑以下几点：第一，要确定所选择的反应变量是能够提供有关研究问题信息的。第二，要决定怎样进行测量，如何选用适当的测量方法、度量单位及必要的技术手段。第三，要考虑到测量数据的可能准确程度。

（五）判定该实验需要控制的无关因素，选择控制方法，设计控制过程和预测控制的程度

（六）选择合适的实验设计并提出伴随这个设计的统计假设

二、教育实验设计中的变量控制

教育实验中常常包含有许多变量。实验控制是指对变量的有目的的控制，以获取高效度。

（一）分析变量的性质

为了控制变量，首先要分析变量。实验中我们按照变量与研究目的的关系作分类，一般分为两大类：实验因子与无关因子。

实验因子是实验要揭示其相互关系的两个或更多个变量，即在实验中要加以比较和研究的，假定引起某种结果的变量。

无关因子是那些该实验不需要研究的变量,也就是不是本实验要加以研究,但也可能影响实验结果的那些变量。

例如,在《对某小学六年级改革作文评价方式与学生作文成绩关系的实验》研究中,可以有很多变量(或因素)影响实验的结果。教师方面有:性别、年龄、业务水平、工作态度、与学生的关系等。学生方面有:性别、年龄、各科学习成绩、语文学习成绩、作文成绩、对作文的兴趣、课外阅读状况、父母文化背景、对子女学习的关心程度及班级中学生成绩好、中、差的比例等。教学方面有:作文题目类型、排列程度、次数、教师指导程度、时间限度、要求严格程度、评价方式、修改方式、评分方式等等。以上众多的变量通过分析,实验因子只有两个变量,即讲评方式与作文成绩,其余则为无关因子,但它们对学生及作文成绩都有可能产生影响。

实验因子可分为自变量与因变量。自变量是在实验中由实验者操纵其变化的量,因变量则是实验中随自变量变化而变化的变量。上例中评讲方式是自变量,作文成绩为因变量。

无关因子根据其自身的表现形式分为显变量与隐变量(或称作隐因子)。实验人员在实验前就能估计到或看出来的变量称作显因子变量。在实验过程中,一些无法控制也难以测量的变量称为隐因子变量,如被试学习态度的变化、教师的情绪波动以及一些意外因素等。实验设计中应将实验因子具体化,设计为可以执行和实验的东西。

(二)对自变量的操纵设计

自变量并不是实验过程中任其自然变化的量。"自变"只是相对于"因变"而言,对于实验者来说,自变量的变化是由他操纵的,因此在实验设计中必须考虑如何操纵自变量的变化。

在自变量确定以后,实验人员在设计时要解决的问题具体为:对自变量的具体表现,它对实验对象作用的次数、强度、方式以及作用出现的程序和延续时间等作出具体规定。

(三)因变量的测定设计

对于因变量,实验设计中主要应完成的任务是对测量它的变化的设计,具体应解决三个问题:(1)测量指标,即确定以什么作为因变量变化的标志,如以反应的速度、强度、难度、灵活度等作为标志。(2)测量的方法、度量单位以及必要的技术手段,如是用平时学科考试的方法,还是设计专门的考试或通过操作的行为作出测量;用类别标准,还是等级、等距、比率标准作为度量单位。(3)测量的次数与插入点的安排,其目的是保证所得数据的可靠性以及避免因测量而影响实验的效果。

(四)无关因子的控制设计

控制无关因子是实验设计中最重要也是最复杂的部分。为了使自变量与因变量的相互关系显现出来,就必须"纯化"实验过程中的变量,也就是说,要把无关因素人为地"封闭"起来,以免实验过程中变量作用的相互混淆。所以,经常把实验中对无关因子的控制程度称为"封闭度"。很显然,封闭度越高,实验的可信度越高。

因为无关因子的性质不同,对它的控制可以采用不同的方法。常采用的方法有:

1. 消除

用阻隔的办法把有些无关因子尽可能地排除在实验之外,例如,在对两种不同教学方法的比较实验中,已知学生之间对新课预习的自觉程度相差很大,可以设计成临时跳教后面的新课,形成每个学生都没有预习过的条件,以消除预习程度不同对学习成绩的干扰(或对教学效果的干扰)。

消除是最有效地控制无关因子的方法,是全封闭式的控制,但是并非所有的无关因子都能用消除的方式来控制,还需要另想其它办法。

2. 把变量变为常量

对一些无法排除在实验之外,但可由主试改变的无关因子,可采取使这些变量在实验中保持恒定不变的方法来加以控制。这种控制方法比消除法差一些，但也比较有效。例如，当要实验一种新的教学方法时，可由同一个教师担任实验班与对照班的教学，以控制教师教学水平产生的差异。

3. 平衡

在教育实验中，不少无关因子既不能消除，又不能使其变为常量，此时，就使用均衡的方式来控制它的影响。所谓平衡，是指使一些无关因子在不同的实验组别中的影响基本相同。例如，在对两种不同教学方法的比较实验中，可以采用配对法，使实验组与对照组的学生在成绩、智力及学习态度等方面能一对一地基本相同，使两组被试各方面条件保持平衡。

平衡也可以用在对环境变量的处理上，使各组都处在基本相同的环境中。在自然科学实验中，做到平衡比较容易，但在教育研究实验中，由于研究的对象是人和社会，各种环境因素相互联系，想做到平衡相当困难，且很难达到绝对平衡。可见，平衡法对无关因子所起的控制作用比前两种稍差一些。

4. 抵消

抵消的方法是把无关因子中强弱不同的变量，配置到不同组内通过变量间的相互作用，消除掉无关因子的影响。比如，实验组与对照组可能有一定的差别且又无法避免，可采用轮组法（后面将具体介绍），将实验组与对照组互换，使这种差别对实验组和对照组的影响相互抵消。例如，在一种新的教学方法的成效的实验研究中，可提供两个相近的班级作实验班与对照班，但不能提供两个教学水平相当的教师。在这种情况下，实验者可选择业务水平较差的一位教师在实验班，使用新法施教，而在对照班则选用教学水平较高的教师仍采用原有的教学方法进行。如果实验班的结果较之对照班好，则就显示出教学方法与教学效果的直接关系。

但是必须注意到，抵消不是一种较严密的控制方法，有时它不能达到抵消的效果。如在上述实验中,若控制班的成绩优于实验班,就无法作实验分析得出确切的判断。对这样的结果有两种解释:一种是教师的教学水平决定了教学效果,另一种解释是原有的教学方法优于新的教学方法。哪种解释更为贴切,无法肯定,只有重新实验。

5. 统计处理

当上述方法都不可能采用时,还可以用统计的方法对实验数据作一些处理,以削弱无关因子影响在实验结果中的反映。在处理数据时,对于来自不同取样方式或设计类型的资料,采用相应的恰当的检验或处理手段,有时还需对特定的公式进行修正,或用某些手段除去无关因素的干扰作用。但这种处理方法应慎重采用,且需具备系统的统计学知识,还不宜过滥,否则,将与教育研究的客观性原则相违,从而得出与实际不相吻合的结论。

以上介绍的几种对无关因子控制方法,在一个实验中未必都会用到,也未必只须用一种,对它的选择主要取决于实验中无关因子本身的性质以及为实验提供的客观条件。

最后应注意到,对无关因子的控制是实验设计的重点,它贯穿于整个实验设计之中。特别对隐因子的事先控制是较困难的问题,实验者要在实验过程中,注意和了解情况,尤其要注意偶发性事件和反常现象,及时分析原因、发现存在的隐因子,判断它是否影响实验及其影响的程度,并设法去控制它。如果影响程度不能忽略而又无法控制,则实验归于无效。

另外,还应注意到在实验中对时间这个变量的控制。若不考虑时间对结果的影响,则实验结论的科学性应予怀疑。因为在很多情况下,所花费的时间多,其效果可能好一些。例如,对于两种教学方法效果比较的实验,实验班与对照班的学生、教师所花费的时间应基本相同。

三、实验设计中的配组与程序编排

教育实验设计中除变量控制外,另外一个重要且复杂的问题是实验对象的配组以及实验程度编排问题。

为了明确显现自变量与因变量之间的相互关系,必须解决设立多少实验组与控制组,以及如何分配各组成员等问题。

实验组是在实验中引进实验自变量的组,实验组中因变量的变化应体现与自变量的关系。控制组是在实验过程中不引进实验自变量,但在其它方面与实验组等同的组。设立实验组与控制组的作用是通过对实验组与控制组的因变量的测定和比较,可以显现出自变量与因变量的关系。

设置控制组的配组方法较为简单些,不设控制组的配组设计较复杂些,下面逐点作介绍。

(一)不设控制组的配组方法

不设控制组的实验法不等于对实验没有控制,也不是说对引入自变量之前因变量的状态与引入自变量后因变量的状态不作比较,它主要是通过实验组因变量在实验前后的变化或通过各种组合的实验组之间的比较,来发现自变量与因变量的关系。

1. 单组实验法

这是最简单的一种,最常用于只有一个实验因子的实验。当然超过一个实验因子也可以采用,但其结果可信度低些。具体作法为:

选择一组实验对象,施加一个或数个实验因子,其它条件在整个实验过程中保持不变,根据观察实验对象发生的变化,以确定实验因子的效果。

单组实验中,为了能显示出变量对自变量的作用与影响,需要对因变量进行两次测定;一次在引入实验因子(自变量)之前,称作前测;一次在引入自变量之后,称作后测。

任何实验中都必须有后测,后测可以是一次也可以是多次,视实验测量要求而定。而前测不一定非常必要,有些实验可视情况不作前测,但是在单组实验中则一定要实施前测,否则无法显示出实验自变量的作用。在有前测的单组实验中,两次测定所得的数据之差,即为自变量对因变量产生作用的数值表示,利用符号表示为:

G——O_1——X——O_2

$O = O_2 - O_1$

其中 G 表示实验组,O_1 表示前测所得数据,X 表示实验变量,O_2 表示后测所得数据,O 表示实验最终所得数据称作实验效应。

例如,关于集中识字在提高小学生识字能力效果方面的研究,选取一个自然班作为实验组并进行前测,了解学生识字能力。然后安排两个月集中识字教学,教学后再进行识字能力水平的复测,两次测试的差用以表明集中识字在提高小学生识字能力方面的效果。

上面所介绍的是最简单的单组实验,其中只有一个自变量,但它却反映了单组实验法的最基本特征。

在实验中,为了保证在实验中除自变量外,其它变量对因变量的作用都保持恒态,实验时间不能过长,过长的时间会引起因实验对象本身或外界环境发生变化而影响后测准确性的新问题。

较复杂的情况为二个或二个以上的自变量的单组实验法。

例如,假设实验需引入两个自变量 X_1、X_2,实验程序与一个变量的情况相同,只是基本程序要多重复一次,用符号表示为:

(1) G——O_1——X_1——O_2　　$O_{X_1} = O_2 - O_1$

(2) G——O_3——X_2——O_4　　$O_{X_2} = O_4 - O_3$

有三个自变量或以上的单组实验的基本程序依此类推。

例如,为了解决中学或小学某一学科的教学质量问题,可以有两个假设或答案,一个是认为甲种教学方法好。另一个认为乙种教学方法好,为了确定究竟哪种教学方法好,可以在一个班级中采用单组实验法。

甲、乙两种方法为两个自变量 X_1、X_2(实验因子),班级作为观

察组 G,程序为:

$$G \longrightarrow O_1 \longrightarrow X_1 \longrightarrow O_2 \qquad O_{X_1}=O_2-O_1$$
$$G \longrightarrow O_3 \longrightarrow X_2 \longrightarrow O_4 \qquad O_{X_2}=O_4-O_3$$

最后将两次所产生的变化加以比较,可知道到底哪种方法优越——效果好一些(得到 $O=O_{X_2}-O_{X_1}$)。

采用单组实验法实验,必须满足以下条件:

(1)后一实验因子(X_2)在实验对象中所产生的变化,必须不受前实验因子(X_1)的影响。

(2)由其他无关因子所产生的影响,在实验的前一阶段和后一阶段应该一样,或对结果来说无关重要。

(3)测验必须精确,两次测验分数所表示的难度应该一致,以避免使实验对象由于逐渐掌握测验技术而在后面的测验中得到高分。

2.等组实验法

当实验有二个或二个以上的自变量(实验因子)时,若采用单组实验,条件限制较多且较复杂,此时,可选择两个条件相等的实验组(G_1、G_2),对两组分别施以不同的实验因子(X_1 与 X_2),或各引入一个自变量(X_1、X_2),然后测量比较不同自变量对结果的影响,从而得出研究结论。这种方法称作等组实验法。

等组实验设计可以有前测,也可以不作前测。

例如,对上述所举之例,比较两种教学方法(X_1、X_2)的教学效果,实验者把实验对象均衡地分为两个实验组(G_1、G_2),选择两部分性质、分量、难度相似的教材,或干脆就采用同一种教材作实验材料。实验顺序为:

不作前测时:

$$\left.\begin{array}{l}G_1 \longrightarrow X_1 \longrightarrow O_1 \\ G_2 \longrightarrow X_2 \longrightarrow O_2\end{array}\right\} O=O_2-O_1$$

作前测时：

$$G_1 \longrightarrow O_1 \longrightarrow X_1 \longrightarrow O_2 \qquad O_{g_1}=O_2-O_1$$
$$G_2 \longrightarrow O_3 \longrightarrow X_2 \longrightarrow O_4 \qquad O_{g_2}=O_4-O_3 \Bigg\} O=O_{g_2}-O_{g_1}$$

将两组获得的数值加以比较，可以得出哪一种方法效果更好的结论。

等组实验法要求的最重要的条件是各组必须尽量均等，即各组除实验因子外，所有能影响实验的其它因素，特别是实验对象的原有水平必须基本相同或相等。也就是说两个组在总体上等质。常用的分配实验组的方法有以下几种：

(1)随机分配法。将被试随机地分派到两个实验组。这要求各组人数不能太少，否则，偶然性较大，可能使两组不等质。

(2)测量选择法。根据按实验要求的测量结果进行均衡分配。例如，用等组法实验两种数学教法的效果，可以先测量学生原有的数学水平，测量结果出来以后，按分数多少的顺序排列好，赋以等级，然后将被试均衡地分派到各组。

如，采用第一组 G_1　 1　 4　 5　 8　 9　 12　 13……
　　　　　第二组 G_2　 2　 3　 6　 7　 10　 11　 14……

（数字代表学生的名次等级）

从而，使得原有的数学水平对于 G_1、G_2 来说，基本上是一致的。为了使分配更理想，可以对 G_1、G_2 的平均数与标准差方面作比较，使得尽可能相等。

(3)匹配法。按照一定的标准，对被试一个一个地进行考察，然后将每两种情况相同的被试随机分配到两个不同的组中。由于每次分配的被试都是相等的，则由他们分别组成的两个组就是等质的。

当然，由于一些行政管理上的原因，不便于把正常的班组打乱而实现等组。此时，可在计算成绩上作一些统计处理，如剔除造成不能等质的个别被试，使得做到各组等质。

等组实验虽然比较麻烦些,但可以克服单组实验的一些缺点。首先可以免去一个实验因子对另外一个实验因子的转移影响,因为两个不同的实验因子是在不同的组内实施,因子之间不存在互相干扰或影响。其次两组所用的测验单位易于做到等值,被试在各方面的变化、前后的差别,可能造成测验分数不等值,单组中无法控制前后测验分数等值,但等组法可排除这个干扰。因为两个组,可以同时实施同一测验,从而做到分数等值。

它的不足之处是在教育实践工作中难以使两个组完全相等。

3. 循环实验法

循环实验法是针对等组实验中的不足之处提出的,它是在二个(或二个以上)不等组中对二个(或两个以上)自变量(X)与因变量(O)进行实验研究的设计法。循环实验法是把务实验因子轮换施行于各组(各组不必相等),然后根据每个实验因子所发生的总和来决定实验结果。

仍以两种教法的实验比较为例,说明配对方式及编排的实验程序。

$$\begin{cases} G_1 — O_1 — X_1 — O_2 \quad\quad O_{g_1 x_1} = O_2 - O_1 \\ G_1 — O_3 — X_2 — O_4 \quad\quad O_{g_1 x_2} = O_4 - O_3 \end{cases}$$

$$\begin{cases} G_2 — O_5 — X_2 — O_3 \quad\quad O_{g_2 x_2} = O_6 - O_5 \\ G_2 — O_7 — X_1 — O_3 \quad\quad O_{g_2 x_1} = O_8 - O_7 \end{cases}$$

实验结果为:$O = (O_{g_1 x_1} + O_{g_2 x_1}) - (O_{g_1 x_2} + O_{g_2 x_2})$

在循环实验中,特别应注意的是先后引入的两个自变量,在不同的组别中,引入的次序正好相反,这实际上是保持在实验因子引入顺序上达到平衡的一种方法。

如果实验因子为三个,则实验的组别也应增加到三个,其因子的引入顺序为:

$$G_1 — X_1 — X_2 — X_3$$
$$G_2 — X_2 — X_3 — X_1$$
$$G_3 — X_3 — X_1 — X_2$$

这样的编排不仅使每一个变量在各组中都循环了一遍,且变量引入次序也在每一个地位上循环了一遍,从而达到均衡的要求,以消除先后次序对实验结果的影响。

循环法的优点是比较适宜于自然条件下的实验,因为无需编制等组而打乱原有的班组.可以消除一些无关因子的影响。其缺点是需作多次的前测与后测,互相之间可能产生干扰,实验周期较长,且很难做到每一轮实验内容在性质和测验难度保持相同。

(二)设控制组的配组法

设控制组一般都是对只引入一至二个自变量的实验,若达到二个以上的自变量,通过实验组之间的相互比较就可以看出自变量对因变量作用的大小,无须设控制组。

设控制组的实验,在配组上最基本的要求是保证控制组与实验组是等组的,它们所处的环境条件基本相同。从配组的数量上看,实验所需要的组等于实验自变量数(K)再加1.即为K+1组,所加的一组为控制组。

实验过程中,控制组与实验组的唯一区别就是控制组不引入实验因子。

在对因变量的测量方面,若能严格做到等组,可以不作前测,若无把握,最好作前测。在有前测的实验中,同样要注意不使测量本身对实验结果产生干扰。

1. 两组设计

最简单的有控制组的实验设计只设实验组与控制组两个组,且无前测。

(1)无前测两组设计,用符号表示为:

$$\left. \begin{array}{l} G_1 \longrightarrow X \longrightarrow O_1 \\ G_2 \longrightarrow - \longrightarrow O_2 \end{array} \right\} O = O_1 - O_2$$

其中 G_1 为实验组,G_2 为控制组。

例如,从某年级学生中随机抽取 80 人,随机分为两组,以新老两种教学方法施教于两组,几周后对两组施以同一项测验,若新法组成绩显著优于控制组,便可以认为新法较老法优越。

这种设计特别适用于:①因不便实施或花费较高而无法实行前测时。②当前测可能与实验处理发生交互作用时。

(2)有前测的两组设计,用符号表示实验模式为:

G_1——O_1——X——O_2　　　$O_{g_1}=O_2-O_1$
G_2——O_3———O_4　　　$O_{g_2}=O_4-O_3$

实验结果为:$O=O_{g_1}-O_{g_2}$

例如,在提高小学生解应用题能力的实验研究中,在某小学六年级两个班中随机选用94人,随机分为两组,实验组与控制组各47人,实验组采用自编教材,讲解题方法,控制组采用常规教法,两组均由同一教师施教,分别实施前测与后测,然后进行比较,研究实验因子对学生解应用题能力的影响。

若为二个自变量,只须加上一实验组就可以了。其实验程序为:

G_1——O_1——X_1——O_2
G_2——O_3——X_2——O_4
G_3——O_5———O_6

2. 索罗门四组设计

把上述二种最简单的有控制组的配组设计综合起来,即得到所谓索罗门四组设计。在这个设计中,设二个控制组,二个实验组,配成二对。一对作前测,一对不作前测,其实验程序用符号表示为:

$\begin{cases} G_1\text{——}O_1\text{——}X\text{——}O_2 & O_{g_1}=O_2-O_1 \\ G_2\text{——}O_3\text{———}O_4 & O_{g_2}=O_4-O_3 \\ G_3\text{———}X\text{——}O_3 & O_{g_3}=O_5 \\ G_4\text{————}O_6 & O_{g_4}=O_6 \end{cases}$

G_1、G_3为实验组,G_2、G_4为控制组。

这一设计把实验组与控制组,前后测设计与只有后测的设计加以组合,将有无前测这一变量纳入实验设计之中,可用来检查实验中的前测是否会对研究结果产生影响。如果四组实验结果表明,O_2 明显大于 O_5,O_4 明显大于 O_6,则表明前测产生积极影响。反之,则表明前测产生抑制作用。如果两者差异不大,则表明前测对实验结果不产生明显影响。

但四组设计也存在局限性,首先是通常很难找到四组同质的被试,其次是被试的数目过多时,数据分析比较困难。

以上所介绍的只是实验设计中几种基本形式,实验设计中的模式远不止这些,其内容极为丰富,若需作进一步了解,可参阅有关书籍。

第三节 教育实验结果的质量与验证

教育实验的质量主要指实验是否正确地揭示了自变量与因变量的关系,是否准确地表示出这种关系。

教育现象是非常复杂的,影响某一现象的有关因素往往比较多,有些因素可以被觉察到,而有些是不容易被觉察到的,因而也就难于对其进行有效地控制。所以在教育实验研究中,要想使它达到像在研究自然科学过程中那样准确的程度,是很难的。尽管这样,我们仍然可以把教育实验做得尽可能准确些,使实验结果具有较高的科学性和较强的说服力,使其具有较高的理论价值与推广价值。

一、影响实验结果准确性的因素

在社会科学实验研究中,影响实验结果准确性的因素是众多的。美国社会学家坎贝尔和斯坦利于1963年总结了对于实验结果准确性的十二种威胁,其中对内在准确性的威胁有八种,对外在准确性的威胁有四种。我国学者叶澜将其威胁归纳为四类,以威

胁来源作为标准分类,现摘述如下:

"第一类威胁来自被试。如由被试组成的样本不能代表总体;配组时忽视了被试某一方面的性质,以致各组失去了均衡;被试的成熟度差异大;实验的时期长,被试在实验过程中成熟度发生显著变化或部分样本丢失;被试对实验的态度处于非正常状态;一次实验持续时间过长,引起实验者疲劳等。

第二类威胁来自测量与实验程序。如测量标准不科学、不统一,方法粗糙;测量的重复和顺序安排对被试产生影响。与此类似的有在不设控制组的单组、等组循环实验中,几个先后列入的自变量之间的作用的混淆。

第三类威胁来自环境。环境中偶然事件对实验条件、实验者与被试带来意外影响。

第四类威胁来自实验者本身。如实验设计缺乏科学性;对实验的过高(或过低)期望,使他在观察分析实验现象时染上主观色彩,或者对被试暗示实验结果;实验操作不严格,对实验目的、思想、方法缺乏理解等。"①

特别应注意到,以上四类可能还会发生交互作用,从而出现系统误差、随机误差和过失误差。研究者要想提高实验质量,就应该从以上几个方面引起注意,克服或消除这些因素的影响。

二、实验的验证

实验取得结果后,还需要对实验结果作出解释和分析,得出结论,并写出详细的实验报告,实验的检验是对实验结论的科学性、可靠性的检验。

解释实验结果是指通过实验数据的统计处理、分析与比较,对实验结果所表示的意义和效果作出判断。实验研究者应说明该项实验结果说明了什么,自变量与因变量是否显著相关,结果证实了

---

① 叶澜著:《教育研究及其方法》,中国科学技术大学出版社,1990,161页~162页。

还是否定了实验假设,或者补充修正了假设,甚至提出了许多假设以外的事实。

一般说来,一次实验得出的结论往往不会得到公认,甚至会引起激烈的争论。实验研究的真正价值怎样,是否得到确认,应通过检验。当然,真正的检验应该是教育实践即把实验结论推广到日常的教育实践中去,看其是否取得较好的效果。不一定要求用这一检验方法所得的结果与实验结果绝对吻合,因为实验环境与实践环境有一定程度的区别,大总体与小样本也有区别,实验者与一般教师或教育工作者也有着差异。所以,只要两者结果能基本吻合就能够证明实验是成功的。但是,不少情况下,为避免可能产生的副作用,不一定先用教育实践来检验,而可以先作一些理性分析或重复实验,以检验出实验的科学性与可靠性。具体方法为:

(一)理性分析

对实验的结果及其形成结果的过程进行逻辑分析,检查其合理性,并根据实验的各种基本要求评价实验的科学性。如在实验的控制水平方面,实验因子的操作是否符合设计要求,无关因子的控制是否有助于实验因子的操作和对实验目标的观察与研究,对实验时间的控制是否恰当等。对实验数据及获得数据的测量手段、方法、操作过程、数据的处理过程是否符合规定的要求,在做实验结论时,是否具有科学的可比性,实验成果有无一定的理论价值与应用价值等等。如果发现问题,应设法通过改进了的实验作出补充,若无可能重新实验,必须在实验报告上写清楚。

(二)重复实验

重复实验是检验实验的主要方法。重复实验有几种形式,常用的有:(1)同一实验设计,但另行抽样,改变实验对象,进行重复实验。(2)扩大实验对象即加大样本容量做重复实验。(3)间隔一段时间以后进行重复实验。对于上述三种形式,测验及测验人员是否改变则视具体情况而定,但主要是保持实验因子不变,这样重复实验,看所得的结果是否与原来的实验结果相符。

若重复实验的结果与原实验结果相吻合,则证明实验有效。当重复实验由其他人进行而取得与原实验结果有明显的差别,则不一定证明原实验无效,因为这种不一致可以作出二种可能性分析:原实验有错误,或重复实验操作过程有错误。而结论的不一致并不能表明实验中哪些环节上存在着问题。要想弄明这一点,还需要对两种实验做认真细致的比较,必要时还可以再做重复实验的验证。这样检验可能比较麻烦,但是比较科学可靠。真正的科学结论是应该经得起多次反复检验的。

(三)与其他有关的已确立的定理定论对照进行检验

任何真理都不是孤立的,各个大大小小的真理互相联系,构成了各种层次的系统。可以把实验所得的结果以及由此推出的理论,拿来和已经确定的有关定理、定论对照,进行验证,若相符合,就可证明实验结果及由此产生的理论是可靠的,否则就值得怀疑。通常情况都是如此,但特殊情况例外,就是正确的实验结论用来推翻了原来的实际上是错误而误认为是正确的定理或定论。当然这种情况比较复杂,当初始研究人员还不具备这种能力时,还须重新分析研究,以发现新定理或定论。

三、实验法的局限性

教育科学研究中的实验法,比起自然科学中的实验法,严密性要差得多,虽然它与观察法、调查法比起来,可算是较为严谨的科学方法。但由于面对的是极其复杂的教育现象和过程,特别是研究的主要对象是人,而人类行为的模糊性、多义性与实验法要求的精确性、显明性之间显然是存在有矛盾的。所以,实验法在教育科研中也有着局限。

(一)一般而言,实验研究适合于研究自变量数目较少且清晰,可以分解并加以操作的问题

由于教育实验研究对象的特殊性,无论是研究教材教法改革,

还是研究个体学生或群体学生的行为,往往包含许多变量和复杂的相互关系,且处于一定的教育情境之下。所以教育中的一些领域是无法用实验法解决的,必须与其他的方法结合使用才能真正揭示事物的本质及其之间的联系。

(二)每个实验的设计不能离开现有分析手段

现有的测量工具还不能十分正确恰当地测量教育情境下的复杂行为,对实验结果的分析也必然受条件限制。

(三)实验控制往往剥夺控制组某些变量方面的机会,以体现实验组的效益。但出于科学研究的道德,我们往往不能这样做

凡是与受教育者身心发展、升学、就业等事关前程的问题,采用实验法都要慎重。因为这种实验一旦失败,则无法弥补。

(四)用实验法进行研究,对研究者本身的科研能力、知识经验、技术水平等有较高的要求

在设计、控制技术方面,尤其在较复杂的研究课题中,难度较大。要求研究者必须具备有关素质与准备,否则很难考虑周到,妥善解决各种问题。

进行教育实验本身不是目的,实验方法仅是教育研究方法中的一种,它在实际运用中有自己的局限性,通过对其局限性的分析,可以根据实验的特点,创造条件,消除影响,提高实验的科学性。

第六章 经验总结法

第一节 经验总结的意义和作用

一、经验总结法及其特点

经验总结法,是在非人为控制的自然状态下,对教育实践所提供的事实进行分析和概括,并上升为理论高度的一种教育科学研究方法。

教育经验总结法是广大教师在教育科研中普遍采用的一种行之有效的研究方法。广大教师在长期的工作实践中积累了大量经验,这是我国教育界的宝贵财产。如果教育工作者(包括广大教师和专业教育科研人员)能对自己或他人在教育实践中积累的大量事实材料进行分析、概括和总结,使之上升到理性认识的高度,再加以推广和普及,一定对教育事业的发展具有巨大的推动作用。

经验总结法作为一种独立的研究方法,和教育实验法相比有它的不同之处。

首先,教育实验法的前提条件是研究者的教育实践工作是在严格控制的条件下进行的,它对实验因素以外的其它可能影响研究结果的因素加以严格控制。因此可以认定在实验对象上表现出的差异(结果)是由实验因素引起的。所以,我们说教育实验法是一种较为严密的科学的研究方法。教育经验总结法所研究的"经验"是在不受严格控制的自然条件下进行的,研究对象表现出的自然结果可能受到来自多方面因素的影响。我们无法很快得出结论,而只有通过大量地搜集资料、综合分析研究,才能找出结果和有关因素之间的内在联系。

其次,教育实验工作和常态教育工作都是有目的、有计划、有组织的教育工作。教育实验法除必须遵循常态教育的一般规律外,还有自身的实验目的、实验计划和组织工作。实验的目的就是实验假设成立,实验的计划和组织工作都是围绕证明实验假设而进行的。经验总结法只是对常态教育下教育者的教育活动中的经验进行总结,它的结论是在对经验综合分析研究的基础上顺理成章得出的,没有预先的假设。

再次,教育实验法在一项实验结束后可以进行精确的统计,精确化、定量化程度较高。而经验总结法虽然也有定量分析,但更多表现为定性分析。另外,教育经验总结法既可分析总结成功的经验,也可总结失败的教训,让后人引以为鉴。

二、什么是经验

经验是指人们在实践工作中对自己从事的工作和社会活动的体会和认识。教师给学生传授的知识正是前人社会历史经验的总结和概括。一般说来,经验有三个显著特点:第一,经验来源于人们的社会实验活动。人们在多次的社会实验活动中,逐渐体会到哪些方面是比较成功的,哪些行为会得出一些好的结果,哪些行为会得到不好的结果。这样多次的联系就成了人们的经验。这种经验有的是不自觉地总结出来的,有些经验是自觉地总结出来的。如教师对自己多年的教学活动进行反思,发现在课堂教学中,对学生多表扬、多激励比对学生多批评、多贬斥会取得更好的教育效果。他就把这一经验总结出来用于指导自己以后的教育实践,或者通过一定的途径进行推广,对其他教师的教育实践活动产生积极的影响。第二,经验是人脑对客观事物的反映,是人对客观事物的体验和感受。人们在社会实践中接受来自各方面的客观刺激,这些刺激在人脑中经过主观的能动的反映,就构成了人的丰富多彩的生活经验。第三,经验是对客观事物表面现象的认识,属于人的认识的低级阶段——感性认识阶段。因此经验具有较大的局限性、表面性、具体性和片面性。经验总结正是要把尚在感性认识阶段的经验加以提高,将其上升到理性认识阶段,再用已上升为理论的认识反过来指导人们的实践活动。

三、经验总结的意义和作用

在古今中外教育发展史上,有许多关于教育经验总结的著作,这些著作通过前人对教育探索实践的总结,为人类教育事业留下了丰富的遗产。如我国古代两千多年前儒家思孟学派乐正克撰写的《学记》就是对当时教育经验的总结。《学记》中对教育的作用、教育的制度、教育和教学原则、方法以及师生关系等问题作了精辟的论述。例如《学记》中提出的"教学相长"、"循序渐进"、"循循善诱"、"温故知新"、"尊师重教"等教育原理,都是我国古代教育工作者在长期的教育工作中探索出来的宝贵经验的总结。这些理论不仅在当时具有很高的价值,就是在当代仍然还闪烁着耀眼的火花,批判地继承这些珍贵的历史遗产,对于研究我国古代教育思想和教育方法,对于揭示教育规律,提高教育科学研究水平,指导教育实践无疑具有重要意义。在《学记》问世三百多年之后的公元一世纪,古罗马教育家昆体良对罗马的教育经验进行了总结,写出了《雄辩术原理》一书。在着重阐述演说、辩论家的培养问题时,对教育、教学方法提出了一些有价值的见解。昆体良也因此受到了极高的评价,被誉为"第一个极详尽地研究了教学法的教育理论家"[①]。纵观中外教育史,凡是在历史上有较高地位和深远影响的教育家,都是通过总结前人及自己的教育实践经验,使之上升为教育规律从而推动教育事业发展和进步的。

在近、现代教育史上,许多教育家都是在教育教学第一线长期从事教育实践活动,并系统地总结出教育经验,为世界教育事业的发展起了积极的推动作用。如美国的杜威、中国的陶行知、前苏联

---

① 转引自李秉德主编:《教育科学研究方法》,人民教育出版社,1986,87页。

的马卡连柯、苏霍姆林斯基等等,他们的教育经验和理论观点,被教育界广为传播和借鉴。

总结教育经验的意义和作用,一般地说,有以下几个方面。

(一)总结教育经验有利于提高对教育战略地位的认识

中国实行改革开放政策以后,逐步迈向世界经济竞争的行列,而经济的竞争实质上就是科技的竞争、教育的竞争。以经济建设为中心促进了各行各业蓬勃发展,整个中国顿感人才奇缺,我国的教育事业严重地拖了经济建设的后腿,教育发展水平和经济发展的要求很不适应。造成我国教育事业发展缓慢的原因固然是多方面的,但其中重要的一条就是我们没有或者很少总结教育实践的经验教训,造成了不应有的工作失误。十一届三中全会以后,我们从教育实践的重大问题着手,全面总结了建国以后我国教育发展的经验和教训,重新确立了教育在国民经济建设中优先发展的战略地位。

(二)总结教育经验有助于发挥教育行政部门的职能作用

教育行政部门在制定或贯彻执行教育方针政策的过程中,要亲自深入实际、调查研究、了解情况、发现问题,掌握第一手材料,及时总结经验。例如,我们总结文化大革命时期教育革命的历史教训,重新确立了教师在教学工作中的地位,教学在学校工作中的地位,智育在全面发展教育中的地位等。使学校工作走上健康发展的轨道。另外,作为基层教育行政部门也要组织下属单位或个人就某一项实际工作的开展,如义务教育的收费问题、流生问题进行专题总结。通过经验总结发现问题的实质,从而制定出切实可行的解决措施。还可以对解决问题的过程进一步总结,把成功的经验和失败的教训向其它地区或学校介绍,发挥更大的社会效益。

(三)总结教育经验有助于提高教师的业务素质

我们知道,每一位教师都有一个逐步走向成熟的过程。促使一名新教师走向成熟的因素固然很多,但不断地总结自己教育和教学的经验是必不可少的。有些教师平时坚持写教学日记,把自己教学的心得体会记录下来。学期结束时就某一种教学方法的效果,或对某一类同学政治思想工作的特殊教育方法等进行总结。通过这些经验的总结,不断地改进教育教学工作,日积月累,就形成了丰富的教育经验。事实证明,凡是善于不断地总结经验的教师,一般都很快走向成熟,成为学校教育和教学工作的骨干。

第二节 经验总结的方法和步骤

在教育实践中,教育者积累的教育经验的内容非常复杂,载体也多种多样。既有个人的经验,又有集体的经验;既有直接的经验,又有间接的经验;既有正面的需要加以推广的经验,又有需要引以为鉴,吸取教训的反面经验。因此,对于教育经验的总结,我们难以制定一个统一的步骤,而只能根据经验总结的具体实践过程提出其一般步骤。

一、经验总结课题的选择

小学教师在教育教学工作的第一线,工作负担比较繁重,能够用于教育科研的时间和精力都很有限,教育科研的经费和条件也很缺乏,所以,广大小学教师在选择课题时要避开在时间、精力、经费和设备等方面的不利因素,充分发挥自己在教育工作第一线掌握大量的第一手材料的有利条件,选择和小学教育教学工作联系紧密的课题。例如,在作文教学中,我们发现通过扩大学生的课外知识和对学生进行思维训练有利于提高学生的写作能力,那么就可以从扩大学生的课外知识和如何进行思维训练入手,总结自己在这方面的经验。对于涉及面比较大的课题,如农村学校合理布局,普及九年制义务教育等,应尽量少选。当然,在占有材料比较充分的情况下,也可选择一些涉及面较广的课题。

二、研究对象的确定

研究对象的确定是和研究课题的确定紧密联系的。说到经验总结,一般来说,都是对有突出贡献的先进事迹、先进人物进行总结,但是为了全面考察教育的实践过程,特别是教育行政部门在贯彻执行教育方针或实施教育改革方案等方面,除了总结正面的经验外,还要对失败的教训加以总结,找出原因,重新设计或调整教育政策或教育改革方案。所以,从选择对象的类型来看,常常包括好、中、差三种类型。其研究范围既有"点"也有"面","点"与"面"结合,以获取完整的经验。从选择对象的范围来看,既有以地、县为对象的大范围的经验总结,也可以是某一所学校的管理经验或某个教师的教学经验。从时间上看,可以是时间跨度较大的教学管理经验,如某校十年如一日,坚持以学生素质教育为主,也可以是短时间内某种取得显著成效的管理经验,如某县雷厉风行,坚决刹住中小学校乱收费等。总之,经验总结对象的选择必须从实际出发,从需要出发,以完成课题的目标和任务为目的,慎重从事,不能盲目地随意决定,以免造成时间和精力上不必要的浪费。

三、查阅有关参考资料

掌握资料是教育科研的重要条件。在正式对某一课题开始构思之后,研究者就需要参阅国内外有关资料,避免已有成果而造成重复劳动。在课题和研究对象确定以后,就要围绕课题广泛收集种种材料,包括有关研究对象的历史资料和现实资料,还要参考与课题有关的方针政策、上级文件、指示等。查阅有关资料的目的,这些都是为总结经验提供可靠的依据或在分析问题时起开拓思路作用,而不是图解某项方针政策或因袭前人的经验成果。

四、制定总结计划

学习有学习的计划,教学有教学的计划,作为教育科学研究的经验总结也必须要制定一个切实可行的计划。作为欢经验总结过程的总体构想,它包括了总结工作的大体轮廓,即总结的起始、程

序、实施、分析和综合,以及总结的验证。总结计划的质量直接影响到经验总结的进程和质量。因此在制定计划时要注意以下几点:

首先,要集思广益,吸收与经验总结有关的人员参加。在具有明确的经验总结的目的、任务和基本要求的前提下,大家经过反复讨论提出计划的初步方案,供经验总结者和有关人员一起讨论通过。必要时提出两套初步方案,供讨论者择优通过。如果是对个人经验的自我总结,总结者也应把总结计划向有经验的领导和老师请教,吸取他们的合理化建议以作进一步的修改。

其次,对于范围较广的经验总结,如总结一个县的小学图书室建设的先进经验,应由县教委负责同志牵头,抽调若干专职人员,组成一个精干的研究小组。这样易于召集会议,收集资料、报表等,便于总结计划的顺利执行。如果总结对象是一所学校,一个教研组,则可以邀请学校校长、教导主任参加。如果总结对象是教师个体或班主任个体,则可以通过听课、谈话、查看作业、翻阅教案,召开教师和学生座谈会的方式开展工作。

第三,作为总结计划在制定时要尽可能地考虑到时间、人员、经费、必要的设备等等,因为在计划实施过程中,常常受到来自社会、学校、学生和研究者本人多方面因素影响,常常会出现事前难以预料的情况,因此在制定总结计划时要留有一定的余地,要充分考虑实施计划的可行性。必要时要对计划作些调整和修改。

五、搜集和证实具体材料

进行经验总结时,除了必要的参考资料外,研究者还必须大量地搜集能够反映实际问题的具体材料,即第一手材料。例如,总结某县学校图书室建设的先进经验,首先通过查阅有关文件和调查报告等,从中搜集县教育行政部门对建设学校图书室的态度、经费投入、实施情况等材料,对全县学校图书室建设的概况有所了解。其次,研究者要全面调查或随机抽样考察各校图书室建设的实际情况,包括图书室、阅览室的面积,师生人均拥有图书册数,各类图书购置的比例是否合理,图书室年均经费,图书室开放时间,图书磨损率等等,进一步搜集具体材料。第三,在摸清基本情况的基础上,进一步采取个别谈话,召开各类型的座谈会、讨论会,与广大师生见面,直接取得第一手材料并对间接材料加以证实。

对自我经验的总结主要资料都是第一手的资料,但有时也要借助一定的间接资料。如学校其它平行班级学习成绩状况、思想表现状况,学区学龄儿童入学率、巩固率和合格率等等。间接材料虽然无法一一证实,但应力求取得权威性的间接材料以增强说明力。

六、材料的整理与分析

材料的整理与分析是教育经验总结的一个重要环节。经过广泛搜集的各种材料,如果不进行整理和分析,使之条理化、系统化,就如同一堆杂乱的原材料,难以体现它们的真正价值。因此,经过搜集得来的具体材料要以一定的目的为主线进行整理和分析。对于搜集资料的分析过程,就是运用辩证唯物主义的方法,进行深思熟虑的反复研究的过程,是感性认识上升为理性认识的过程,是发掘和揭露事物本质的过程。对材料的分析研究大致可分为逻辑方面的分析研究和统计方面的分析研究。所谓逻辑分析主要是把搜集的资料,经过思考的作用,加以去粗取精、去伪存真、由此及彼、由表及里,形成概念和理论系统。统计分析主要是指把通过观察、调查等方法搜集到的数据资料,经过统计处理,使大量零乱分散的资料,显示出它的差异性和共同特征。对材料进行分析,就是从材料提供的现象入手来揭示事物的内在联系,找出这种客观规律性对社会实践的普遍指导意义和积极的社会效果。如果材料所揭示的规律对社会实践没有普遍的指导意义或者没有良好的社会效果,那么,这些材料的价值就不大。

七、组织论证总结成果

经过对材料的分析和整理,我们就得出了对该选题总结的草稿或详细的提纲。为了使经验总结工作更加完善,应广泛地征求意见。征求意见的方式可视课题大小而定,如果研究课题是一个班级中的学科教学或班级管理方面的经验,可以个别地征求其他学科任课教师、学校校长、教务主任的意见。如果总结内容广泛,涉及面较大的课题也可以组织召开经验总结论证会议,广泛地征集校内外各方面人士的意见和建议。在个别征求意见或召开经验总结论证会时,为了取得良好的效果,需要做到以下几点,首先,在向他人征求意见时态度要谦虚、中肯,让别人知道你是真情实意地征询他们的意见,而不是搞形式、走过场。其次,要向被征询人提供完整的初步总结报告或详细提纲,使他们能了解和研究经验总结的内容,会前就做好发言的准备。第三,讨论时要形成讨论的学术风气,鼓励大家提出不同的观点展开讨论,接受与会人员的提问和辩解。较小课题力争在会议中对争议的问题得出最后结论。对较大课题中议而不决难于统一的重大问题,要认真记录、专题整理、备作进一步研讨。第四,论证会最后要有简单的小结,小结中对大家指出的意见和建议进行概括。对会议中比较一致的意见和建议表示肯定的评价,对议而未决的问题亦应作必要的说明。最后在论证的基础上,充分收取大家的意见和建议,写出正式的书面总结报告,呈报有关部门审定,或印发有关单位和个人,或向有关报刊推荐,以获得更大的社会效果。

第三节 经验总结的基本要求

一、课题和对象的选择要有社会价值

经验总结的目的是为了总结出先进的经验加以推广,或者对工作中的失误加以总结使大家引以为鉴。所以经验总结课题的选择就必须要考虑到研究者花了很大精力总结出来的内容,能否被其他人所接受,能否体现出一定的社会价值。在我们的教育工作中,有许多现实的内容丰富的事例。我们要善于从这些众多的事

例中找出能对现实工作中大家比较关心的问题给予全面回答,即能够解决实际问题的内容。例如,如果我们能够对某些学校在如何克服片面追求升学率,减轻中小学生负担方面的先进经验加以总结,那么这类经验就很受广大中小学教师的欢迎。因为它具有广泛的群众基础,是广大教师想解决而没能解决的问题。

我们所说的经验总结是否典型,有无代表性,主要是从它是否会带来积极的社会效果来判断的。在经验总结中不能为了捞取政治资本或其它别有用心的目的而人为地树立一个典型,编造出一个"假典型"来蒙骗他人,哗众取宠。否则只能是害人害己。因为编造出来的典型毕竟脱离了现实的基础,经不起推敲,更难以经受时间的考验。事实证明,把一般经验上升到典型的高度或把典型的经验降低到一般经验的水平,都会在实践中造成消极的影响,带来不良的后果。

二、经验总结的内容要体现精确性

社会科学的研究往往是对研究材料的现象进行分析和综合。抓住现象材料的本质,把它提高到理性认识阶段,阐明客观事物中本质的规律性的联系,而这些分析推理和综合一般都是定性研究较多。研究中经常引用一些领导人的讲话来作为论证时的论据,当然,领导人的讲话许多是经过了实践检验的、有一定说服力的。但是我们也不能过多地依赖这种论据,因为,领导人的一些结论随着时空条件的变化,其正确性也会发生程度不同的变化。因此,为了提高经验总结的说服力,除了定性分析之外,还必须要重视对事物的定量分析,尽可能地用统计数据来说明问题。必要时可以采用电子计算机或借助于数据库等现代化手段,对所取得的各项数据进行核实,避免统计分析的疏漏和误差。在定量分析中,有些研究者为了说明自己的某种观点,故意编造数据使之与这种观点相吻合,以致直接影响到经验总结报告的可信程度。这种不以客观事实为根据的做法是不可取的。

三、经验总结要提炼出规律性的结论

运用科学的总结法,要求既有精确、真实、生动具体的实际内容,又要有深入的科学分析。因此,经验总结不应只停留在就事论事的描绘实践过程和现象上,而应就事论理,把实践经验中本质的东西、规律性的东西提炼出来,使之升华为理论。只有深入地揭示出事物之间的因果联系,把现象提高到理论的高度,才能真正成为有实用价值的经验。值得注意的是,把实践上升为理论时不能一味"拔高"经验的理论价值,随意加进"水分",弄虚作假,文过饰非,从而使本来正确的经验在实际推广中造成不必要的困难和问题。甚至因被随意拔高而造成人们对本来正确的经验的全盘否定,这是我们应该引以为戒的。

四、经验总结要用联系的全面的观点

"要真正地认识事物,必须把握、研究它的一切方面,一切联系和'中介',我们决不会完全做到这一点,但是,全面的要求可以使我们防止错误和防止僵化。"①

事物之间总是相互联系、相互影响的。所谓全面的观点,就是在经验总结中分析问题时,不要就事论事,必须考虑所研究的问题和其他事物之间的广泛联系。例如,我们总结某小学先进的管理经验,尽管我们要考察学校学生的入学率、巩固率、合格率等管理绩效的实际情况。但是除此之外,我们还必须考察学校领导的理论水平、学校的工作计划、规章制度、教师的工作积极性;以及学校是否以教学为中心,依靠教师办学;管理方法是否现代化,是否有所创新等等。否则,我们得出的结论可能是片面的狭隘的事实概括,没有推广的价值。如有的学校在片面追求升学率的思想指导下,以牺牲德育、体育、美育和劳动技术教育为代价,在县区统考中,取得了较高的平均分数。如果仅仅片面地从智育角度来考察,这

---

① 《列宁选集》,第4卷,453页。

样总结出来的经验就不能反映这种学校教学管理工作的全貌;因而就缺乏普遍的意义和推广的价值,甚至会带来负面的社会效益。

第四节 推广先进经验

先进经验是从教育教学的实践中产生出来的,经过广泛听取意见后写出总结报告,所以说先进经验的总结凝结着集体的智慧。如果总结出来的先进经验在小范围内经过实验的再检验证明具有一定的效果和良好的社会效益,那么,它就具有一定的推广价值。其实,总结经验就是为了能使先进的教育教学经验在更大范围内被别人学习和利用。

一、推广先进经验的目的

先进的教育教学经验的推广是有目的、有计划、有组织地进行的,具体说来,推广先进经验的主要目的有两点。

(一)以先进经验为榜样,促进教育教学质量的提高

所谓先进的经验就在于它具备可学习性和可模仿性。正因为如此,我们对先进经验提出了先进性、典型性、代表性、稳定性等要求。一名教师或一名管理者走上成熟的一条重要途经就是不断地学习他人的先进经验,并把这种经验与自己的教育教学实践结合起来,对先进经验加以理解、吸收和消化,使之纳入自己的知识结构中,成为自己知识的有机组成部分。作为先进经验的推广者要积极地创造条件、寻求机会,积极主动地推广先进的教育教学经验,及时地使先进经验发挥更大的社会效益。

(二)以先进经验为典型,推进教育教学改革的实施

推进教育教学改革的方式有多种,其中以先进的教育经验为内容、树立先进典型,以点带面来推动全局工作的开展是比较常用的一种方法。先进的经验加以适当的宣传,以自身的吸引力形成强大的推动力量,动员和激励广大教育工作者自觉投身于教育教

学改革活动。树立先进典型要注意不要过分拔高,过高的典型会使广大教师感到可望不可及,即认为即使自己付出了很大努力也无法达到典型的水平,从而放弃努力。这就很难达到树立典型,推广经验的预期效果。当然,更不能为设典型而创造假典型。

教育行政部门是先进经验的主要推广者。教育行政部门通过树立先进典型,可以避免单纯地使用行政命令的办法强制管理,否则,容易造成干群之间的矛盾和距离的拉大,而且引起先进经验自生自灭的现象发生。从这个角度来看,推广先进经验也是教育行政部门的一种工作方式和领导艺术,应充分发挥其作用。

二、先进经验的主要标准

经验总结包括成功的经验和失败的教训。先进经验是指成功因素占主导地位的有实际效果的经验。一般来说,先进经验的主要标准有:

(一)先进性

先进性即所总结的经验不是落后的、过时的经验,而是在时间上是领先的,在价值上是有效的,表现在教育教学思想上具有全新的观念,在具体的教育教学工作中具有与众不同的方法和手段,对开创教育工作的新局面具有重大贡献。

(二)代表性和典型性

代表性和典型性即所总结出的经验能体现教育教学活动的客观规律,是对一定范围内普遍的共同存在的问题进行的研究和总结,得出的结论是普遍适用的。

(三)稳定性

稳定性就是说产生出来的经验不是偶然的、随意的,在基本相同的条件下会出现基本相同的结果,经得起实践上的检验和理论上的辩驳。

(四)现实性

现实性即教育教学经验具有直接的现实意义,对教育教学领域内长期难于解决的重大问题有所突破；或者对提高教育教学质量、推动教育教学改革有积极促进作用。现实性还表现在总结的教育教学经验应提供具体的途径和方法，使人学之可得，用之有效。

三、推广先进经验的形式

根据经验的内容、性质和其他不同的条件，先进经验的推广，形式多种多样。归纳起来，主要有直接推广和间接推广两种形式。

（一）直接推广

由教育行政部门、各专业研究会和学校主办或参与，有目的、有计划地组织经验总结者和被总结对象，采取大小型会议形式直接交流或传播先进经验。并以主管部门正式行文批转经验总结报告，要求所属各单位或学校参照实施。

1. 先进教育教学经验交流会

这种交流会一般由教育行政部门主持召开，由经验总结者直接向与会代表介绍先进经验。会上肯定先进经验的意义和推广价值，号召与会人员认真研究和学习，并对先进经验的学习提出具体的实施要求。

2. 先进教育教学经验专题研讨会

专题研讨会由各级学术团体组织召开。参加会议人员主要是学会会员。会上对先进的教育教学经验提出专题讨论，并对如何进一步推广先进经验提出具体的意见。会议起到直接向会员推广先进经验和要求与会代表进一步宣传和推广先进经验的作用。

3. 先进教育教学展览会

这种形式一般由教育行政部门或学校主办。往往和先进教育教学经验交流会或专题研究会结合起来。展览会展览的主要内容是和先进经验主题关系十分密切的一些典型材料，如先进经验创造者提供的工作计划、统计数据、教案、教具等。展览会还可以利用录音、录像、电影纪录片等多种手段向参观学习者提供丰富的材料，帮助参观者全面准确地理解和学习先进的教育和教学经验。

4. 先进教育教学演示活动

这类现场活动,一般指优秀教师进行课堂教学或课外指导。通过观摩教学和实地考察,了解先进教学经验的具体内容和基本方法。并可以通过教学评议会或学生座谈会,与任课教师进行直接交流。这种方式的优点是演示活动直观形象,对先进经验的认识和理解比较深刻。但其规模一般较小,只能适用于小范围内先进经验的推广。

5. 开展先进教育、教学的传、帮、带活动

这种方式一般适用于一所学校或一门学科的教研组。由优秀教师或骨干教师向本校或教研组的教师直接传授教学经验。通过听课、讨论教案和批改作业示范等各个教学环节,具体传授、帮助、带动全体教师改进教学方法,提高教学质量。这种小范围内行之有效的活动,应由校长、教导主任或教研组长领导,坚持经常化、制度化。

(二)间接推广

把先进教育教学经验总结,写成书面报告或录制成磁带、电视片、电影纪录片等,由教育行政部门、专业研究会、学校等组织,向教育报刊、出版社、广播电视台、科教片发行部门推荐,广泛宣传,扩大影响,促进先进经验的传播与实施。

1. 书面经验交流

将先进经验汇集成册或写成单项报告由专业学会编印进行内部交流,或推荐给教育刊物公开发表。

2. 录音、录像和纪录片播放

利用现代化传媒手段,如教育电视台或学校电教系统录制先进教学片、总结报告和现场教学等,组织广大教育工作者收看,并结合教育教学实际进行研究讨论。这也是地方教委教研室组织教师在职进修最常用的方法之一。

第七章 历史法

第一节 历史法的意义和作用

所谓历史法是指从事物发生、发展和消亡的过程中探索其本质和规律的方法。

一切事物,不管是过去的还是现在的都有一个发生、发展的过程。这些事物一般以文献、史料或实物的形式存在。我们可以通过对它们的分析、研究,探讨其内部包含的基本因果关系和实质来为人类服务。所以一切科学,包括自然科学和社会科学都可以用历史法进行研究,在教育科学研究中,历史法也有着广泛的应用。

历史法研究的对象主要是过去发生过的事情。人类历史的发展是持续的,虽然历史上曾经发生过的教育现象因为受当时特殊时代背景和当时生产力水平、生产关系等条件的制约,而表现出一定的特殊性。但是,我们仍然能够在其中找到一定的共同的规律。概括地说,历史法的作用有以下三个方面:

一、可以通过历史法研究寻找出现实问题的历史根源

历史是连续发展的,我们不能割断历史孤立地看待现实生活中的问题。现实中的现象和问题都可以在历史上找出其根源所在,例如,在教育研究中,我们发现中国近代教育一直把德育作为教育内容的重要组成部分,甚至放在首要位置。而西方的近现代教育中虽然也注重德育,但德育在教育内容中所占的比重和地位远不及中国。这种现象不是一个偶然现象,通过对中国和西方历史上文化内容结构对教育影响的探讨,我们发现中国传统文化是以伦理型文化为主,它注重人与人之间的伦理关系。所以中国封

建社会的教育是一种强调德育的道德型教育。它将道德灌输视为教育内容中最基本的东西。而西方文化中对人与人之间的伦理关系的重视程度远不及中国,它主要侧重人与物的关系。

二、通过历史研究,预测和规划未来教育的发展

苏联在1917年就取得了十月革命的胜利,在新中国建立时,苏联已经走了很长一段社会主义道路了,我们通过对苏联社会主义国家教育发展历史的分析研究,找出在公有制为基础的社会主义国家中发展教育的内在规律。从而对新中国的教育进行预测和规划。同样,在走上市场经济的今天,我们可以通过对西方国家市场经济与教育发展内在联系的分析研究。对我国市场经济条件下教育发展的一些趋势作出预测。

第二节 运用历史法的原则

运用历史法进行教育科学研究,要遵循历史唯物主义的一般原则,唯物地、发展地、具体全面地考察研究对象,以求作出科学的结论和客观的评价。

一、必须从事实出发,实事求是

在科学研究中,我们通过对搜集来的各方面的经验材料进行分析。历史法更多的是对历史资料的分析。首先我们必须要有反映事实的真实材料,才有可能找出其内部的联系,发现其中的规律。离开了事实就失去了依据,得出的结论也必然是不正确的。列宁说:"在社会现象方面,没有比胡乱抽出一些个别事实和玩弄实例更普遍站不住脚的方法了。罗列一般例子是毫不费劲的。但是,这是没有任何意义的或者完全起相反的作用。因为在具体的历史情况下,一切事物都有它的个别情况。如果从事实的全部总和,从事实的联系去掌握事实,那么,事实不仅是'胜于雄辩的东西',而且是证据确凿的东西。如果不是从全部总和,不是从联系中去掌握事实,而是片面的和随便挑出来的,那么事实就只能是一种儿戏,或者甚至连儿戏也不如"。[1] 所以,搜集事实材料是历史法的前提。材料掌握的愈多愈全面,愈易于让我们从不同的角度进行分析、比较、考证,愈利于我们得出科学而深刻的结论来。

二、要以联系的发展的观点看待研究问题

恩格斯指出:"当我们深思熟虑地考察自然界或人类历史或我们的精神活动的时候,首先呈现在我们眼前的,是一幅由种种联系和相互作用无穷无尽地交织起来的画面。其中没有任何东西是不动和不变的,而是一切都在运动、变化、产生和消失。"[2] 静止是相对的,运动是绝对的。既然一切都是相互联系和不断运动变化的,那么我们就应该把具体的材料放在历史的客观联系中,考察某种思想观点提出的时代背景、阶级局限或事件发生的前因后果等等,力求避免不顾事物本身的前后联系,静止的形而上学的看待问题。

三、要具体全面地考察研究对象

客观事物随时间、地点和条件的变化而变化,构成了事物具体性。具体性原则既指研究对象的概念要确定,不能模棱两可、含糊不清,又指要把对象提高到一定历史范围之内,在一定时间、空间和条件下进行具体的分析。因为任何真理都是人们在具体的历史环境中对客观世界的正确反映。

全面性原则是指要真正地认识事物,就必须把握、研究它的一切方面、一切联系和"中介"。因为一切事物都是相互联系的,一事物的发生、发展是前一事物发生、发展和灭亡的结果,又会对后来发生的事情产生影响。我们在分析教育问题时不能仅仅孤立地片面地就事论事。比如,在论述某一阶段教育问题时,就要考虑政治、经济、文化、人口等因素对教育造成的影响,而不能孤立地看待某一教育问题。

---

[1] 《列宁全集》,第 23 卷,279 页~280 页。
[2] 《马克思恩格斯选集》第 3 集,417 页。

第三节 运用历史法的步骤

运用历史法进行研究都要通过搜集史料、鉴别史料和研究史料而得出科学的结论。在具体的研究过程中,这几个步骤虽可以重复、交叉地采用,但一般不可缺少其中任何一个环节。

一、史料的搜集

所谓教育史料是指能反映教育科学研究对象发生、发展过程及其规律性的一切文字和非文字资料。从史料的来源看,一般可以分为三类,一是以物质的形式保存下来的史迹遗存,包括遗址、出土文物、图片、录音、录像等。二是以文字的形式记录下来的历史文献,包括古代史部书;经、事、集部书;档案、地方志、墓志和碑刻等。这是史料的主要源泉。三是与研究对象有关的风俗、民谣、传说、礼仪等口口相传的形式留传下来的东西。

教育史料的种类庞杂,包容丰富。要搜集和自己的研究课题有关的史料,必须要有科学的方法,否则就会感到无从下手,因此,在搜集资料的时候,要充分利用工具书,寻求门径,按图索骥。工具书的种类很多,其中,对教育史料的搜集帮助最大的要数目录、索引、年鉴一类了。如《中国史学论文目录》、《教育学论文目录》、《中国人民大学教育学复印资料》、《中国教育年鉴》等。

人类的知识是一代又一代积累起来的,千百年积累起来的各种知识,主要以文字、图片、录音、录像等形式保存下来。其他研究方法必要时也查阅资料。查阅的目的是了解前人对于某一课题已经做了哪些研究,解决了哪些问题,还有哪些问题没有解决,从而在前人研究的基础上进行新的研究。而历史法对查阅文献资料有着较大的依赖性,除了上述目的之外,历史法研究要搜集与课题有关的大量资料,并要根据和研究课题之间的密切程度不同分为精读史料和泛读史料两大类。精读史料是指关键性的文章或书籍。

例如,要研究陶行知先生的教育思想,首先要根据一些索引查找陶行知的原著和论述陶行知教育思想的有关论文、论著等,从中选择出资料丰富,论证有力的关键史料,仔细阅读。发现能说明论题的有直接价值的史料,摘抄下来,重要的内容造成卡片,并将自己的看法随时记下来。这类史料是分析研究的主要对象和立论的主要依据。泛读史料是指能起到补充史料,提供时代背景的历史资料。还以研究陶行知的教育思想为例,除了上述精读史料外,研究者还要阅读一些与陶行知生活时代有关的政治、经济、军事教育文化史料。只有这样,才能够对陶行知作出全面公正的评价。当然,精读史料和泛读史料的作用不是绝对的,有时我们从泛读书中得到的史料更能说明问题,更重要。由此看来,对精读书的选择很重要,选择的不准确可能造成时间和精力上的浪费。

有关史料占有量越多,我们对研究对象的分析就会越深刻越透彻。但是搜集史料的工作是无止境的,任何一个研究对象我们都不可能完整无缺地搜集它的一切史料。对于小学教育工作者来说,则有更大的困难,所以,我们只要求研究者尽可能全面地搜集与论题有关的史料。

二、史料的鉴别

所谓对史料的鉴别就是指对史料的真伪和文献字句的正误进行确认,以达到去粗取精、去伪存真的目的。使对史料的分析和研究建立在真实可靠的史料上。

造成史料失真的原因多种多样,归纳起来主要有以下几种:

第一,将古代神话或民间传说当作史实记载下来。

第二,受认识能力限制,或客观条件的制约,对历史事件中的人物、年代等认定有误。

第三,受个人政治立场、思想感情和道德标准的影响,在处理史料时带有某种偏见或主观上有意歪曲历史。

第四,受来自外界的压力作用,史料著作者被迫作出不实记录,致使史料失真。

第五,简牍错乱,传抄翻印又疏于校勘,造成文句的衍、脱、讹、倒等等。

那么,如何去鉴别史料的真伪呢?史料真伪的鉴别是一项专业性较强的工作,需要比较广博的知识和一些专门的技术。此处,我们仅就文献史料的辨伪和校勘作一些介绍。

辨伪就是辨别文献资料的真伪,弄清真相。梁启超先生在《中国历史研究法》一书中,提出了鉴别文献史料真伪的十二条标准:"(1)其书前代从未著录或绝无人证引而忽然出现者,十有九皆伪;(2)其书虽前代有著录,然久经散佚,乃忽有一异本突出,篇数与内容等与旧本完全不同者,十有九皆伪;(3)其书不问有无旧本,但今本来历不明者,即不可轻信;(4)其书流传之绪,从他方面可以考见,而因此以证明今本是某人旧撰为不确者;(5)其书原本,经前人称引,确有佐证,而今本与之歧异者,则今本必伪;(6)其书是某人撰,而书中所载事迹在本人后者,则其书或全伪或部分伪;(7)其书虽真,然一部分经后人窜乱之迹既确凿有据,则对其书之全体须慎加鉴别;(8)书中所言确与已知事实相反者,则其书必伪;(9)两书同载一事绝对矛盾者,则必有一伪或两俱伪;(10)由文体之时代特征可以断伪;(11)书中所言时代状态与情理相去悬绝者,即可断为伪;(12)书中所表现之思想与其时代不相衔接者,即可断为伪。"①

校勘是指用精校细勘的善本和其它资料核对同一个文献史料,以恢复史料的本来面目。陈垣在《元典章校补释例》中提出的"校法四例",是我国校勘学在近代发展的标志,现简介如下:(1)为对校法,以同书祖本或善本对读,遇不同之处,则注于其旁。(2)为本校法,以本书为前后互证,发现和纠正错误。(3)为他校法,以他书校本书,即与类书、旧注和其它书籍的原方征引相核对以发现问

---

① 转引自李秉德:《教育科学研究方法》,人民教育出版社,1986,131页。

题。(4)为理校法,即在熟透全书的情况下,遇到无古本可据,或数本互异而无所适从时,即根据本书上下文和史事的其他例证,作出判断和处理,以定其是非。此法最高妙而又最危险,故"须通识为之"。

史料的鉴别是一项十分艰巨复杂的工作,除了较强的业务知识技法以外,还要有客观科学的态度和严谨细致的治学作风。

三、史料的分析研究

用历史法进行研究时,对史料的搜集、整理和鉴别只是一个前提和基础。完整的科学研究过程,包括对丰富史料的理性加工,以获得对事物本质规律性认识及对这种认识的实践检验。

在历史法中,对材料的理性加工最常用的则是分析、综合、比较、抽象、概括等几种形式。分析就是根据课题的需要把搜集整理后的史料作为一个整体予以分解。综合就是把分析出来的东西联系起来考虑,如把事件与时代背景联系起来考虑,把思想观念和政治经济地位联系起来考虑,把前后发展两个阶段的特点联系起来考虑等等。例如,在研究孔子的教育思想时,我们先对孔子的生活时代的政治、经济、文化背景作出分析。对孔子的哲学思想、教育目的、教学思想、方法等等进行分析,然后在这种分析的基础上加以综合,得出对孔子教育教学思想的总体评价。比较是对两个或两个以上的对象之间的异同点及其关系进行辨别和确定时采用的一种思维方式。比较的用途十分广泛。比较可以帮助人们了解事物的本质,了解事物的发展变化,了解事物的优劣。如我们可以对两种教学思想或方法进行比较,找出各自的优越性和局限性,帮助我们作出取舍的决定。所谓抽象就是把某类事物的本质属性和非本质属性区分开来,舍弃非本质属性,抽取本质属性的思维手段。使用抽象手段,可以使事物的本质属性和非本质属性的界限更加清楚。但是,这种抽象应该是建立在充分的事实基础上的科学抽象,而不是随意的抽象。而概括是指把同类事物的本质特征加以综合并推广到同类其他事物的思维过程。借助于概括手段,人们可以由个别事物的本质属性推及同类事物的本质属性,这就开阔了思路。当然,概括手段的运用,也有水平高低之分,若概括的只是事物的外部特征,那是低水平的概括。只有对抽象出来的事物本质属性所作的概括,才是高级水平的概括,即科学的概括。

通过分析、综合、比较、抽象、概括等形式使我们从事实材料到理性认识,再使理性认识在事实材料中得到检验,从而完成了从现象到本质,从感性认识到理性认识的过程,从对材料的分析研究中引出正确的结论。

第四节 历史法研究应注意的几个问题

一、要以马克思主义理论为指导

任何科学研究都离不开一定的方法论,自觉或不自觉地要接受一定方法论的影响。所谓方法论就是科学研究方法最高或原则性的指导思想。历史法研究的指导思想就是马克思主义学说中的辩证唯物主义和历史唯物主义。只有在马克思主义理论的指导下,才能对历史材料进行公正、客观而全面的评价。否则就可能造成对历史的曲解。当然以马克思主义为指导思想,并不是说可以用一般原则来代替具体问题的结论。我们对史料的研究主要应该是对真实的史料进行分析研究,要以事实材料为主,得出真实可靠的结论。而不是摘抄马克思主义著作中的个别文句,再引几段史料加以论证,或者干脆离开史料空发议论,用主观设计的理论框框,硬套或剪裁事实材料。在这里材料只是为主观理论服务,显然是没有说服力的。在我国以前的科学研究,尤其是社会科学研究中有过这方面的教训,是值得我们引以为鉴的。

二、历史法得出的结论也要接受实践的检验

严格地说,自然和社会的任何过程都具有一度性。比如,一项物理试验,也只是在相同的条件下出现相同的现象,而不是过去现象的返回。历史的过程也不能重返舞台,但历史现象也会在相同的条件下重演。比如,我们根据大量的史料研究发现,在封闭自守、社会动荡不安的国家中,比较注重政治人才和军事人才的培养,以适应夺取巩固政权的需要。在和平安定的开放国家中则比较注重科技人才的培养,以适应迅速发展经济,富国强民的需要。由此,我们得出结论,教育的目的是直接为占统治地位的社会集团服务。然后,我们用这一认识到历史的各阶段或世界范围内的各个国家去检验,发现尽管各历史时期各国家办教育的模式有各种差异,但是为统治集团服务目的却都是一致的。这样,我们就可以说"教育的目的是直接为占统治地位的社会集团服务的",这一认识是经过了实践检验的。

三、正确地评价历史上教育家和他们的教育思想

历史上的教育家在进行教育科学研究时,都是以前人的研究成果为起点,在前人研究的基础上有所创新、有所发展。但是由于历史条件的制约,这种创新和发展也往往有一定的局限性,因此用历史法研究历史上的教育家和他们的教育思想时,应该把他们放在他们所在的时代进行评价,要看到他们对当代教育发展的贡献。而不应该以现代人的要求苛求古人,更不应该对古人的贡献不屑一顾,一味地批判古人的不足之处。否则,就从根本上违背了历史研究的"古为今用,洋为中用"的初衷。

第八章 教育科学研究中的数量化方法

现代科学的显著特点之一,是把数学方法向所有学科渗透。能否在一门学科的研究中用数据来说明问题,将涉及其科学水平的高低。一门科学只有在成功地运用了数学之后,才算达到完善的地步,所以要提高教育科学研究水平,仅用定性分析是很不够的。不仅要研究教育现象和过程的质以及质的变化,还要研究量的关系、量的变化,量的关系的变化和量的变化关系等。只有这样,才能增强科学研究的精确性和科学性。

第一节 统计法

量化研究要求用统计数据说明问题,对统计方法的掌握与运用水平,对于量化研究的质量的高低起着举足轻重的作用。

一、统计法的意义

统计法,就是通过观测、调查和实验对所搜集的数据资料整理、计算、分析、解释的原理和方法。教育统计则是统计原理和方法在教育科研中的具体运用,它是进行教育科研的重要工具和方法,它在教育科研中的应用,促进了教育科学的发展。统计法也是学校教师和领导干部分析教学情况,改进教学方法,加强教学管理的重要手段。

统计法根据其内容和方法,分为描述统计与推断统计两部分。

描述统计是研究简缩数据和描述这些数据,即将搜集来的大量数据资料,加以整理、归纳和分组,简缩成易于处理和便于理解的形式,并计算所得数据的各种统计量,如平均数、标准差、相关系数等,以描述有关事物或现象的分布情况、变动范围和相关程度,以揭示其特点和规律。

推断统计,是在描述和统计的基础上进行的,它是用抽样的方法,从对样本的研究中所得的统计量来推断总体的有关特征,以便作出具体的计划和、决策。

二、描述统计

(一)统计资料的搜集

根据教育研究的目的,考虑到统计工作的要求,搜集详实、准确、全面、完整的资料,资料获取的来源为教育测量、教育调查和教育实验等的结果。

(二)统计资料的整理

用各种方法搜集来的数据资料比较零散,必须经过整理加工,使之系统化,才能计算统计指标进行统计分析。

数据的整理,一般分为数据检查、数据分类、编制次数分布表。

数据的检查,主要是检查资料的准确性、完整性和及时性。

数据分类就是根据研究的目的和资料的特征,按一定的标志,将原始资料分类和分组。编制次数分布表就是一种统计分类。现以表 12.1 的数据为例说明编制次数分布表的方法。

表 12.1　某校五(2)班语文期中考试分数

93	87	98	82	75	77	79	79	84	72
78	75	85	87	70	57	49	76	74	60
80	86	76	71	82	83	68	79	83	71
72	74	82	67	77	78	74	81	62	80
76	40	69	65	73	64	73	65	73	79

编制次数分布的一般步骤如下:

(1)求距(R),从全部数据中找出最大值和最小值,其差即为全距 R,本例 R=98-40=58。

(2)定组数(K),视数据资料的性质和数据多少而定,通常数据在 100 个以上可分为 10—20 组,数据在 100 个以下,可分为

5—10组,也可由经验公式 K＝1＋3.300lgN 来决定,本例 N＝50,得到 K＝6.61,组数可在 6—7 组,初定为 6 组。

(3)求组距(i),组距就是每一组的间距,即各组包含的测量单位。

$$组距(i) = \frac{全距(R)+1}{组数(K)}; \quad 本例组距 i = 9.83。$$

常用的组距为 2,3,5,10 等,若求得的商 ($\frac{R+1}{K}$) 接近 5 或 5 的倍数,即取 5 或 5 的倍数,以便于列表,本例取 i＝10。

(4)定组限,组限是分组的界限,其底数为下限,顶为上限,组限的写法有很多种,最常用以下两种:

$$(A) \begin{cases} 90-100 \\ 80-90 \\ 70-80 \end{cases} 或 \quad (B) \begin{cases} 90-99 \\ 80-89 \\ 70-79 \end{cases}$$

(5)求组中点(X_c),组中点又称组中值,它是居于一组中间的数,计算公式为:

$$组中值 = \frac{上限 + 下限}{2}$$

(6)归类划记,当组距、组限及组中值确定以后,就可以编制次数分布表,如表 12.2 的第(1)栏和第(2)栏的形式,然后依次把数据逐个划入适当的组内,见表 12.2 的第(3)栏。

表 12.2 某校五(2)班语文期中考试分数次数分布表

组别(1)	组中值(2)	划记(3)	次数 f(4)
90－100	95	∥	2
80－90	85	卌 卌 ∥	13
70－80	75	卌 卌 卌 卌 ∥ ∥	24
60－70	65	卌 ∥	8
50－60	55	∣	1
40－50	45	∥	2
合计(∑)	/	/	50

(7)登记次数:根据第(3)栏资料,以数字表示每组的次数,如

表 12.2 第(4)栏,次数常以 f 表示。

从上表可以看出,它把一群零乱的数字列成次数,显示了一列数据的分布情况。

(三)统计综合指标

常用的统计指标有平均数、标准差与相关系数。

1. 算术平均数

算术平均数是最常用的集中量数,通常称平均数,又称均值或均数。一般以 X 表示样本的平均数。以 u 表示总体的平均数。

算术平均数是根据全部观察值相加求和再除以变量的总次数。设变量 X 的现测值为 $X_1, X_2, \cdots, X_n$,计算公式为:

$$\overline{X} = \frac{X_1 + X_2 + \cdots + X_n}{n} \qquad 公式(12.1)$$

简写为 $\overline{X} = \frac{\sum X}{n}$。

例如,对表 12.1 的数据,计算结果为:

$$\overline{X} = \frac{93 + 87 + \cdots + 73}{50} = \frac{3739}{50} = 74.78$$

如果数据很多,直接相加求和比较复杂,则需编制次数分布表,根据次数分布表求平均数,计算公式为:

$$\overline{X} = \frac{\sum fX_c}{n} (或 \overline{X} = \frac{\sum fX_c}{\sum f}) \qquad 公式(12.2)$$

以表 12.2 材料为例,求平均数(见表 12.3)。

表 12.3 某校五(2)班语文其中考试分数平均数计算表

组别(X)	组中值(Xc)	次数(f)	f·Xc
90－100	95	2	190
80－90	85	13	1105
70－80	75	24	1800
60－70	65	8	520
50－60	55	1	55
40－50	45	2	90
2	/	50	3760

$n=50, \sum fX_c = 3760$

代入公式(12.2)

$$\overline{X} = \frac{\sum fX_c}{n} = \frac{3760}{50} = 75.20$$

2. 标准差

标准差是统计分析中最常用的差异量数。差异量数是表示一组数据的差异情况或离散程度的量数,它反映数据分布的离中趋势。集中量数为一组量数的代表值,其代表性如何,要由差异量数来表明。差异量数越大,集中量数的代表性程度越低;差异量数越小,集中量数的代表性越高。

标准差又叫变异数,是一群数据离均差的平方和的平均数的平方根,一般以 S 或 σ,表示。计算公式为:

$$S = \sqrt{\frac{\sum (X-\overline{X})^2}{n}} \qquad 公式(12.3)$$

S 越小,说明 X 与 $\overline{X}$ 越接近,各 X_i 之间的差异小,以 $\overline{X}$ 作 X 的代表值,其代表性程度就高。反过来,S 越大,其 $\overline{X}$ 的代表性程度就越低。

例如,某班 9 名学生在一次改错测验中的得分为:9、8、3、9、1、4、4、10、6,求标准差。

首先求均数　$\overline{X} = \frac{\sum X}{n} = \frac{9+8+\cdots+6}{10} = \frac{54}{9} = 6$

$\sum(X-\overline{X})^2 = (9-6)^2 + (8-6)^2 + \cdots + (6-6)^2 = 80$

$$S = \sqrt{\frac{\sum(X-\overline{X})^2}{n}} = \sqrt{\frac{80}{9}} = 2.98$$

若数据很多,采用公式(12.3)计算较为复杂,可根据次数分布表,利用下列公式,求标准差。

$$S = \sqrt{\frac{\sum f(X_c - \overline{X})^2}{n}} \qquad 公式(12.4)$$

对于表 12.2 的资料,求标准差,见表 12.4。

表 12.4　某校五(2)班语文期中考试分数标准差计算表

组别	组中值(Xc)	次数(f)	$(X-\overline{X})$	$f(X-\overline{X})$	$f(X-\overline{X})^2$
90—100	95	2	19.9	39.6	784.08
80—90	85	13	9.8	127.4	1248.52
70—80	75	24	−0.2	−4.8	0.96
60—70	65	8	−10.2	−81.6	832.32
50—60	55	1	−20.2	−20.2	408.04
40—50	45	2	−30.2	−60.4	1824.08
∑	/	50	/	0	5098

已求得 $\overline{X}=75.2$,将上表的计算结果代入公式(12.4),即得到:

$$S=\sqrt{\frac{\sum f(X-\overline{X})^2}{n}}=\sqrt{\frac{5098}{50}}=10.10$$

3.差异系数

差异系数又称相对差异量数。在不同的组别之间进行离散程度比较时,由于标准差是与原始量数具有相同的测量单位,在两组变量的单位不同,或单位虽然相同,但平均数又相差悬殊时,直接采用标准差比较,显然没有意义,此时宜用相对差异量数比较。

常用的相对差异量数为标准差的变异系数 CV,计算公式为:

$$CV=\frac{S}{\overline{X}}\times 100 \qquad 公式(12.5)$$

式中 S 为标准差,$\overline{X}$ 为平均数。

例如,某市对 10 岁男孩的身高与体重进行调查,结果为平均身高 135.01cm,标准差为 5.54cm,平均体重为 28.60kg,标准差 3.40kg,试比较身高与体重两变量的差异程度。

本题两变量的测量单位不同,二者平均数又相差悬殊,差异情况不便直接比较,若用差异系数则可比较:

$$CV_{身高}=\frac{5.54}{135.01}\times 100=4.10$$

$$CV_{身高} = \frac{3.40}{28.60} \times 100 = 12.13$$

从标准差看,可能会误认为身高的离散程度大,而实际上,从变异系数看,身高的离散程度比体重的离散程度要小得多,前者只占平均身高的 4.10%,而后者占平均体重的 12.13%。

4. 相关系数

客观事物之间是相互联系、相互依存的。两种事物,我们可以用两个变量来表示,统计方法研究两个变量之间的相关系数,称作相关。在教育研究中经常会碰到相关的问题,如学生品德好坏与学习成绩的关系、智力高低与学习成绩的关系、学生身高与体重的关系、教学经费与教学效果之间的关系等,它们之间有无联系,若存在联系,其联系程度如何,需要用具体的量数表示,而相关系数就是两列变量间相互联系程度的量数指标。

两个变量之间的相关关系有以下几种情形:第一种为正相关,两个变量的变化方向一致,即一个变量值变大(小)时,另一个变量值在总的趋势上往往也随之变大(小)。如智力的高低与学习成绩的优劣之间的关系。第二种为负相关,两个变量的变化方向相反,即一个变量值变大(小)时,另一个变量值在总趋势上则往往随之变小(大),如身体健康状况与发病率的关系。第三种为零相关,又称无相关,即两列变量之间的变化没有一定的规律,一个变量变化时,另一个变量不显示出变化倾向。如学生的身高与学习成绩,相貌与人的思想品德之间的关系等。

计算相关系数时,要求两列变量必须以成对的资料形式出现。计算方法也很多,以英国统计学家皮尔逊钓积差相关法用得最为普遍,其计算公式为:

$$r = \frac{\sum(X-\overline{X})(Y-\overline{Y})}{nS_X \cdot S_Y}$$

或 $$r = \frac{\sum(X-\overline{X})(Y-\overline{Y})}{\sqrt{\sum(X-\overline{X})^2}\sqrt{\sum(Y-\overline{Y})^2}} \qquad 公式(12.6)$$

式中 r 表示两变量 X 与 Y 的相关系数，$\bar{X}$、$\bar{Y}$、S_X、S_Y 分别表示 X 与 Y 的平均数与标准差，n 为成对变量的数目。兹举例说明计算方法与过程。

某校为研究学校期中语文考试成绩与期终市统考语文成绩之间的关系，在五年级学生中随机抽取 10 人，其成绩见下表，求相关系数。

表 12.5　期中语文考试分数与期终统考分数相关系数计算表

学生	期中分数(X)	期终分数(Y)	$X-\bar{X}$	$Y-\bar{Y}$	$(X-\bar{X})(Y-\bar{Y})$	$(X-\bar{X})^2$	$(Y-\bar{Y})^2$
1	74	82	−1.6	−1.7	2.72	2.56	2.89
2	81	75	−4.6	−8.7	40.02	22.16	75.69
3	80	81	4.4	−2.7	−11.89	19.36	7.29
4	85	89	9.4	5.3	49.82	86.36	28.09
5	76	82	0.4	−1.7	−0.68	0.16	2.89
6	77	89	1.4	5.3	7.42	1.96	28.09
7	77	88	1.4	4.3	6.02	1.96	18.49
8	68	84	−7.6	0.3	−2.28	57.76	0.09
9	74	80	−1.6	−3.7	5.92	2.56	13.69
10	74	87	−1.6	3.3	−5.28	2.56	10.89
∑	756	837	0	0	91.80	198.40	188.07

计算步骤与方法为：

(1) 求 X 与 Y 的算术平均数；$X=\sum X/n=756/10=75.6$；$Y=\sum Y/n=837/10=83.7$

(2) 求离均差 $(X-\bar{X})$、$(Y-\bar{Y})$，填入计算表。

(3) 求交叉乘积项 $(X-\bar{X})(Y-\bar{Y})$ 填入表中，并求和 $\sum(X-\bar{X})(Y-\bar{Y})=91.80$

(4) 计算离均差平方及和 $(X-\bar{X})^2$，$(Y-\bar{Y})^2$，得到 $\sum(X-\bar{X})^2=198.40$，$\sum(Y-\bar{Y})^2=188.07$

(5) 代入计算公式(12.6)，求得相关系数 r。

$$r = \frac{\sum(X-\overline{X})(Y-\overline{Y})}{\sqrt{\sum(X-\overline{X})^2}\sqrt{\sum(Y-\overline{Y})^2}} = \frac{91.80}{\sqrt{198.40 \times 188.07}} = 0.48$$

相关系数的取值范围为$-1.00 \leqslant r \leqslant 1.00$,当 r 是正值时为正相关,是负值时为负相关,$r=0$ 时为零相关。通常 $|r| \geqslant 0.70$ 时为高相关,$0.40 \leqslant |r| < 70.70$ 时表示相关较显著,$|r| < 0.40$ 时为低相关。运用相关系数研究问题,其样本容量 n 应不小于 30,且对相关系数的解释应慎重,是否具有显著意义,要通过统计检验。

三、推断统计

推断统计一般包括参数估计、统计检验和统计预测等方面的内容,此处仅就两种最常用的统计检验作简单介绍,进一步了解可参阅有关统计学参考书。

在教育科研中分析调查实验结果(如比较和分析两种教材或教学方法的实验结果)时,经常会遇到两个统计量有差异,如两个平均数之间的差异等。我们能否根据统计量之间的差异,而下结论它们的总体参数也存在着差异。例如,某校在甲、乙两个原有水平相近的班实验两种教学方法,为比较两种方法的效果,在实验进行一段时间后进行测试,所得数据见下表,试比较两种教法的优劣。

表 12.6 两种教法实验结果统计表

班 级	人 数	平均得分	标准差
甲	$n_1 = 52$	$\overline{X}_1 = 84.5$	$S_1 = 10$
乙	$n_2 = 56$	$\overline{X}_2 = 81$	$S_2 = 11$

这里,甲、乙两班的平均成绩(X)有一定的差异($84.5 - 81 = 3.5$),但能否根据这种差异说明两种教法的效果存在着显著差异,还需作统计检验,才能作出确切的回答。因为有两种原因都会引起平均数之间的差异:一种原因是两种教法之间有优有劣,即效果存在差异,从而导致两班平均数不同,此时我们便说差异是显著的。另一种原因是两种方法没有差异,甲、乙两班平均数之间的差

异是由随机误差等其它因素所引起的。

怎样判定两个统计量之间的差异是否显著,就要看对统计量之间的差异进行检验的结果如何。如果检验的结果是属于差异显著,就意味着两个统计量所属的两个总体之间确有差异;如果检验结果是属于差异不显著,就意味着两个统计量所属的两个总体之间没有差异,或它们源于同一个总体。统计检验就是利用两个统计量之间的差异来判定总体参数之间是否存在差异。

统计检验的基本思路是用反证法来检验我们所获得的结论。例如,检验实验组与控制组的平均数有没有差异,先假设二者没有差异($u_1 = u_2$),这种假设称为"虚无假设"(以 H_0 代替),然后,通过检验确定虚无假设成立的可能性有多大。如假设成立的概率 $P < 0.05$,即虚无假设成立的可能性极小,便可拒绝虚无假设,从而说明平均数之间存在着显著差异,也就是说实验组与控制组之间存在着显著差异。如果假设成立的概率 $P \geq 0.05$,即虚无假设成立的可能性较大,便可接受虚无假设,也就是说,平均数之间的差异主要是由随机因素引起的。

在进行统计检验时,要先规定差异显著性的界限,即事先规定在什么界限以内是属于差异不显著,什么界限以外是属于差异显著。在教育统计学中常以正态分布曲线下面积的 95% 或 99% 的理论 Z 值(在正态曲线下面积为 95% 的理论 Z 值为 1.96,99% 的理论 Z 值为 2.58)为差异显著性的临界值。由样本资料计算的 Z 值(指统计量差异的标准单位)小于 95% 或 99% 的理论 Z 值时,为差异不显著,则接受虚无假设 H_0;如果样本的 Z 值等于或大于 95% 或 99% 的理论 Z 值时,为差异显著或非常显著,则拒绝虚无假设 H_0。5%($=1-95\%$)或 1%($=1-99\%$)为差异显著性水平,一般记作 α,可见 α 决定了对虚无假设 H_0 接受或拒绝的界限。(见图 12.1)

统计检验的方法有多种,此处只介绍正态 Z 检验与 t 检验。

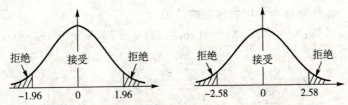

图 12.1 差异显著性水平的拒绝与拒绝区间示意图

(一) Z 检验

Z 检验是用正态分布的理论来推论差异发生的概率,从而比较两个平均数的差异是否显著。Z 检验适合于大样本资料。

Z 检验的计算公式为:

$$Z = \frac{\overline{X}_1 - \overline{X}_2}{\sqrt{\frac{S_1^2}{n_1} + \frac{S_2^2}{n_2}}} \qquad 公式(12.7)$$

公式中 Z 为检验用统计量,即两样本平均数差的标准分数,$\overline{X}_1$、$\overline{X}_2$ 分别为两样本平均数,S_1、S_2 分别为两样本的标准差,n_1、n_2 为样本容量。式中 $\sqrt{\frac{S_1^2}{n_1} + \frac{S_2^2}{n_2}}$ 为两平均数差异的标准误差,简称均数差的标准误。($SE_{d\overline{X}}$)

例:根据表 12.6 的资料,对两种教法的效果进行统计检验比较。

检验步骤如下:

1. 建立假设,包括虚无假设(H_0)和它的对立面备择假设(H_1)。

$H_0: u_1 = u_2$,即假设两种教法的效果没有显著差异,而 $\overline{X}_1 \neq \overline{X}_2$ 是由于抽样误差等随机因素所造成的。

$H_1: u_1 \neq u_2$,即假设两种教法的效果有显著差异。

2. 确定显著性水平(习惯上用 0.05 或 0.01 作为显著性水平),取 $\alpha = 0.05$,根据前面的论述可知,在确定 $\alpha = 0.05$ 作为显著性水平后,当 Z 值超过 1.96 时,就拒绝虚无假设 H_0。

3. 计算样本平均数离差的 Z 值。

已知:$X_1=84.5, X_2=81, n_1=52, n_2=56, S_1=10, S_2=11$,代入公式(12.7)

$$Z=\frac{\overline{X}_1-\overline{X}_2}{\sqrt{\frac{S_1^2}{n_1}+\frac{S_2^2}{n_2}}}=\frac{84.5-81}{\sqrt{\frac{10^2}{52}+\frac{11^2}{56}}}=1.73$$

4. 判断结果,样本平均数差的 Z 值为 $Z=1.73$,与理论的 $\alpha=0.05$ 的 $Z=1.96$ 相比较,则 $1.73<1.96$,所以 $P>0.05$,差异不显著,不拒绝 H_0。从而在 $\alpha=0.05$ 的显著性水平上接受虚无假设 H_0,认为两种教法的效果没有显著差异。

(二) t 检验

t 检验是利用 t 分布的理论来推断差异发生的概率,从而比较两个平均数的差异是否显著。t 分布是样本分布的一种,是小样本的样本分布。t 检验是适合于小样本($n<30$)的差异显著性检验。

t 分布有其特殊的形式,正态分布曲线的形式是不随 n 的大小而改变的,而 t 分布的曲线却有好多,它的形式随自由度(d_1)的大小不同而不同,当自由度到无限大时,t 分布曲线与正态分布曲线就完全重合。

运用 t 分布进行平均数的差异检验的思路与 Z 检验基本相同,也是用样本平均数差的标准值(t 值)进行比较,当实际观察值 t 超过理论 t 值,则认为两个总体平均数存在着显著差异。当不超过理论 t 值时,则认为两个总体平均数没有显著差异。但与 Z 检验不同的是,对于 $\alpha=0.05$(或 $\alpha=0.01$),Z 的理论值只有一个,即 $Z=1.96$(或 $Z=2.58$),而在 t 检验中,对 $\alpha=0.05$(或 $\alpha=0.01$),其理论 t 值随自由度 df(df 与样本容量 n 有关)的不同而取不同的值,理论值可以通过 t 分布表查到[①]。

---

① 参见张厚粲主编:《心理与教育统计学》,北京师范大学出版社,465 页,附表 2。

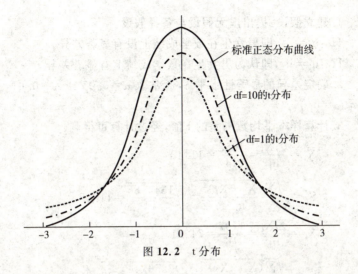

图 12.2 t 分布

通过两个样本平均数之间的差异,对两个总体平均数的差异作 t 检验,计算公式为:

$$t = \frac{\overline{X}_1 - \overline{X}_2}{\sqrt{\frac{n_1 S_1^2 + n_2 S_2^2}{n_1 + n_2 - 2}\left(\frac{1}{n_1} + \frac{1}{n_2}\right)}} \qquad 公式(12.8)$$

式中符号的意义同公式(12.7)。

例:某校五年级随机抽取 14 名男生、16 名女生,其数学成绩分别列入下表,问该年级男女生之间在数学成绩上有无显著差异。

本题为小样本资料,需运用 t 检验的方法进行比较,检验方法与步骤如下:

性 别	成 绩(X)	容量(n)
男生	96 72 83 67 78 92 89 54 87 74 74 68 71 63	14
女生	95 76 88 81 68 77 47 72 83 62 67 59 74 85 87 76	16

1. 建立假设:提出虚无假设与备择假设。

$H_0 : u_1 = u_2$,即男女生在数学成绩上没有显著差异。

$H_1 : u_1 \neq u_2$,即认为男女生在数学成绩上有显著差异。

2. 确定差异的显著性水平 α,通常取 $\alpha = 0.05$ 或 $\alpha = 0.01$,本例取 $\alpha = 0.05$。

3. 计算样本平均数离差的 t 值,经过计算可得到:

$$\overline{X}_1 = \frac{\sum X_1}{n_1} = \frac{1068}{14} = 11.48$$

$$S_1 = \sqrt{\frac{\sum (X_1 - \overline{X}_1)^2}{n_1}} = \sqrt{\frac{1844.86}{14}} = 11.48$$

$$\overline{X}_2 = \frac{\sum X_2}{n_2} = \frac{1197}{16} = 74.81$$

$$S_2 = \sqrt{\frac{\sum (X_2 - \overline{X}_2)^2}{n_2}} = \sqrt{\frac{2250.44}{16}} = 11.86$$

代入公式(12.8)

$$t = \frac{\overline{X}_1 - \overline{X}_2}{\sqrt{\frac{n_1 S_1^2 + n_2 S_2^2}{n_1 + n_2 - 2}\left(\frac{1}{n_1} + \frac{1}{n_2}\right)}}$$

$$= \frac{76.29 - 74.81}{\sqrt{\frac{14 \times 11.48^2 + 16 \times 11.86^2}{14 + 16 - 2}\left(\frac{1}{14} + \frac{1}{16}\right)}} = 0.334$$

4. 判断结果,查 t 值得到 t 理论值,自由度为 $df = n_1 + n_2 - 2 = 28$,在 $\alpha = 0.05$ 水平上,理论临界值为 $t = 2.048$。

实际计算结果 t 值为 0.334,0.334<2.048,所以 P>0.05,即样本均数的差异是由随机误差所致,或虚无假设 H_0 成立的可能性 P>0.05,不应该拒绝 H_0,因而接受 H_0,认为男女生数学成绩没有显著差异。

在进行统计假设检验时,应注意到以下两点:

第一,要保证数据资料客观、正确。第二,统计检验不能做绝对肯定或绝对否定的结论,只是一种倾向性意见,这种倾向性意见,有犯错误的可能性。关于犯错误的类型及概率,此处不再讨论,可参阅有关统计学书籍。

第二节 图表法

在许多研究中,要收集大量的数量化资料,而将大量的、杂乱无章的数据资料进行初步的归类、整理和分析,则是研究后期的一项主要工作。这一工作,常常需要通过绘制统计图表来完成,用统计图表可以直观而清晰地反映研究对象的数量特征。

一、统计表

统计表是用表格的形式表现研究所收集的数据资料的方式,它把所研究的教育现象和过程的数字资料,以简明的表格形式表现出来。

(一)统计表的结构

一般统计表是由标题(名称)、项目(标目——可分纵标目与横标目)、数据及数据来源等部分构成。

1. 标题,标题是表的名称,要简要而清晰地说明表的内容,写在表的最上方。

2. 项目,项目是每项的标称,可分为纵标目与横标目。项目是根据一定的标志分类的,项目的分类要内容明确、互相排斥,某一数据只能说明某一项目,而且必须把全部的数据都包括进去,使数据都有所归。有的表用"其它"一项把所有未能归类的数据都包括进去。项目都写在表的左方(横标目)与上方(纵标目)。

3. 数据,数据是用来说明标目的数字,可以是实际观测来的数据,也可以是计算出来的理论数据,如百分比、平均数等。

4. 数据来源,数据来源是说明数据的出处,写在表的底端边线之下,注明数据来源以便查明。

统计表的结构如表12.7。

表12.7 某县高考被录取学生家长职业比较表（标题）

(纵项目)	职业	高考录取人数	所占比例	
（横项目）	农民	89	30.38%	（数据）
	教师	63	21.50%	
	干部	39	13.31%	
	工人	22	7.51%	
	其它	80	27.50%	
总计		293	100.00%	

资料来源：县招办统计数据

（二）统计表的种类

根据被说明的事物（项目）的主要标志多少，也就是根据分项的情况，统计表可分为单项表、双项表与复合表。

1. 单项表，统计表仅包括一种事项的比较或仅有一种分类的叫单项表，如表12.8。

表12.8 某乡初中毕业生回乡担任工作调查表

总数	一般农民	乡办企业工人	民办教师	幼儿教师	农林牧技术员	电工	村文书会计
265	246	7	5	4	1	1	1

资料来源：《教育研究》1986.10.

2. 双项表，统计表中包括两种事项的比较或有两种分类的叫双项表，这是最常用、效果最好的统计表，如表12.9。

表12.9 1983—1984年度留级与1984—1985年度辍学的比较

人数 年级	年度	
	83—84年度留级人数	84—85年度辍学人数
初一年级	257	129
初二年级	221	193
初三年级	14	34

资料来源：《教育研究》1986.7.

3.复合表,统计表中包括两种以上事项的比较,叫做复合表。这种统计表由于包括的事实项目较多,它可以更好地比较和揭示教育现象的重要联系和差别,如表12.10。

表12.10 初中学生学习动机的比较(%)

学生类型 人数比例 动机类别	兴趣	个人意义					社会意义				
		免受责罚	为自己争气	争取当好学生	为了升学	小计	为家庭争光	为集体争光	尽社会责任	为祖国富强学好本领	小计
合格生	10	2	4.5	14	11	31.5	4.5	1	15	38	68.5
差生	3	8	10	10	23	51	5	1	5	35	46

资料来源:《心理发展与教育》1987.2.

(三)统计表的编制要求

1.统计表的内容要简要,最好一个表说明一个中心内容,标题的措词要简明扼要,正确说明内容,使人一望便知。

2.分项要准确,以能说明问题为主,是决定统计表质量的关键,切忌分项太细。

3.数据是统计表的语言,借以说明内容,要求准确,书写整齐,一律用阿拉伯数字,单位要统一,数要对齐,有效数字位数要一致,表格内不能有空白,暂缺或未调查可记"……",无数字用"—"代替。

4.线条不要太多,表的上下端有顶线与底线,左右两边不要用线条封死,纵标目应用细线隔开,横标目一律不划线条,合计项须用较粗线条或双线与其它项目分开。

二、统计图示法

统计图示法就是利用几何图形或其它图形等的描绘,把所研究对象的特征、内部结构、相互关系和对比情况等方面的数据资料,绘制成整齐简明的图形,用以说明研究对象和过程的量与量之间的对比关系的一种方法。与统计表列法相比,统计图把统计资料更加形象化和通俗化,能使人一目了然,便于粗略地比较分析。

(一)统计图的结构

1.图题,图题是统计图的名称,亦称标题。用简要的文字说明图的内容,一般写在图的下方。

2.图目,图目是图中的标目,是对图中的每部分的说明,有文字与数据,写在图的基线下面,有单位的数据应标明单位。

3.图尺,图尺是制图的尺度线、点、尺度单位的总称。

4.图形,图形是表示统计数学大小的一切线条和图形,它是统计图的主体部分。

5.图例,图例是举例说明某部分图形的代表部分(事物),放在图中的空白的适当位置。

(二)统计图的绘制

1.条形图,条形图是用宽度相等而平行的条形的高低或长短来表示统计指标的几何条形。它的主要作用在于明显地将同类指标的不同数值加以比较,它可以比较总体结构的变化。

条形图有纵排与横排两种形式,纵排的称作柱形图,横排的叫做带形图。

如将表12.11的资料绘制成条形图(见下页)。

绘制条形图应注意以下几点:

(1)各条形宽度应相等。因为条形图的特点在以条形的长短或高低来表现统计数字的大小,如条形宽度不等,则易引起错觉。代表不同事实的条形应绘以不同色彩或线条,以示区别。

表12.11　××市某小学男女生分配

	一年级	二年级	三年级	四年级	五年级
男 生	83	58	73	68	67
女 生	106	78	82	57	64

（2）各条形之间的距离应相等。如果距离不等,则可能影响比较的效果。

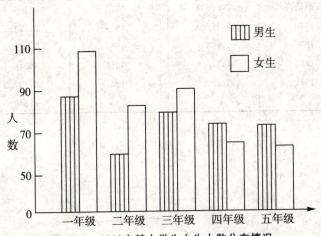

图 12.3　××市某小学生女生人数分布情况

（3）尺度须从 0 点开始,要等距分点,一般不能折断,避免长条间的比例发生错误,影响显示资料的差异情况。在不得已而需折断时,应将数值在折断处注明。

（4）各直条排列的顺序可按时间序列、数量多少以及相比较事物的固有序列,要根据具体情况而定。

2. 曲线图,曲线图是以曲线的高低和斜度来表现统计资料的一种图形。它可以表明现象的动态及现象间的依存关系,也可以表现总体单位分布情况。

（1）动态曲线图,动态曲线图是通过曲线的升降显示现象在时间上变动过程的图形。它不仅可以说明各个时期现象的发展水平,而且可以从曲线的斜度上反映出现象发展速度的快慢。

例如,根据表 12.12 的资料绘制动态曲线图。

表 12.12　建国以来我国小学生人数的发展

年	人数（万人）	年	人数（万人）
解放前最高年	2,368.3	1953	5,166.4
1949	2,439.1	1954	5,121.8
1950	2,892.4	1955	5,321.6
1951	4,315.4	1956	5,346.4
1952	5,110.0	1957	6,427.9
		1958	8,640.0

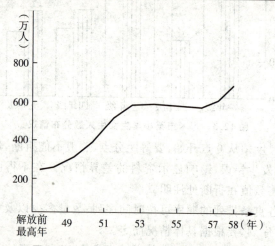

图 12.4　建国以来我国小学生人数的发展

画法,先画一直角坐标系,以横轴代表时间,纵轴代表现象的发展水平,按适当的比例画成坐标格,根据各个时期的指标数值放在坐标的适当的位置点上,最后将各点依照时间顺序连成线条即可,见图 12.4。

（2）依存关系曲线图,显示总体现象之间依存关系的曲线图,叫做依存关系曲线图。这种图以纵横两轴分别表示着相互联系的不同现象,通常以横轴代表属于原因的指标,以纵轴代表属于结果的指标,画法与动态曲线图基本相同,所不同的是依存关系曲线图用纵轴和横轴显示两个相互联系的不同现象而不是动态水平和时间,如艾宾浩斯的遗忘曲线,表示经过不同时间熟记材料再现的百分比,就是表示保存和遗忘与时间关系的曲线,见根据表 12.13 绘制的图 12.5。

表 12.13 保存和遗忘与时间关系的统计表

时间间隔(时)	保存的百分数	遗忘的百分数
0.33	58.2	41.8
1	44.2	55.8
8.6	35.8	64.2
24	33.7	66.3
48	27.8	72.2
144	25.4	74.6
744	21.1	78.9

依存关系图中的曲线趋势反映了两个现象间的依存关系,表现了它们的性质和特征,通常,当纵轴的指标数值随着横轴的指标数值的增大而增大时,说明现象之间存在着正向依存关系(相关关系)。反之,说明两者呈反向(或负向)依存关系。如果各坐标点分散,无法用曲线连结时,说明两者依存关系很差或根本不存在什么数量上的依存关系。依存关系曲线图在相关分析中使用较多。

(3)次数分布图,显示总体单位分布状况的曲线图叫做次数分布图。绘制方法为:先绘一个直角坐标系,在横轴上表明变量数值,用纵轴代表次数,从横轴上的各点引垂线,垂线长度即表明数值,将垂线顶点连结起来,并将顶点用直线与横轴相连结,结果便是次数多边图。以某师大附小学生年龄分布资料(见表 12.14),根据上述方法绘制多边图(见下页):

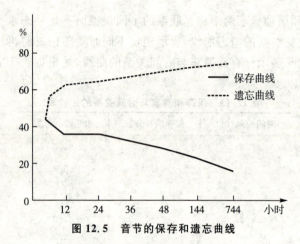

图 12.5 音节的保存和遗忘曲线

表 12.14 某师大附小学生年龄分配

周 岁	人 数	周 岁	人 数
6 周岁及以下	60	12	149
7	216	13	40
8	269	14	8
9	136	15	4
10	159	16 及 16 周岁以上	1
11	113		

分布曲线图除线形图外,还具有面积的性质,其曲线下所覆盖的面积,正好等于总体单位的总次数 N(本例的面积等于总人数)。

3. 圆形图,圆形图是用以说明总体结构的图形,通常用圆形代表现象的总体,用其中各扇形显示总体中的各个部分。绘制方法为:先标出圆内各扇形的圆心角的度数、扇形面积与圆心角成比例,圆心角共 360°,所以百分之一的圆面积相当于 360°的圆心角。因此,我们把总体各组成部分的结构指标乘以 360°,便得出各组成部分应占的圆心角的度数,画出总体各组成部分所占扇形面积。例如,某省 1989 年秋季各级学校入校人数比例见下表,据此绘制的圆形图(见图 12.7)。

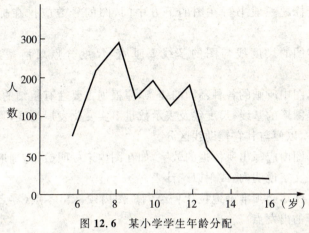

图 12.6　某小学学生年龄分配

表 12.15　某省 1989 年秋季各级学校入校人数比例

学校类别	所占比例(%)
小　　学	48.7
中　　学	39.9
大　　学	11.4
合　　计	100.0

图 12.7　某省 1989 年秋季各级学校入学人数比例图

(三)绘制统计图的要求

从以上所介绍的几种统计图及其绘制方法可以看出,绘制统计图的步骤,首先是根据统计资料的性质和绘制统计图的目的任务,选定适当的图形,周密规划图的结构。其次是定坐标、划分尺度、画图形、最后是上墨着色,书写标题和图例说明等。绘制统计图应注意做到以下几点:

1.图的标题必须简明扼要,并能正确表现图形所反映的主要内容。标题一般书写在图的下方中间,图的号数应排在标题的前头。

2.图的尺度线与图的基线要垂直,尺度分点要清楚,以便计数。

3,图中所画的各种不同的线条,应根据重要性有粗细的区别,一般是图形的基线,尺度线及表示数量事实变化发展的线,均应画得粗些,以便与其它辅助线区分。

4.图内应写出所依据的数字,如在图内未标明数字,则应将数字写在文字说明内,或附以统计表。

5.图形必须准确地按比例绘制。图内须标出零点(零点是横纵坐标的出发点)。

6,在用百分比绘制的图中,除应画出零点线以外,还应画出代表百分比的线。

7.在布局上应注意均匀相等,聚散适当,图中各部分的形态要注意相互间的呼应,线条要求准确整齐、鲜明美观,图形应画在适当的位置上。

第九章 教育科学研究中的辅助性方法

第一节 抽样法

一、抽样的意义

任何一项研究,都有具体的研究对象。它们可以是人,可以是物,也可以是文献记载或其他文字资料。数可以是一个、几个、也可以是成千上万个。但作为教育科学研究的对象,不在于是何种类或数量的多少,而在于通过对这些对象的特征时研究所获得的研究资料,能够达到科学研究的可靠性要求。此外,研究还需考虑到现实性和客观性,即实际研究是否可行,是否有对大多数对象进行研究的能力等。因此,不同特点和不同性质的研究课题,在研究对象的选择方式上亦不相同,而选择的方式正确与否,又直接关系到研究效率和结果的可靠性、精确性。所以,研究对象的选择是研究中不可忽视的问题。

在统计学中,我们把研究对象的全体称作总体,它是一定时空范围内研究对象的全部总和。总体所包含的研究对象的个数称为总体容量(用 N 表示)。通常,总体所包含的研究对象的数目是相当大的,由于受人力、物力等各方面因素的限制,我们不可能把总体中的每个成员都作为研究对象。例如,某市从事一项提高小教数学教学质量的研究,其研究对象的总体即为该市的全体小学生。实际研究时,不可能也没有必要把全体小学生都作为研究对象。这不仅牵涉到精力问题,也涉及是否是无效劳动的问题。假若试验研究结论为新的改革方法比老方法差,则就贻误了全体同学,补课的力量(指教师的力量)也是无法办到的。所以只能从中抽选一部分同学作为实验研究的对象就可以了。这个例子说明教育科学研究中需要抽样法。

抽样就是从一个确定的总体中抽取所需的研究对象的过程,被抽的这一部分,作为研究对象的群体就是样本。样本所包含的对象的数目称为样本容量(用 n 表示),抽样研究则为研究者按一定的规则从总体中抽取具有代表性的样本,根据对所抽样本进行研究的结果,来获得有关总体的知识的研究。

抽样的目的和作用在于科学地挑选总体的部分作为总体的代表,以便通过对这局部的研究取得能说明总体的足够可靠资料,准确地推断总体的情况,从而认识总体的内在特征或规律性。数理统计理论已经证明,在单位数目众多的某一总体中,往往它的一部分的综合特征与总体的综合特征可能达到接近于相同的地步。所以,当总体研究不能实施或者能够用抽样研究替代总体研究时,就应运用抽样研究。此外,抽样研究还可以用来检查总体研究的正确程度。

概括地说,抽样研究具有以下优点:

(1)经济、省力、省钱,这一点对教育科学研究来说是相当重要的。

(2)能提早汇总研究资料,及时利用研究结果。

(3)较适合于研究对象较分散的课题。

(4)研究对象数量有限,获得资料的手段灵活多样。

(5)从某种意义上说,有时所得结果比总体研究还要准确、可靠,因为可以作更深更细的研究。

但是,抽样法研究的最大不足是存在着抽样误差,因为在抽样研究中只取总体中的一部分作为直接研究的对象,然后,根据样本结果去推算总体的一般情况,而这样的推算,与总体的实际有着偏差,即抽样误差。这种误差是不能完全避免的。但是,如果所抽样本对总体的代表性越好,抽样误差就越小。在教育科研中,我们不希望误差太大,否则它会影响样本资料的价值,误差超过一定的限度,则样本研究就毫无价值,我们必须把抽样误差控制在允许的范围内。

二、抽样的基本原则

如何有效地组织抽样,保证随机抽样的实现,合理有效地取得各项实际数据,对总体有足够的代表性,这是抽样中一个至关重要的问题。

在抽样时,必须遵循以下原则:

(一)取样的范围为以后将研究结果应用推广到的那个范围

这实际上就是在规定的总体中抽样。例如,研究人员要实验某种小学实验教材的效果,就不能把中学生作为实验研究对象。当然这看起来不会如此,但事实上有人有时常忽略这一点,以致产生乱选实验对象或任意应用实验结论的现象。

(二)保证实现抽样的随机性

保证随机性是要保证样本对于总体有足够的代表性。抽样的随机性就是要尽可能使每个个体都有被抽的可能,并且机会是均等的。在抽取的过程中,保证各对象之间彼此独立,在选择上没有联系。在条件可能时,样本容量应尽可能大些。

(三)保证实现最大的抽样效果

就是在一定的研究费用条件下,选取抽样误差最小的方案,或在给定精确度的要求下,做到研究所花的费用最少。这里要考虑到样本容量 n 究竟取多少最适合,抽多了会增加费用等负担,造成了不必要的浪费,同样也可能造成不必要的误差。太少了又不能有效地反映总体,直接影响着科学研究的准确性。所以在抽样设计中,既要考虑到总体现象的属性,又要考虑到抽样误差与抽样容量之间的关系。另外,还要考虑到采用何种抽样方式最理想,在条件允许时;可采用多种方式对比,以取得最佳方式。

三、抽样的方法

(一) 简单随机抽样

这种抽样方法要求每个个体在抽样过程中有着同等的机会被抽取,即是按随机的原则直接从总体的 N 个个体中抽取 n 个个体组成样本作为研究对象。这是抽样中最基本也是最简单的抽样方式。

简单随机抽样的具体做法为:先确定总体范围,并对总体的每个个体编号,然后采用抽签或利用随机数表来抽选必要的个体。

这种方法的适用范围是:总体中各个体之间差异较小,或总体服从均匀分布,即具有某种特征的个体均匀地分布于总体的各部分。

但它也有一定的局限:(1)当总体容量 N 很大时,难于编号;(2)正在继续生产的个体无法编号;(3)当样本规模过小时,由于偶然因素的作用,样本的代表性不能有效保证。

(二) 系统随机抽样

系统随机抽样的具体做法为:在抽样前,先将总体的每个对象依次编上号码,并根据总体的数量 N 与样本容量 n,由公式 $m=\frac{N}{n}$,求出抽样间隔,再随机地选定一个常数 $k(k<m)$,最后把编号为 $k, k+m, k+2m, \cdots k+(n-1)m$ 的各个对象抽取出来,就组成了由 n 个对象构成的样本。事实上是每隔 m 个机械式地取一个体,所以它又称作等距抽样或机械抽样。

例如,某小学准备在新入学的 160 名一年级学生中选取 16 名作为追踪研究小学生逻辑推理能力发展的研究对象,先将学生全部编号 001—160,$N=160, n=16, m=\frac{N}{n}=10$,即每隔 10 号取一个。又髓机取一数 $k=7$,则可知所抽个体为 $7, 17, 27, \cdots, 157$ 共计 16 名同学。一般情况下,个体的编号是按与研究目的无关的标志进行的。对上例,如按姓氏笔划、学员号码等编号。

运用系统抽样能保证样本在总体中分布均匀,缩小各个体之间的差异程度,所以抽样误差通常比简单随机抽样小,特别是当被研究现象的标志变异程度大(标准差较大),而实际工作中又不可能抽选更多的个体时,该法比简单随机抽样更为有效。

但是必须注意到:等距取样在排列顺序、第一个个体的位置被确定后,其余的个体的位置也随之确定,所以编号要按既定标准进行,且抽取第一个个体可采用随机法。

(三)分层随机抽样

分层随机抽样又称作类型随机抽样,它是把总体的全部对象按一定的特征分成若干层或若干类别,然后在各层(类)中采用简单随机抽样或系统抽样的方式,按照一定的比例抽取样本的抽样法。这种抽样法是把科学分类与抽样原理结合起来使用的方法。分层的标准是,各层内部各个体之间的差异较小,即性质较接近;层与层之间个体的差异较大,性质相异。由于事先把总体对象划分成了性质比较接近的类别,从而可以减少或缩小各个体(关于某一特征的标志值)的差异程度,使得各层的个体分布较为均匀,以便容易选出有代表性的样本。因为分层抽样比简单抽样更为准确,它能通过对较少个体的研究得到较为准确的结论。这种方法特别适合于总体较复杂,如所研究的个体的某个特征的标志差异悬殊,总体容量 N 较大的总体。例如,对小学毕业生的逻辑推理能力的研究,可以根据老师掌握的情况把全体同学分成优、良、中、差四类,从每类中抽取所需的个体。

设总体分为 k 层,每层的容量为 N_i,于是有 $N=N_1+N_2+\cdots+N_k$,若需从中抽取 n 个个体,则每层所抽的个体个数 n_i 为 $n_i=\frac{N}{n}\times N$。

分层抽样的优点是样本代表性程度高,抽样误差小。

(四)整群随机抽样

前面所介绍的三种抽样都是从总体中一个一个地抽取个体。

实际工作中,从总体中一个个抽取的样本对象往往比较分散,有时会给研究带来困难。如教学实验一般要以班级为单位进行研究,样本分散就无法进行。整群抽样是事先将研究对象划分为一个个群体,然后以群为单位,从其中随机抽取一些群,对其作研究即为整群抽样法。各群的个体数可以相等,也可以不等。如对某种教改实验,以一所学校或一个班级为一个群,然后再编上号码,再从总体中抽取某些群体作为研究对象样本。

整群与分层抽样相比,虽然都是划分为若干组,但划分的作用却很不相同。分层抽样划分的组为"层"或"类",其作用是缩小总体,使总体差异减小,但抽取的基本单位仍然为总体中的每一个个体;整群抽样划分的组为"群",群内各个体之间差异应较大,而各群之间的差异则较小,它的作用是扩大个体,抽取的基本单位是群而不再是原个体,这样就使得抽样工作十分简便。但它的最大缺点是样本的代表性不如前几种抽样法,抽样误差一般比较大。

除以上介绍的几种方法外,还有多阶段抽样法、有意抽样法等。在实际工作中,通常是将各种抽样方法结合起采使用。

第二节 测量法

一、测量法的意义

在教育实践中,教育与心理测量运用得很多。例如,鉴别或评价教育对象的优劣,决定升留级、录取新生、编班分组,为教育改革提出依据,了解教育计划和教育目标与学生的学习成果相符合的程度,掌握课程、教材和教法是否适合身心的发展状态或要求,都可以(也必须)通过测量来进行。

什么是测量?测量就是根据某种规则把所观察的对象的属性予以数值化的过程,用来表明被测对象通过作业和活动所达到的程度或数量的多少。例如,测量学生的体重时,学生只能身穿少量的衣服,赤脚自然站立在体重计上,这时体重计所指的数字,就是该生的体重。在这里,学生的"体重"是我们所要测量的属性,"身穿极少量的衣服,赤脚自然站立在体重计上"是测量体重所依据的规则。体重计上所指的"数字"就是用来描述学生体重的数。

由以上测量所下的定义可以看出,测量包括三个基本概念,即(1)事物的属性——测量的对象;(2)数字——描述事物属性的符号;(3)规则——给事物的属性分派数字的依据。

从广义来说,教育测量就是对于教育领域内的事物或现象,根据一定的客观标准,作慎密地考核,并依据一定的规则,将考核的结果予以数量的描述。从狭义上来说,教育测量是指学生某些学科经过学习或训练之后,所获得的知识、技能的测量,又称成就测量、学业成绩测量或学科测量,它是按教育测验的规则,对学生掌握某些学科的知识、技能予以数的描述。

测量与评定是密切结合在一起的。测量是评价的工具,评价是根据测量的结果,对被测对象的属性作出某种价值判断。例如,用百分制来测量学生的成绩,某学生实得 70 分,作为测量来说,可到此结束,但从评价的过程来说,还需对 70 分作价值判断,即是好还是差等。若全班平均为 85 分,则该生成绩可判定为差等;若全班平均为 70 分,则可判定此人成绩属中等。可见测量是通过客观的过程用分数来表明学习的结果,不受个人情绪或偏见的影响。

二、测量法的要求

运用教育测量进行科学研究,必须注意以下几点要求:

(一)数量化

教育或心理测量与物理测量(如前面介绍的测量学生体重)的相同之处,是把事物或人的属性加以数量化,用可以比较的数值计量学习的结果。但是测量所反映的心理侧面是难以用数量来规定的,学生学习的结果,既有量的差异,也有质的差异。成绩测验中的零分,并不能说明学生完全没有学习的能力。对人的某些心理特征要把量与质结合起来加以解释,才能获得正确的合理的评价。

(二)数量的处理

各种测量都要运用数据,在运用测量数据时,最基本的要求是单位的一致。这样才能排列顺序或等级进行比较,也便于分析两数的差异。分析测量的结果,不仅用分数来表明成绩,而且对测量的数据运用统计的方法处理之后,可以使分数的意义更加明确,采用统计的方法是为了总结、描述或比较测量的结果。

(三)误差的影响

在测量过程中难以避免的是产生误差。测量误差可归为两类:随机误差与系统误差。随机误差是由于难以控制的偶然因素所产生的误差。如测验场景的干扰,施测工作上的偶然误差,被试本人状况的波动,猜题粗心以及测量内容抽样的局限性等。系统误差是由于某种因素的影响,使测量变量有系统地发生变化而产生的误差,如测量的顺序所造成的练习适应,被试的文化习俗等对于测量结果的影响等。

测量的结果只是在一定的条件下、一定的时间内所获得的某个学生特定行为的具体表现,很难完全避免误差。所以在对测量结果的解释时,不宜以一次测量所得的分数,按智商的高低来贴标签,这种忽视误差的作法,不能正确估计出学生真实的能力水平。

(四)测量的间接性与相对性

教育测量的对象是智力、能力倾向、学生成就、创造力、兴趣、态度或人格等。这些现象不能像物质实际那样进行直接的测量,只能从与这些现象有关的因素或观察个人的行为表现,对某种属性或观念进行推论,所以,测量是间接的。例如,测量学生的学习成绩,能够直接测量的是由某种课程内容编制的某项测验题目的解答能力,而不是学生对本课程内容的掌握程度。学生的掌握程度,只能通过测验题目与得分来间接推断。

自然科学测量的结果,有着绝对的意义。例如,零公斤有其绝对意义,而考试得零分,就无绝对意义。测验的结果通常都不能以倍数表示,例如甲生智商为120,乙生智商为80,我们只能认为甲生智力优于乙生,而不能说乙的智商是甲智商的$\frac{2}{3}$。这说明测量不仅具有间接性,而且具有相对性。

三、测量的基本指标

目前,教育上所运用的绝大多数测量,基本上就是测验,即由一系列试题构成的教育测验。对它们的质量不外是从整体或部分项目两个方面进行分析,其统计指标主要是通过效度、信度、难度和区分度四个方面的指标来衡量。

(一)效度

效度是测量的准确性和有效性的指标,就是测量能测出所要测量的目标的有效程度。例如对学生学习成绩的测量,测量本身若是有效的,它必须适合学生的程度,切合教材内容,符合教学目标。

效度最高为1,此时表示测验能完全反映所测量的内容。最低为-1,表示测验结果与所测的要求完全相反,0表示测验结果与所测目标无关。

由于测量的目的不同,效度就有不同的类型。测量的效度为:

1. 内容效度

内容效度是指测验题目在多大程度上概括了所要测量的整个内容,也就是测量内容的代表性。教育上所使用的学科测验,目的是测量学生某一学科知识的掌握程度,测验题目的内容与学科内容一致性越高,内容效度就越高。

2. 结构效度

结构效度是一种测验的结果,能够说明理论上的某种结构或性质的程度。也就是测验测量了所欲测量的结构和特征所达到的程度。这里的"结构"是指用来解释人类行为的框架或理论结构,如果研究中所测量的结果与这种"结构"确实相关,则说明该测验具有结构效度。

3. 效标效度

效度是由两个量数之间的关系决定的,一种是测量到的量数,另一种是作为参照标准用的量数——效度标准(简称效标),测量结果与效标之间的关联程度越高,测验的效标效度就越高,反之亦然。

(二)信度

信度是指测验所得分数的稳定性和可靠性程度。如果被试在数次接受同一测验时(当然是指等值性测验而非同一份试卷),都能获得近似相同的分数,就说明数次测验结果是一致的,结果具有较高的稳定性和可靠性,也就是说具有较高的信度。

测量的信度对于教育研究来说有着比其他研究更为重要的意义,因为教育测量的对象是精神现象,所测量研究的特性(如学力、智力等)不易把握,为了能真实地反应测量对象的某种特点,需要更加注意测量的信度,从而正确地判断测量结果的价值。只有信度高的测量,才能成为教育研究及工作的有用工具。

估计信度系数的方法很多,常用的有重测法(稳定性系数)、平行复份法(等值系数)、分半法(内部一致性系数),具体计算及方法可参阅有关教育测量学方面的教材。

(三)难度

难度是衡量测验题目的难易程度。高品质的测验应有适合的难度。难度过高或过低都会影响被试的测量结果,进而影响测量的效度与信度。

教育测量中难度一般用正确回答试题人数与参加测验总人数之比作为指标,即

$P = \dfrac{R}{N}$　　其中　P:试题难度

R:答对该题的人数

N:参加测题的总人数

这实际上是以试题通过率作为难度指标的。通常,当 $P=0.5$ 时,试题的难度适中,测量效果较好。一般认为难度应在 0.40 至 0.70 之间较为适宜。

(四)区分度

区分度是指测验对考生实际水平的区分程度,也就是试题区分被试差异或鉴别其优劣、高低的能力。

具有良好区分度的测验,实际水平高的学生应得高分,水平低的学生应得低分,所以区分度又叫鉴别力。测量专家把试题的区分度称为测量是否具有效度的"指示器",并作为评价试题质量,筛选试题的主要指标与依据。

区分度的取值在 -1 到 +1 之间,数值越大,说明试题区分度越高,在教育测量中,对试题的区分度有一定的要求,区分度大于 0.40 的试题才具有良好的区分能力,对于 0.20 以下的试题,区分功能太差,应该予以修改或淘汰。

四、测量的类型

根据不同的分类标准,得出不同的测验类型。

(一)按测量的对象分类,分为个别测验与团体测验

(二)按测量的属性分类,分为智力测验、能力倾向测验、人格测验

(三)按测量的标准化程度分类,分为标准化测验和教师自编测验

(四)按测量的参照系分类,分常模参照测验和目标参照标准

五、测量的方法

(一)客观测验

客观测验是由客观性试题所组成的测验。它是为克服传统考试存在的缺点提出的。传统的考试,命题凭经验、题量小、覆盖面小,评分主观而且误差大,不注意考试的质量等。针对这些,测量专家提出了客观性试题,以克服这些不足。

客观测验常用的题型有:填空题、是非题、选择题、配合题、简答题等,其中较为理想的是选择题。

(二)主观测验

主观测验通常为论文式测验,就是由主试就教材要点编拟试题,由学生以论文的方式阐述所回答的问题。如作文、论文、问题、论述题等。论文式测验能测试出学生组织知识、整理论据、构思评价和表述观念等高深的能力,能在一定程度上给予学生独立思考和创造思维的机会,从中了解学生对问题的敏感性和论述问题逻辑性的思维过程。

六、测量在教育科学研究上的作用

测量的目的是根据测量的结果对测量对象作出合理的评价。通过测量和评价,可以对正在进行的教育教学过程进行及时的评价,其结果又可以反过来作用于教育教学过程,使其进一步地改进与完善;可以帮助教师了解教学的最后结果,结合学生心理发展的趋势,分析学生达到的水平及其差异;从整体上估计预期目标的实现程度。测量在教育科研上主要作用有以下几个方面:

(一)考试和选拔学生

各级各类学校招收学生都要通过考试测量学生的学习成绩,考试的目的是选拔合格的学生,把好与差生区分开来。怎样才能把优劣学生区分出来,促进教学改革,就必须编制具有较高区分度的试卷,且试题的难度适当,这样,才能真正达到选拔人才的目的。

(二)检查教育或教学目标贯彻的情况

一个良好的测验是把学习成绩的评定与教育目标相符合的程度结合起来的,通过测量可以检查教育和教学目标贯彻的情况。因为考试的内容一般反映着这门课的教学目标,学生学习的重点和时间分配也相应地按照教师对这个问题的表述程度来安排的,行政和科研部门可以通过测验检查教师是否完成了既定的教学目标,教师也可以通过测验来检查、核实既定的目标是否已达到。

(三)诊断学习困难,解释成绩不良的原因

测量具有反馈调节功能。利用这一功能,可以诊断学习上的困难所在,测验的反馈调节具有双向性,即对教师的反馈和对学生的反馈。教师通过分析测量结果,发现学生作答的错误所在,找出教学上应作进一步改进的重点或难点,从而采取对症下药、予以补救的措施。学生通过分析测量,对自己的学习作自我评价,发现问题,肯定成绩,找出不足,以利于更好地纠正缺点,搞好学习。教育科研工作者可以利用测量的这一功能,对有关的教师或学生的状况予以考察,帮助克服困难,提高质量。

(四)激励动机的作用

一般来说,学生受到好的评价(正评价),就可提高学习的积极性,受到不好的评价(负评价),就会降低学习的积极性。受到正评价的学生,由于成就的满足而情绪愉快,反馈信息激起了进一步追求更高目标的要求;受到负评价的学生,由于失败和挫折情绪不安,反馈信息引起了对达到目的的焦虑。教育科研工作者应该根据教育上的强化的观点,把测量结果作为激励动机的因素,增加正评价,减少负评价。

(五)改进课程内容与教学方法

学生对课程内容学习得如何,是以学习成绩为主要依据的。通过学业成绩的测验,不仅了解学生能否抓住重点,对各门课程的学习是否有所侧重或出现偏科现象,教材的安排是否合理,教学的难度是否适当,并可以了解采用不同的教学方法所取得的教学效果,从而采取改进措施,提高教学质量。

(六)提供咨询和个别指导

使用各种测验,可以对学生需要解答的问题、智力的发展、性别特征、能力倾向、学习兴趣等提供咨询,还可以进行多种倾向测验、态度测量以及理想信念的调查等进行指导。

第三节 个案法

个案法是选定一个有典型性的个人或一种情境的发展过程为内容,加以深入细致的研究,从中寻求教育规律性的研究方法。这种个案的研究方法在学校里多为对有特殊情况的对象进行研究,如对或好或坏的处于两头的学生的研究与辅导,对成绩低劣、行为不良、情绪变态、智力超常与低下等学生,以及对那些不能预测、控制,或由于道德原则不能重复事例的研究。比如学校中常做的对差生×××同学学习障碍的研究,对×××学生犯罪过程与原因的研究,对×××文学生采取特殊教育措施的追踪研究等。

一、个案法的类型

在教育科学研究中,个案研究法可以分为以下几种类型:

(一)个人的个案研究

个人的个案研究是指对精神病患者的研究,或犯罪人的研究,个人心理分析,或儿童发展过程的研究,也可以是教师或心理学家形成人生观的研究,还可以是一个天才人物的童年或青年时期的研究等。

(二)机构的个案研究

机构的个案研究是指以家庭、学校、工厂、医院、电影院等这样的社会机构为对象的个案研究。

(三)社会团体的个案研究

社会团体的个案研究是指以农村、企业团体、学校研究团体、群众性的组织团体等为对象的个案研究。

二、个案法的特点

教育工作中的个案研究,一般是特指对个别有显著特征的学生的研究,而且常常把重点放在"问题学生"进行积极的个别辅导、因材施教和行为的、心理的矫治上。个案研究通常是以一般的调查研究方法为手段进行的,而且常常要综合地运用调查的各种方法。个案法除具有调查的一般特点外,还有其固有的特点。

(一)个案法着重于个人的研究

人是属于社会的,所以直接研究一个人的行为,也就是间接研究这个人和社会环境的关系。

(二)个案法着重于分析工作的研究

个案法的研究范围比较狭小,能够做极精细的分析。由于这种极精细的分析,所得出来的结果,才可以知道人们生活上真实的事实情况是什么,根据事实进行分析研究工作。

(三)个案法着重于诊断和补救的研究

个案法所研究的对象,多是特殊的、非正常的、社会上的个人,或学校中的学生。怎样才能使这种特殊的非正常的个人能够在正常的社会里生活下去,不能只停留在发现存在的问题,而且着重研究形成问题的根源,并针对问题加以辅导和矫治。

(四)个案法具有较强的科学性

个案分析法,是以纯粹客观的态度、运用归纳的方法。其材料比较科学准确,但所得结论在推广运用时应特别慎重。因为只是由一两个特例的研究推论出具有一般意义的认识,是一种推论性的感性认识,还有待于进一步的验证与深化。

三、个案法的步骤

(一)确定研究对象

根据课题的要求或自己研究的目的,选定具有某一方面典型特征或有特殊行为的学生或事例作为研究对象。在大多数情况下是先发现某学生有一系列不同于他人的行为表现,而对这些行为表现的形成原因、特点、趋势或重要性认识不甚清楚,但又有搞清楚它的必要和兴趣,于是确立了研究的课题和对象,选定对象常依据研究者的主观印象和一些现成的资料。

（二）个案现状评定

除了对个案表现出的方面，有专门的测量与评定，以便正确认识个案在这些方面的特点、所处的水平以及与一般情况的差别以外，对个案的现状也应有一个全面的了解与评定。因为某一方面的突出不是偶然的，它除了有发展的因素外，往往还同个案所处的现状有密切的联系。这种评定与了解，有助于我们认识个案各方面发展的、平行的、协同的关系，也有助于我们发现个案潜在的发展趋势。对于学生个体来说，大致应考察他的受教育状况、生理与心理素质状况、家庭生活和社会环境状况等因素。

（三）个案历史资料的搜集与分析

研究个案的发展，主要是从个案历史资料的相互比较中找出个案某些方面发展演化的脉络，搜集的范围包括个人生理与心理发展、受教育水平等历史，如各年龄阶段身高、体重的发展情形，是否患有某种疾病，历年来智慧发展快慢情况，个人入学后各门功课的成绩与各种爱好等。当然有些资料不可能健全，可通过个体回忆，以及与家长、任课教师、同学等访谈予以补充。

（四）诊断与因果分析

在对所搜集的历史资料与现状资料比较与分析的基础上，理清个案演化发展的脉络，以研究特殊行为的原因，根据个案现状评定中发现的问题，确定个案的困难或问题的症结所在。

（五）个案发展指导

个案的发展指导是在分析与诊断的基础上，对学生如何发扬成绩，克服缺点，设计出一套因材施教的方案，并予以实施。教师要诊治学生的问题，必须根据生理学、心理学、教育学、社会学等学科的原理，针对问题的症结，施以治疗的方法。一般从两方面入手：首先，改善可能改善的外因条件，使之适应学生发展的需要。主要通过改进学校教育措施、改善家庭气氛以及父母对子女的教育态度与方法等来实现。对于不可能得到改善的外因条件，也应提出加以防范或疏导的措施。其次,对学生的内在因素加以适应性发展与矫治,以便适应社会环境。如通过心理咨询与治疗,改善或发展学生的情感、情绪与人格倾向等;如克服学生的习惯性焦虑情绪、过分孤僻的性格等。但必须注意,在制定发展指导方案时,常需得到有关专门工作者的帮助。

(六)追踪研究

由于对特殊行为的诊治,是一个极为复杂的工作,所以诊断是不容易准确的。如果诊断不准确,矫正就不能收效。所以在施行矫正教育以后,还要追踪研究与观察,以测定和评价用于矫正的教育措施是否有效。如果矫正有效,特殊行为已经改正,确定取得成效,个案研究工作可暂告一段落。如果问题没有解决,就要重新诊断和重新矫正教育,继续研究下去。

第四节 预测法

一、教育预测的意义与作用

预测是对研究对象的未来状态进行预计和推测。直观简单的预测在日常生活中运用较为普遍,如对学习情况、考试结果、学校的发展前景所作的一些推测等等。但这些预计与推测,通常主要依靠直观分析和经验,借助一些先兆信息,加以推测而得出的。

预测法是预测者根据历史的资料和当前的有关信息,运用适当的方法和技巧,对研究对象的未来状态进行科学分析、估算和推测的一种方法,它不仅在自然科学领域中得到广泛应用,在社会科学研究中也常采用。

教育预测法就是用预测法来研究教育方面的问题,探索未来一定时期内,教育内部各因素之间以及教育与其外部各社会因素之间相互依存关系的变化趋势。亦是对未来某一指定时空内教育信息特征的估计与推测。教育预测研究是帮助我们认识事物发展规律,了解实际需要,研究和确定教育目标、教育内容、教育体制、教育结构的比例关系,制定教育规划、教育投资额及各项教育政策的重要手段。预测是决策的前提,预测的质量关系到决策的正确性。预测得越正确、越全面,由此作出的决策就越是能适合本国、本地区的实际,亦越是能顺利地保证教育与社会、科学技术的发展相适应,所以教育预测法是教育科学研究的重要内容之一。

预测法在教育研究中的运用是非常普遍,从宏观方面看,可以预测未来的社会经济结构、科学技术的发展以及人口变化趋势对教育的影响。例如对未来的教育结构、教育制度、教育发展规模与速度、教育投资、学校教育体制等进行预测。从微观方面看,可以预测各类学校的教学体系、课程结构、教学内容以及区域性的教育发展前景,教师队伍的变化趋势,以及学校学生学习成绩的变化趋势,甚至还可以预测受教育者在一定教育条件下的成才方向等。因此,可以说教育预测的内容几乎涉及到人类教育活动的所有方面。通过预测,可以根据推估的情况拿出对策,这对于按规律办好教育事业,培养四化建设所需的人才,无疑有着重要的作用。

二、教育预测的基本程序

科学的教育预测,需按照一定的程序进行。教育预测的基本程序如下:

(一)明确预测目的和任务

教育预测的目的和任务是根据教育研究工作和教育实际工作的需要提出来的。明确预测目的和任务,才能制定预测工作计划,具体进行预测工作。

(二)收集资料

要对某种教育现象进行预测,必须首先掌握与现象有关的各种信息。不仅对预测对象的过去与现在进行分析,而且还要对预测对象所处的环境和背景进行研究,以获取系统、全面、准确的资料,特别是注重数量资料的获取。

(三)确定预测方法

了解了预测对象的性质及其所处的环境和背景,掌握了足够的资料后,可以选择进行预测的方法或建立预测模型。预测的方法有很多种,任何一种方法都不是万能的。我们可以根据预测目的、占有资料情况以及现有的预测条件,选择适当的预测方法。方法选择得是否恰当,直接关系到预测结果的可靠性和准确性。

(四)进行预测

进行预测时,有一系列的组织工作和技术工作,分别由有关领导和技术专家等人员完成。若采用定量预测,则要根据现有资料和相似性等有关原理建立预测,用数学模型,并进行计算、分析,得出结果。

(五)预测结果评价

得出的预测结果是否正确、可信,是衡量预测目的是否达到的关键。因此,必须对预测结果进行评价,即应用相应的方法,根据评价的标准,对预测结果作出检验。

三、教育预测方法

教育预测的范围相当广,所接触的对象各种各样,所以需要根据不同的特点引入不同的预测方法。关于预测的方法,根据统计资料,目前有的不少于 200 种,常用也有 20 多种。但总的来说,可以归为两类:定性预测与定量预测。

定性预测是建立在逻辑思维的基础上,运用逻辑推理的方法,通过研究事物的形成原因,发现事物发展规律,对事物未来发展变化状态(结果)进行定性估计。比较常用的有前景设想法、类推法、特尔斐法等。

定量预测是运用统计分析的处理方法,或预测的数学模型,对事物的过去和现在的数据资料进行分析,揭示历史数据背后的必然规律性,描述出事物的未来发展趋势。常用的有趋势外推法、回归分析法与灰色系统预测法等。

在实际预测分析中,常将定性与定量预测配合使用,因为定性预测是定量预测的前提,而定量预测则是定性分析的具体化。

(一)前景设想法

前景设想预测是人们对未来的主观想象,它是在已有事实的基础上,凭经验和想象估计未来的多种可能性,并提出实现它的方法或途径,对未来发展做理论上的描述。这种预测可以为制定学校远景规划提供方向性指导。

(二)特尔斐法

特尔斐法又称作专家调查法,它是根据所要预测的问题,先选择有关的专家,请他们凭自己的专长和经验,提出自己对有关问题的直观认识和分析判断,而后在专家们提供材料的基础上写成综合报告,再交给他们修正或作进一步的解释,最后得出所要预测的结论。

特尔斐法是美国兰德(Rand)公司于1964年发明并首先用于预测的,它是一种广为适用的预测方法,既可适用于科技,又可适用于社会科学领域(其中包括教育现象)。在长远规划者和决策者心目中,此方法享有很高的声誉,并已渐成为一种重要的规划决策工具,在国内外广泛运用。

特尔斐法的本质是有效地运用专家的专业知识、实践经验、创造性智慧等等,难以量化的带有很大模糊性的信息,通过通信征询的方式进行预测信息的交换,逐步地取得近于一致的意见,实现预测研究的目的。

运用特尔斐法能否成功,关键为:(1)专家的选择;(2)征询表的设计;(3)预测信息的汇总与反馈。

为使预测课题能做到尽量全面可靠,对参加预测的专家事先都要经过慎重的选择,要考虑每位专家的专长、水平、年龄、性别和职务等因素,并征求他们是否乐意于参加课题的研究。经验表明,一个身居要职的专家匆忙填写的调查表,其参考价值远不如一个专事某项技术工作的一般专家认真填写的调查表。专家组的人数视预测问题而定,一般以 10—50 人为宜,重大问题也可以扩大到 100 人以上。

用特尔斐法进行预测是采用通信的方式,为确保专家们能够独立自由地分析判断,对专家们的姓名要相互保密,以免引起不良的心理因素影响。

征询(调查)表是特尔斐法的重要工具,是预测信息的主要来源。表的质量对预测结果的正确程度影响很大。在编制征询表时应注意以下几个问题:("对特尔斐预测法作出充分说明,说明预测的目的和任务,以及专家应答在预测中的作用,同时还要对特尔斐法的实质、特点以及各轮间反馈的作用作出充分解释。(2)向专家提供背景材料,以及对不同预测目的的预测对象及其周边环境有充分了解。(3)问题要集中,且具有针对性,不要过于分散,以便使各个事件构成有机整体,同类问题应先简单后复杂。(4)征询表用词要确切,避免出现含糊不清的用语。(5)调查表要简化,应有助于而不是妨碍专家作出评价,应使专家把主要精力用于思考问题,要避免提出难以回答的问题。问题的数量要限制,一般认为问题的数量以不超过 25 个为宜。

使用特尔斐法进行预测,一般要经过四轮左右征询:

第一轮:发给专家的第一轮调查表不带任何框框,只提出预测主题,围绕预测主题由专家提出应预测的事件。预测研究者对专家填写的调查表进行汇总、整理,归并同类文件,排除次要事件,用准确术语提出一个预测事件一览表,并作为第二轮调查表发给每个专家。

第二轮:专家对第二轮调查表所列的每个事件作出评价,并阐明理由,预测研究者对专家意见进行统计处理。

第三轮:根据第二轮统计材料,专家再一次进行判断和预测,并充分陈述理由。有些预测在第三轮时仅要求持异端意见的专家充分陈述理由,这是因为他们的依据经常是其他专家忽略的一些外部因素或未曾研究过的一些问题,这些依据往往对其他成员重新作出判断产生影响。

第四轮:在第三轮统计结果基础上,专家们再次进行预测,根据研究者要求,有的专家要重新作出论证。

运用特尔斐法进行预测的程序可参见下图:

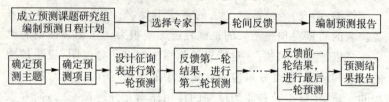

一般通过四轮,专家们的意见如果相当一致,这些意见就是研究者所要获得的预测课题的研究结果。

特尔斐法具有以下特点:

1. 匿名性

特尔斐法采用匿名函询的方式征询意见,应邀参加预测的专家互不相见,消除了心理因素的影响,专家们可以参考前一轮的预测结果,以修改自己的意见,由于匿名而无需担心会有损于自己的威望和声誉。

2. 轮间反馈沟通

在预测过程中,要进行几轮征询专家意见。预测研究者对每一轮的预测结果作统计汇总,提供有关专家的论证依据和资料,作为反馈材料发给每一位专家作下一轮预测时参考。由于每一轮预测之间的反馈和信息沟通,可进行比较分析,因而能达到相互启发,提高预测准确度的目的。

3. 预测结果的统计特性

作定量处理是特尔斐的一个重要特点,为了科学地综合专家们的预测意见和定量表示预测的结果,特尔斐法采用了统计方法对专家意见进行处理。

(三)类推法

如果两个不同事件之间的相互联系规律是已知的,则可利用先导事件的发展规律来预测迟发事件的发展趋势,即根据历史和现实的情况,对处于同样条件下的未来发展情况进行预测的方法称作类推法。

在教育实验研究中,我们对小规模的研究对象进行实验,然后将实验结果推论到大的群体中去,即是采用了类推法。在日常教学工作研究中,类推法也常被运用。如:研究现有班级的学生的特点,看与以往的某一届是否相似,若相似,就可以将以往曾使用的有效教育教学方法运用于本届同学。在学习和借鉴别人已取得的经验、做法和教训时,也要对经验、教训等的适用性和可能取得的效果进行预测。在预测时,常将他人的内外因素等与自己的条件环境进行比较,若很相似,则就可以考虑采用,并对效果进行估计;如果相差甚远,他人的经验无疑将不适用,这里即采用了类推法。

从以上表述可看出,类推法预测至,少要在两个事物中才能进行:一个是已发生或已存在的事物,称为类推模型,要求类推模型在历史环境中已有唯一的结局;另一个是被预测的事物,称为类推物。类推法的依据是当事物具有相同性质的矛盾,且处于相似的环境条件时,事物的发展过程及结果出现重复。但类推预测会受到预测者的专业知识水平和所掌握的资料的影响;不同的预测者得出的预测结论会有所差别。所以在类推预测时强调有效的预测,即如果两事物间存在某些基本相似,就应揭示其他方面的相似;如果在其他方面的相似性很差或差距很远,且这又恰是与预测有关的关键特点,就不能进行类推。

应用类推法进行预测的一般步骤为:

(1)明确预测课题。确定预测的具体对象、要求和时限,认识课题的必要性和意义。

(2)选择预测的类推模型。寻找与类推物矛盾性质相同的若干对象,从中选择出与类推物的发展历史、环境条件最接近的个别对象,作为预测的类推模型。

(3)列出类推物与类推模型比较的范围条件。

(4)收集类推物和类推模型的资料。主要围绕比较的范围条件去收集定性与定量方面的资料,包括历史演变和现状动向,越全面越完整越好。

(5)资料的比较分析,并提出预测结果。将类推物与类推模型的各项条件进行一一比较和分析。如果最后能发现它们的矛盾相同,基本特征又相似时,就能用类推模型来预测类推物,预计类推物将产生与类推模型相似的结局。特别应注意的是对取得的预测结果要征询有关专家的意见,以检验其可靠性。

(四)回归模型法

回归模型法预测是根据变量之间的相关关系,建立回归方程式,利用其它变量的已知数值来推断所预测变量的值。因此,准确认识变量之间的关系,制定回归模型,是运用这一预测方法的首要条件。

回归分析是处理变量之间相互关系的一种数量统计方法。回归预测则是回归分析在预测中的应用。由于回归分析有比较严密的理论基础和较成熟的计算分析方法,所以,回归分析预测法的理论性较强,如果模型建立得当,可能得到比较精确的预测结果。事实上,预测对象与相关因素有着复杂的内在联系,这些相关因素的变化也带有不肯定性,它们之间往往表现为相关关系(关于相关的内容,参见第九章第一节中相关系数部分),相关关系在教育领域中较为普遍,因而回归预测方法在教育科学研究中应用较广。

回归预测的基本步骤:

(1)因素分析。对预测对象的特征、预测对象的有关因素进行分析,确定哪些是主要因素,哪些是次要因素,哪些因素可以归并为一个因素或化简归类,并研究这些因素的变化对预测对象有什么影响。

(2)收集数据,建立回归模型。根据预测对象与相关因素的数据结构的变化特征,选择合适的数学表达式,运用回归分析方法建立回归预测模型。

(3)对回归预测模型进行分析评价,通过定性判断和统计方法对预测模型的适用性和精确度进行评价。

(4)利用回归预测模型进行预测。

(5)分析评价回归预测值的精确度和可靠性。

在常用的回归预测中,人们一般把预测对象称为因变量,把相关因素称为自变量。一个自变量的为一元回归,多个自变量为多元回归。若因变量与自变量的统计规律性呈线性关系,称作线性回归,若因变量与自变量的统计规律性呈曲线关系(非线性关系),称作曲线回归。

回归预测法在教育预测中可根据不同的已知条件,如原始分数、离差数值等,采用不同的计算公式。一般都是先求出回归系数,再将自变量值代入回归方程 $\hat{Y}=A+BX$(Y为因变量,X为自变量,$\hat{Y}$为Y的预测值,B为回归系数),可得到预测值$\hat{Y}$。

在一元线性回归预测中,$\hat{Y}=a+bX$,a、b可通过有关公式求得。

例如,某校五年级中有一学生因故未能参加期末语文考试,现根据期末与期中考试成绩的相关关系,对其期末成绩进行预测估计。现随机抽取10人,其成绩如下(注:实际工作中,所抽人数应大于30):

学生	X(期中)	Y(期末)	X−X̄	Y−Ȳ	(X−X̄)(Y−Ȳ)	(X−X̄)²	(Y−Ȳ)²
1	74	82	−1.6	−1.7	2.72	2.56	2.89
2	81	75	−4.6	−8.7	40.02	22.16	75.69
3	80	81	4.4	−2.7	11.88	19.36	7.29
4	85	99	9.8	5.3	49.82	88.36	28.09
5	76	82	0.4	−1.7	0.68	0.16	2.89
6	77	89	1.4	5.3	7.42	1.96	28.09
7	77	88	1.4	4.3	6.02	1.96	18.49
8	68	84	−7.6	0.3	2.23	57.76	0.09
9	74	80	−1.6	−3.7	5.92	2.56	13.69
10	74	87	−1.6	3.3	−5.28	2.56	10.89
∑	756	837	0	0	91.80	198.40	188.07

利用期中与期末成绩的相关关系,可建立一元线性回归模型,$\hat{Y}=a+bX$

其中 $a=\bar{Y}-b\bar{X}$

$$b=\frac{\sum(X-\bar{X})(Y-\bar{Y})}{\sum(X-\bar{X})^2}$$（或者利用相关系数与回归系数的关系,建立回归方程,$\hat{Y}=r\cdot\frac{S_Y}{S_X}(X-\bar{X})+\bar{Y}$,其中 r 为 X 与 Y 的相关系数,$\bar{X},\bar{Y},S_X,S_Y$ 分别为 X 与 Y 的平均数、标准差,具体意义见第八章第一节统计法部分)

可求得 $b=\frac{\sum(X-\bar{X})(Y-\bar{Y})}{\sum(X-\bar{X})^2}=\frac{91.80}{198.40}=0.4627$

$a=\bar{Y}-b\bar{X}=\frac{857}{10}-0.4627\times\frac{756}{10}=48.72$

若某生期中考试分数为 84,则期末分数预测值为 $\hat{Y}=48.72+0.4627\times84=87.59$

这里应注意到,利用回归方程所预测的值,只是一个估计值,还必须通过统计检验来检验有多大误差存在,以提高预测的准确性。

第五节 比较法

一、比较法的意义与作用

有比较才有鉴别,有鉴别,才能有认识。只有对经验事实材料进行比较分析研究,通过分析、综合、归纳、演绎、分类、类比,才能揭示事物的本质。所以比较法是人们认识客观事物的重要方法。教育科学研究中的比较法,是根据一定的标准,对某类教育现象在不同时期、不同地点、不同情况下的不同表现,进行比较研究,以揭示教育的普遍规律及其特殊本质,力求得出符合客观实际结论的方法。我们在教育科学中运用比较法,对事物进行比较,必须具备三个条件:第一,必须存在两种以上的事物;第二,这种比较必须有共同的基础;第三,这些事物必须有不同的特征。

比较法不仅在日常教育工作中得到广泛的运用,而且在教育科学研究中也发挥着重要作用。通过比较研究,可以帮助我们在众多的研究课题中,选定最有重要价值的研究课题;通过比较分析,在搜集文献资料过程中,不仅对所需要的材料进行定性鉴别,而且有助于揭示一些较专深的不易明察的资料信息;通过比较,对教育现象进行定性的鉴别和定量的分析,鉴别事物的差别和量的比例关系,从而准确地把握事物的多种属性,揭示事物的本质,发现事物发生发展的趋势和规律。

二、比较法的种类

（一）同类比较法

比较两种或两种以上的同类事物,而认识其相异点的方法,称作同类比较法。这种比较可以使我们认识到相似的事物之间有其相异点,进而找到事物发生发展的特殊性。例如,甲、乙两所学校,生源素质、地理环境、学校条件等基本差不多,但由于两校所采用的管理、教学等方法有所不同,所产生的教学效果有差异,对此,我们可以对两校的教育教学措施等进行比较,以总结经验,发现问题。

(二)异类比较法

以比较两种或两种以上的性质相反的事物或一个事物的正反两个方面为对象,通过比较表面相异的两类对象,以发现异中相同点的方法,称作异类比较法。这种比较,可以使我们认识到相异的对象之间,有其共同的地方或共同规律。例如,在文化领域中,东西方文化的比较,即属此种比较。

(三)纵向比较法

以同一事物为对象,在不同的时期内,对事物的发展、变化进行比较,称为纵向比较。它是按时间序列的横断面展开的,所强调的是从事物的发展变化过程来研究教育发展变化的规律,是以动态观点来研究现状,追溯事物发展的历史根源,揭示其历史演化性,从而弄清其发展的来龙去脉。例如,达尔文对于生物进化的比较研究,就是运用纵向比较法进行研究的典型。在教育研究中,该方法运用较普遍,譬如通常所说的某学生成绩有所进步或有所退步,就是运用比较法,将他的学习状况进行纵向比较所得的结论。

(四)横向比较法

把同类事物中的不同对象在同一的、共同的标准下,进行比较研究,就是横向比较法。进行横向比较时,那些不同的对象,必须是互相有联系的,而且主要是同一历史时期的事物。所强调的是从事物的相对静止状态中研究事物的异同,分析其原因。例如,在大多数教育实验中,对实验组和控制组的比较,就是采用横向比较的方法。

(五)定性比较法

定性比较是通过事物间本质属性的比较,来确定事物的性质与特征的方法,主要研究事物质的区别。因为我们认识事物,首先是认识它的性质,否则,就无法区别事物,更谈不上认识事物。而达到对不同的事物的性质认识的有效方法,就是对这些性质进行比较,寻找质的差别,也就是说对其进行定性比较。

（六）定量比较法

所有事物都是质和量的统一。我们在认识事物质的基础上,还必须把握它的量的方面。定量比较,就是对事物属性进行数量上的分析,从而准确判断事物的发展变化。定量比较目前在教育科学研究中运用非常广泛。如教育实验中对实验因子效应的定量分析结果,就是在实验组与控制组之间进行定量比较分析后得出的。

三、运用比较法的步骤

运用比较研究,基本步骤为:

（一）明确比较的目的,选定比较的主题

这一步是进行比较研究的前提。首先确定比较的内容;其次按比较的主题统一比较标准。

（二）搜集整理资料

通过查阅文献、调查、实验等各种方法,尽可能客观地搜集所要研究的教育现象的有关资料。根据比较标准,将比较的材料进行整理并作统计加工。

（三）分析解释比较材料

对所要比较的事实、数据进行充分的研究,分析形成事实的原因、理由和因素。

（四）作出比较结论

就是对比较对象的材料、情节进行全面分析后,作出研究结论。

四、运用比较法的要求

在运用比较法进行研究时,必须注意以下几点:

（一）保证事物间的可比性

所谓可比性,是指比较对象之间具有一定的内在联系,并能用同一个标准去衡量和评价。如果不是同一范畴、同一标准的材料,则不能比较。为保证可比性,必须做到:比较的标准要统一,比较的范围、项目要一致;比较的客观条件要相同。

(二)进行本质比较

事物之间不仅有现象的异同,而且存在着本质上的异同。我们不仅要了解事物的现象,更重要的是深入了解事物的本质,而事物的本质一般都隐藏在事物的内部,有一个暴露和发展过程。所以我们要透过现象分析原因,通过大量的、典型的材料分析其内在关系,从而揭示事物的本质及其本质异同。

(三)用于比较的资料必须准确可靠

用于比较研究的资料必须真实可靠,具有客观性;能反映普遍情况,具有代表性;能反映研究对象的本质,具有典型性。

(四)运用比较法的同时,必须注意与其他研究方法相结合

比较法虽然用途广泛、使用方便,但它不是唯一的方法,更不是万能的方法,它只能适用于一定的范围内,而且比较是有条件的,不能任意比较。比较研究的对象之间必须有一定的内在的和本质的联系,否则是不能进行比较的。实际运用中,我们也不能将它绝对化、孤立地采用,而要和其它各种方法结合起来运用,才能真正认识和掌握教育现象的客观规律。

第十章 教育科学研究材料的收集、整理与分析

第一节 教育科学研究材料的收集

当研究对象确定之后,教育科学研究就进入实质性的阶段,即开始直接地或间接地收集与"研究问题"有关的材料,并对所收集的材料进行整理分析。"问题"的解释与解答是以对"问题"背景中各种相关因素的分析为基础的,为此需要收集相当数量的足以说明研究问题的材料。而由于所收集的原始材料往往是零乱的,研究者要通过这些材料获得对问题的认识,就必须在分析材料之前对这些材料进行整理加工。对"教育问题"进行科学研究,就是将与"问题"有关的各种信息收集在一起,然后通过研究者的分析,寻找出到底哪些因素导致当前教育活动的疑难状态(问题)。因此,任何类型的教育研究,都必须要收集、整理、分析与"问题"有关的材料和信息。收集、整理、分析材料的过程就是一个从研究对象那里汇集信息并对信息进行处理、识别的过程。

前面几章已介绍了几种基本的研究方法。这些研究方法都涉及到收集材料的问题。通过灵活而又有机地综合运用这些方法,我们便可以收集到大量的事实材料和数据。本节在前面几章的基础上,对收集材料过程中几个一般性问题作进一步讨论。这几个一般性的问题是:什么是材料?研究者在着手研究问题时需要哪些材料?收集材料的一般顺序是什么?研究者在收集材料时应注意些什么?

一、材料及其分类

所谓材料一般是指具有特定内容的信息形式。教育科研的材

料就是记载着各种教育事态、情况、特征,并与研究者所要解决的"教育问题"有关的文字、数字、图表、符号、录音带、录像带等。它们是教育活动者从事各种教育活动的实际记录与描述,是研究者据以得出结论的基本依据。教育科研的材料有不同的表现形式,可以从不同的角度来分别这些材料。从记载信息的表现形式来看,材料可以分为文字材料和非文字材料。文字材料就是用语言文字、数字、符号来描述教育现象、活动情况及特征。根据描述教育现象的方式,文字材料又可以分为用书面文字材料即用语言来表现教育活动信息的材料,和用数量方法对观察到的教育现象和特征作出描述的材料。非文字材料也可以分为两类,一类是用音响、形象的方式记录信息内容的新型载体材料,如录音录像、计算机磁盘等。另一类是用形式、实物的方式表现人们活动结果,如建筑、器具、教学设备、模型及其它实物等。从材料产生的途径看,材料又可以分为活动者直接记录的材料(已有的各种活动材料),它是活动者在教育活动过程中对其自身活动过程及结果的记录与描述,有时也包括活动者对自身活动的思考;研究者根据一定研究目的和问题而通过一定研究设计和技术记录而得到的材料。前者有人形象地称之为"死材料",后者称之为"活材料"。此外我们还可以根据材料与研究对象的关系而分为"第一手"材料和"第二手"材料。所谓"第一手"材料是指研究对象本身,或直接反映研究对象的东西,或者当时当地耳闻目睹的文字记载;"第二手"材料是指间接得来的有关研究对象的材料,不是当时当地耳闻目睹的直接记载。

显然,从不同角度可以将材料分成不同的类型。了解材料的不同形式对于研究者来说,具有一定的意义。收集什么材料、怎样收集材料、所收集的材料怎样处理等等一系列问题,研究者都要予以考虑。但是对于研究者更为重要的是在材料的形式下所记录的具体内容。不管是何种形式的材料,都要具有实质性的内容。不具有实质性内容的材料是没有研究意义的。所谓实质性的内容是指材料的信息与研究者所要研究的问题密切相关,能够反映某些方面的特征和情况,能够为问题解决提供有意义的线索。

二、材料收集的范围

研究者在从事教育科学研究时,需要收集哪些材料呢?对于这个问题,我们依然需要从教育研究的对象——"教育问题"——入手。"教育问题"就其本质而言,是人们对过去一段时间内教育活动未达到目的之结果的思维形式。人们以问题的形式思考教育活动的疑难状态,以期解决它。因而解决或解释"教育问题"的过程也就是一个认识过程。就一个具体的认识过程而言,新的认识总是在已有的认识的基础上向前推进的即从已知向未知的发展。而从问题作为一种思维形式来看,它总有自己的逻辑上的特征,即任何一个问题都可以分解为已知部分和未知部分。和一般情况下的问题不同,教育科学研究中的问题,其已知部分的具体情况对于研究者来说往往是不清楚的。例如,"中学生行为不良的心理成因问题研究",研究者已知的只是一个概括性很强的认识:中学生中有行为表现不良的现象,但具体的不良表现是什么,引起不良行为的原因是什么,研究者并不清楚,这就需要研究者收集一定的材料来了解它们。因此,要解释、解决当前的"教育问题",研究者就需要了解"教育问题"的背景、过去教育活动的情况,了解教育研究对象过去活动及其结果的特征,了解对象的正在发生的教育活动及其特征。简单地说,研究者需要了解"过去发生了什么"及"现在正在发生什么"。

研究者必须了解人们过去从事教育活动的情况及其活动结果的特征。因为现在是过去的延续,也可以说是过去活动的必然结果。因此,研究者要认识现在的活动情况何以至此,就必须对研究对象的过去活动情况有比较深刻的了解。由于人类行为的一次性和不可重复性,研究者不可能通过再现过去教育活动的方式来了解研究对象的过去教育活动。但人类的语言文字使得过去教育活动的情况及行为的结果得以保存下来，从而使得后来者能够通过对这些记载过去情况的物化形式进行研究分析，了解过去教育活动的情况。这种保存下来的物化形式便是记录教育现象的载体——书面的文字材料或称为文献资料。文献是人们专门建立起来、贮存与传递信息的媒体，是人们从事各种教育活动的反映。媒体与教育现象——媒体的内容——是文献的两个基本要素。媒体是文献的外在形式，一定的教育现象是文献的内容。

在教育科学研究中，通常收集的书面文字材料包括以下几个方面：

（1）反映一个地区或一所学校的教育工作情况的材料，如各种有关方针政策的决定和指示、通告、工作计划、工作报告、报表、总结、会议记录、统计材料、规章制度、日记、信件等等；

（2）反映教师的教学工作情况的材料，如教师的工作计划、教案、讲稿、教学日记、教学工作总结、教研组会议记录、教师有关教学经验的文章和材料、听课笔记等等；

（3）反映学生的学习情况、知识水平、思想状态、心理状态等等的材料，如笔记本、练习本、各科作业、绘画、劳动成果、实验报告、试题试卷、教室日记、个人日记、记分册、教学计划、教学大纲、教科书和参考书、课外读物、学生评语等等；

（4）反映学生课外和校外活动的材料，如学校课外活动计划、工作记录、团队会工作计划以及有关材料，校外教育机关的规章制度、活动计划、工作和会议记录、总结、通知等等；

（5）各种书面的文字材料还包括马克思主义经典作家有关教育问题的论述，历代教育家和思想家关于教育的论著、论述、建议、随笔，国家或地方及政党有关教育的法令、制度、规章、方针政策、决议、指示、规划以及教育刊物、教育论文、专著、手稿、笔记、评论、传记、报告等。

教育研究者对"教育问题"的背景、过去教育活动的情况的了解,除了可以通过已有的文献材料而弄清楚,另一方面也可以通过当事人、旁观者的回忆而获得。前者是为文献材料的收集,后者则表现为广泛的问询调查、访谈、问卷、测量等。通过各种问询法,研究者可以了解到对象过去或现在的经历、动机与看法。

教育研究者还必须了解当前正在发生的教育活动及其特征。这种了解主要通过观察研究对象正在发生的外显行为以及发生在他们中间的事情。在自然的教育过程中了解研究对象的外显行为即为现场观察;在研究者有意改变或设计的教育过程中了解对象的外显行为即为实验。

在这样的一种通过了解对象的外显行为来把握教育事态及活动特征的过程中,研究者使用眼睛注视特定的教育现象与环境因素,以及通过听觉来了解有关对象的活动情况。研究者把看到的听到的甚至当时感想到的记录下来,即为研究者据以分析的材料。有时研究者为了更加客观地收集材料而借助于拍照、摄像、录音等视听技术来记录周围情况。

但是,人们外显的教育行为,其意义怎样,研究者有时难以准确地理解。例如研究者观察到一个学生手托下巴,眼睛盯视教室的某一个地方,那么他是在思考问题呢,还是心里在想着课堂以外的事情,正在做白日梦?显然研究者需要确切地理解这种行为的意义。同时,人们的外显行为总是受到人们的教育观念、价值取向以及动机、态度等的支配。人们的相同行为可能出于不同的动机、源于不同的教育价值观念,而相同的动机与态度也可能会表现出不同的行为。而这些都是隐含的、是看不到的。如果研究者对人们的外显行为的背后的主观意识不了解或不清楚,那么研究者就难以真正地认识人们教育行为的本质,最终不能有效地达到指导教育实践的目的。因此理解认识行动者行为的意义,对于教育科学研究来说就显得特别重要。而要做到能够理解行动者行为的意义,研究者就必须要对研究对象作进一步的调查了解,这是研究者在选择研究方法时必须注意的。

以上分析表明,研究者为了获得对教育本质的认识,解决具体的教育问题,需要了解有关教育者的过去和现在的各种教育活动的情况,除了要了解活动者的外显行为,更需要了解活动者的动机、态度、价值观念。而如何获得这些方面的材料,则取决于研究对象的性质。对象不同,收集材料的方法或手段就会有异。

三、收集材料的一般程序

也许一些研究者认为:提出"收集材料的一般程序"问题没有多大的必要。因为在一般的实际研究中,收集材料的程序是随着对象的情境和收集材料的方法而有区别。例如,运用观察法来收集材料,其程序一般包括,进入观察现场、与被观察者建立起良好的关系、初步观察、正式观察、记录等阶段;而访谈的程序则是,访前准备、预备性谈话、正式谈话。但是一些研究者的经验表明,为了节省时间,减少研究对象的负担,研究者在收集材料时遵循一定的程序是很有必要的。而对于一些从事教育科学研究的新手来说,讨论这个问题尤其具有一定的实际意义。一般地说,收集材料应遵循以下的程序。

(一)从收集已有的材料到收集通过一定工具设计才能获得的材料

已有的材料就是被研究对象的单位里原来就有的一些书面文字资料、实物或音像材料等,也包括对同类问题他人已作出的研究成果。已有的资料在研究者着手研究问题之前就已经存在,收集起来比较方便、容易。它能向研究者提供研究对象的基本情况,提供对问题的基本思路。已有的材料的还能使研究者明确需要进一步了解的、书面材料上所没有的或不清楚的问题,从而为进一步的收集材料提供了明确的目标。在收集已有的材料时要注意区别"第一手"资料与"第二手"资料,尽量收集"第一手"资料。

已有的材料反映了活动主体的过去情况,对于活动者现在的行为倾向和情况,研究者主要通过与他们的接触(问询、观察)而获得。收集活材料的目的是补充或验证已有的材料。通过研究设计而获得的材料是解决"问题"的主要材料。各种研究方法(历史文献法除外)主要是收集"活材料"的方法。

(二)从收集研究直接对象的材料到研究间接对象的材料

直接对象是指与研究问题直接有关的人。间接对象是指通过直接对象与研究问题发生联系的人,或者是活动的旁观者、评论者。当直接对象提供的材料不能满足研究要求时,对间接对象的调查就是必不可少的。

(三)由事实性材料到评论性材料

从收集材料所反映的内容来看,研究材料可分为提供事实的材料和对事实材料作出评价的材料。对于研究者来说,首先应该注意的是事实性材料,只有在事实性材料搞清楚了以后,才能判断评论性材料的价值。

四、收集材料时应注意的事项

(一)收集材料必须有目的、有计划地进行

研究者应当事先根据研究目的和任务,深入地考虑应当收集哪些材料,如何去收集,如何去利用等等,而做出相应的工作计划,以便在收集材料时能够系统地进行。要避免盲目地收集材料,碰到什么收集什么是没有多少意义的。盲目地收集材料既浪费时间精力也无益于研究问题的解决。

(二)应当多方面地收集材料,以便所收集的材料能够从各个不同的角度反映所研究的问题或情况

所收集的材料应当是富有代表性的、典型的,应当具有足够的数量。例如,研究采用某一种教学方法的效果时,就要一方面收集能反映新的教学方法前后的教学情况的材料,如前后的教案、教学日记、听课笔记、评议会记录、经验总结、工作报告等等,以便顺利

比较;一方面要收集反映学生在新的教学方法前后学习情况的材料,如前后作业、笔记、测验、成绩、试卷、教室日记等等。所收集的材料应能反映优、中、差学生的情况。每种材料的份数也应达到一定数量,以便判别偶然性的东西和规律性的东西,保证结论的可靠性。

(三)收集材料应尽量避免主观臆断和偏见

在收集材料时应尽量排除一切主观因素掺入其中,严格依照研究前确定的收集材料的计划,全部如实地记录,不挑选,不遗漏,不怀有预先做好的结论,不先入为主,不把主观的推测和客观的事实相混。研究者在运用观察法收集材料时尤其要注意这一点。

(四)收集材料还要注意确保收集材料的技术与手段的信度和效度

信度和效度是材料收集的两个重要指标。信度是一个材料收集程序所显示的一致性程度,效度是指材料收集的程序按照能够收集到的材料的程度。这一点在进行研究设计时特别要予以考虑。

最后,在收集材料时,教育研究者还应当尽量结合研究对象的教学常规活动或他们的原先预定的活动。研究者在学校里收集材料时尤其要注意这一点。同时,教育研究者在收集材料时还应考虑自己的工作时间安排。

收集材料的方法和手段种类很多,在描述和量化材料时也各具特色。教育研究者需要注意的是,对于某些材料来源来说,某些方法可能较为合适;对于另一些材料来源说,则另一些方法较为合适。不存在不问条件的所谓最好的研究方法。也不存在某一些方法比另一些方法优越的问题。譬如木匠工具箱中的工具,你能说锤子和锯子哪个更好?显然,每一样工具在特定的情景中各有特定的用途。

第二节 教育科学研究材料的整理

材料的整理在教育科学研究中占有比较重要的地位。达尔文曾说过,"科学就是整理事实以便从中得出普遍的规律或结论"。这是因为,研究者通过观察、问询、收集已有文献而获得的材料多半是片断的、分散零乱的,性质各异、内容各异、类型不同的材料错综复杂地交织在一起。首先需要研究者经过对其进行整理,才能为研究者在对材料进行分析时所用。因此,研究者应对材料的整理及其一般的方法有一定的了解。

一、材料整理的方式

材料的整理就是对所收集的材料的真实性、正确性、准确性进行审核,对不同类型、不同内容的材料进行分类,对材料的数据及其他方面的信息进行汇总统计。值得注意的是,由于研究者所收集的材料量大、内容复杂,因此材料的审核、分类、汇总等需要在收集材料的过程中不断地进行,也就是说,整理材料的工作不仅在收集材料的任务基本完成后是必须的,而且在收集材料的过程中也是必须的。

由于材料收集的方法、手段不同而导致的记载教育现象信息的形式上差异,材料的整理方式也就表现出某些差异。我们先对材料整理方式的差异进行讨论,然后讨论材料整理的一般性任务。

材料的获得或者是通过实地接触(即观察),或者是通过问询访谈,或者是通过收集已有的文献资料。通过观察而获得的材料一般表现为现场所作的笔记。从内容上看,首先这种笔记既包括观察到的东西,也包括记录者当时理解的东西。就是说,在笔记中,不仅有研究者"知道"、"看到"、"听到"的,而且有研究者"想到的"。其次,由于时空条件的限制,现场观察中的记录可能是粗略的、不详细的。因此,就后者而言,研究者在观察后必须尽快地整理笔记。整理笔记就是以现场记录为线索,通过回忆而尽量在笔记中保持观察现场的原状,在回忆的基础上整理出详尽的笔记来;就前者而言,研究者需要就笔记中自己的"理解"建立分析档案。

通过调查而获得的材料主要是收回的问卷、调查表以及测验、评价用的试卷等。其特点就是资料的量大。对这些大量的调查资料也需作及时的整理,如果不作及时的处理,到调查结束时,研究者面对一大堆材料,犹如面对一团乱麻,难以下手。更重要的是,及时地整理材料可以立即发现所要求的材料之不足及尚缺少哪方面的材料。如果在材料收集完成之后整理材料才发现材料之不足,再去作补充调查,就会造成时间、精力、经费的浪费。因此,调查过程中对材料进行及时的整理是非常必要的。

通过调查而获得的材料往往是数据材料。对于数据材料的整理,一般采取列出总表的方式,根据一定标准,将调查材料分成若干大类及若干亚类,然后逐一统计汇总。各类数据的统计与汇总要做到精确,不能马虎、草率,更不能为了满足自己的事先假设而篡改数据。

对于已有的文献资料,研究者也须作整理工作。已有的文献资料,内容广泛,信息量大,时间和空间的跨度较大。因此,需要根据特定的概念框架对资料承载的信息——无论是口头的、文字的或其他形式的做分类记录。

二、材料整理的任务

尽管材料的整理在方式上有差异,但不管对什么材料进行整理,研究者都要完成以下几个方面的任务。

(一)对材料的审核

审核就是检查材料是否真实、准确与完整。无论是对由观察问询而获得的材料,还是对已有的文献资料,审核都是必要的。在运用观察方法收集材料时,由于一些原因(包括观察者的个人偏见、用自己的立场观点来筛选事实等),造成观察者只观察那些符合自己要求的现象;以及观察者观察时的不细致、不深入或遗漏观察对象的某些表现;或者由于观察对象表现不充分,记录不准确等等因素,从而产生观察误差。其结果是观察所获得的稠料不准确、不完整。观察材料的审核就是研究者对材料作必要的检查,以防出现观察误差。

问询材料的审核。问询主要涉及各种量表及问卷调查。因此特别需要注意统计数字的核对。除此之外,要对地名、人名、书名或其它材料名称进行核对;要核对问卷发出的数量与回收数量,统计数字是否完整等等。总之,材料要全面、真实、可靠。这是教育科学研究的根本所在。必须要认真对待。

对收集的原有文献资料也要进行审核。这是因为,由于各种原因,一些文献资料可能会与实际情况不相符合。文献资料的审核即在于对文献资料的鉴定,即对于准备使用的文献资料进行真伪、可靠程度的判定,其主要任务就是辨别文献的真假与质量的高低。

(二)材料的选择

材料的选择在整理材料的过程中的作用就是淘汰与研究目的无关的部分,而将与研究有关的部分集中起来。所有收集到的材料,是不可能全部用于研究分析和研究报告中的。因此,需要对原始材料作出必要的选择,弃去无关的材料,选择解决问题所需要的材料。那么到底哪些材料该选用,哪些该废弃呢。对于这个问题,研究者必须记住的是,材料的选择不能依据主观愿望和假定的前提,而必须根据材料的科学性来定夺。

材料的科学性表现为,材料必须是可靠的、真实的,要具有代表性、典型性,能够反映普遍情况。材料的选择实际上就是一个"去伪存真、去粗取精"的过程。

(三)材料的分类

分类就是研究者根据材料的内容对收集的材料进行剖析,把研究材料分为若干互不交错的小类或部分。具体地说,分类就是研究者运用比较的方法鉴别出材料内容的共同点和差异点,然后根据共同点将材料归合为较大的类,根据差异将材料划分为较小的类,从而将各种材料区分为具有一定的从属关系的不同等级层次的系统。

在教育科学研究中,对材料的分类是很重要的。研究者如果不对收集的材料进行及时的分类,那么这些材料就难以在研究的理论分析中使用。大量的科研成果表明,分类是知识理论化的最初步骤,是理论分析的基础。它能使材料中包含的信息得到整理,达到一定程度伪系统化。分类的根本目的在于描述材料中所呈现的现象之特征。

如何对材料进行分类呢?为了做好材料的分类工作,首先,在收集材料之前便制定出分类的方案对于研究者来说是非常必要的。制定材料分类方案时,应考虑研究任务要求哪些主题材料,怎样的编排最为方便,主题与主题之间的逻辑顺序如何,每一主题以内的材料顺序又应如何等等。经过后面的考虑,然后分门别类,依次排列。

其次,必须认真确定分类标准。分类的标准是多样的,如时间分类、问题分类、现象分类、本质分类等。研究者可以对同一种教育现象从不同的角度作出不同的分类。这取决于研究的目的与问题的性质,取决于对材料的分类是否有利于对材料进行分析研究。

不管依据何种标准对材料进行分类,研究者在分类时都要注意以下几个方面的事项:

(1)每次分类只能按照一个标准。要避免出现"根据混淆"的逻辑错误;

(2)分类必须是相称的,即分类后所得到的子项(即根据划分而得到的类别)外延之和应与母项的外延相等,不能扩大也不能缩小;

(3)分类后的子项其外延应当是相互排斥、互不相容的,并且要包含所有的内容而不遗漏；

(4)分类要按一定的层次逐级进行。

(四)汇总统计

在正确分类的基础上,研究者还必须对分类的材料进行汇总统计。汇总统计的目的在于把收集的大量分散的原始材料在分类的基础上综合在一起,成为一个有系统的、一目了然的统一体,以便供进一步研究分析时所用。其具体程序就是将通过调查、观察等而得到的材料填入适当的表格。这种表格一般可分为原始表和加工表。原始表是将原始材料按照一定的分类标准填入一个原始材料的综合表格。如下表1。加工表是将原始材料进行一定的概括加工而列出的表格。如下表2。

表1　三年级学生写错别字情况登记表

年　月　日

姓名	测验总字数	错字总数	同音相混	近似音相混	近似音相混	自造简字	笔划错误	缺略
张三								
李四								
…								

表2　三年级学生各月份错别字总情况表

月份	错别字%	同音相混%	近似音相混%	近似形相混%	自造简字%	笔划错误%	缺略%
九月							
十月							

表格来源:陈震东,《教育科学研究方法》,人民教育出版社,1980,149页。

第三节 教育科学研究材料的分析

教育科学研究的任务就在于通过对材料中表现的教育现象进行分析、研究。透过这些表面的现象,揭示教育活动的本质与规律,最终达到解决教育问题,改进教育实践的目的。因此对材料进行细致而深入的分析是教育科学研究中至关重要的一步,也是解决问题、得出研究结论的关键一步。

分析研究的方法随着对象的不同内容而不同。正如我们前面所谈到的那样,材料作为信息的载体,具有两种表现形式:一种是以书面文字形式传递有关教育现象的信息,一种是以数量描述教育活动。因此,对材料进行分析,前者我们可以称之为定性分析,后者称之为定量分析。也有的研究者将前者称为逻辑分析,将后者称为统计分析。定性分析就是通过对丰富的现象材料进行改造,去粗取精、去伪存真、由此及彼、由表及里,揭示教育活动过程中的动态规律,就是透过经处理过的现象材料,分析研究对象是否具有某种性质,分析某种现象变化的原因及变化的过程;定量分析就是将丰富的现象材料,用数量的形式表现出来,经过统计学的处理,描述出现象中散布着的共同特征。

在对材料的分析中,研究者用定性分析还是用定量分析,取决于材料的内容和性质。某些材料要求用定性分析或以定性分析为主,另一些材料则要求定量分析或以定量分析为主。在多数情况下,要求相结合地运用定性分析和定量分析。

一、定性分析

定性分析可以分为定性描述和解释的定性分析。描述在于呈现经过审核、选择、分类与汇总的材料说明研究对象是什么。对现象进行描述是解释现象的基础,是探索教育奥秘的不可缺少的第一步。只有在描述的基础上,研究者才能对现象作出正确的解释。

定性描述可以分为印象描述、概观描述和类型描述三类:

(1)印象描述。印象描述就是特写式的记叙教育现象与问题的一种描述方法。在教育调查研究报告中,这种方法比较常用。印象描述通常是对调查对象外部特征的描述,而不是对调查对象全体特征的描述。

(2)概观描述。概观描述就是素描式地记叙研究对象总体面貌的一种描述方法。

(3)类型描述。类型描述就是对研究对象的基本特征全面进行分类、记叙与分析的一种描述方法。

对于教育科学研究来说,更重要的是要解释教育现象,即说明研究对象"为什么"。解释就是对研究对象为什么那样存在或变化的回答,换句话说,解释就是关于内在原因或外部因素对研究对象的作用作出说明。研究者所收集的材料都是一些原始材料,是人们接触认识对象的最初产物。要在这种最初认识的基础上形成对事物的本质和各种内在联系的深刻认识,研究者就必须在描述的基础上对所收集的材料进行分析。分析就是通过分解认识对象,从认识现象到认识本质的思维活动。

(一)定性分析的步骤

1.分析的第一步就是对分析材料进行分解

材料的分解就是确定材料的意义单位或意义块,也就是将大量纷杂的材料分解为各个具有特定意义的组成部分,其目的是使整体的构成部分在认识中清晰起来。因此可以说定性材料的分析过程是一个研究者根据研究的问题,从研究对象的行动和语言中选择意义的过程。这种意义的析得首先是通过研究材料较小的意义单位来完成的。它是以后确定更大的意义范畴的基础。研究者在确定意义单位时必须要注意的是,每个意义单位必须在没有附加的信息情况下对其它人是可以理解的。材料的分解是整个分析材料中的第一步工作,是进一步得出研究结论的最基本的一步,同时也是一个比较费力的工作。因此在进行材料分解时候,必须耐心细致。为了随后进一步分析的方便,研究者在分解材料开始之前应准备若干 5"×8" 索引卡(或其它类型的卡片)、剪刀、胶带和铅笔。

　　首先,要仔细地阅读研究材料,这是确定意义单位块的基础。为了便于操作,这些意义单位要能够从原始材料中剪下来,因此研究者最好能够将这些原始材料复印下来(如果不能复印下来,那么研究者就要用卡片将材料的意义单位或意义块抄录下来)。当研究者确认一个意义单位时,在这页上划上标识线,以将它与其它意义单位区别开来。然后在该页的左边的空白处标明该页是原始材料的何处。例如,眷/张－12 是指该意义单位来自于对张××访谈誊本的第 12 页。接着用一个词或短语来表示该意义单位的实质。这样研究者如果需要进一步澄清单位意,就能够很容易地在较完整的背景中查阅原始材料。意义单位确定之后,用剪刀剪下,并将每个意义单位用胶带贴在索引卡上。每张索引卡是一个意义单位。有些意义单位可能很短,也许只有一个句子;有些意义单位则可能很长,但仍然可以使用索引卡,其方法是,将较长的意义单位上端粘贴在索引卡上,其余部分折叠起来。

图 13－1　材料意义单位的确定

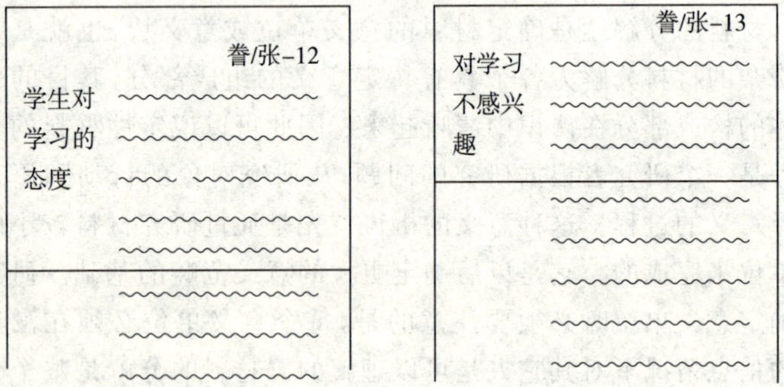

图 13-2　材料意义单位或意义块的索引卡

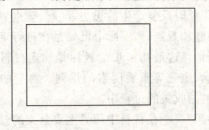

图 13-3　较长的意义单位的剪贴

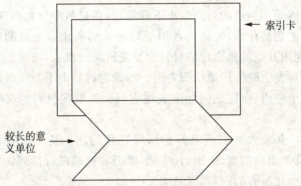

有的研究还建议在每个资料卡的空边上标上被研究者的职业、性别或年龄,或者是一个具体观察或互动的地点等信息,这些附加的信息对材料以后的深入分析非常有用。

2. 对意义单位或意义块的初步概括

分解出的意义单位或意义块一般是独自成立,没有什么有机的联系,因此,研究者要从这些没有联系的意义单位中得出有根据的结论,就需要对这些意义单位进行初步的概括。具体地说,就是用一个词或短语来说明该意义单位或意义块的主要内容。通过概括,研究者就可以把存在内在联系的各意义存放在一处,以便于进一步分析处理。那么研究者如何作这种工作呢?

研究者在收集材料的过程中,往往同时记下自己初步形成的对研究对象的印象时反复产生的思想、问题、观点等。当研究者记下这些思想、问题和观点时,实际上已经是在进行定性材料分析的第一步工作:概括。这最初一步的目标是确定材料潜在的重要的经验、思想、概念、主题等重要因素的排列。材料的初步概括工作发生在整个材料的收集的过程中。

概括的过程是一个在材料中搜寻重要意义的过程。为了分析材料,研究者首先要仔细地再阅读迄今所收集到的材料及在收集材料过程中所记日记时的感受,以便非常熟悉这些材料及自己对材料的感受。然后向自己提出下列问题:在材料中反复出现的词、短语及主题是什么,被访谈者用于理解他们所说或所做的概念是什么,能用其他的概念理解材料中反复出现的现象,来帮助你在某种现象再发生时准确地认识它吗。能确定材料中不断出现的主题并用一个短语、命题或问题来表述它吗。能发现材料意义单位之间的类型吗。

在一张较大的白纸上开始回答这些问题。基于所收集的材料,对反复出现的概念、短语、主题、类型和论题进行排列。在白纸上写下上述所有的内容。(见图 13—4)

图 13—4　材料分析过程说明

研究问题:	-概括-
·教师是如何形成对学生的印象?	·对学习的态度 　言语线索 　非言语线索
·这些印象是如何影响期待和互动的?	·课堂参与 ·校内的可见性 ·早期课程行为

3.意义单位或意义块的不断比较与暂时性的范畴编码

对意义单位或意义块的分析一般是将各意义单位或块进行比较,以发现意义单位之间相同点和不同点。将相同或类似的意义单位放在一起,用一个范畴来概括所有这些相同或相似的意义单位,将不同的意义单位分割开来,用另外一些范畴来概括。具体地说,在对每个新的意义单位进行分析时,新的意义单位都与所有其他意义单位进行比较,然后把类似的意义单位归类(范畴化并对此进行编码)。如果没有相似的意义单位,那么就提出一个新的范畴。在这种过程中,研究者有不断提炼的余地,最初的范畴被改变或略去,新的范畴在产生,新的关系被发现。

范畴化的根本任务就是把具有相同内容的资料卡片放在一起,形成各种暂时性的范畴。所谓"暂时性",意味着概括意义单位内容的范畴只是研究者暂时的思考的结果。它在以后的分析中可能会被修正或取消。此外,范畴化还在于制定规则描述范畴性质,最终能用于证明每张卡片的结论,使范畴具有内在的一致性。

(二)定性分析的不断比较方法

材料分析的不断比较方法可以在图13—5中得到说明。

图13—5 材料分析的不断比较方法的步骤

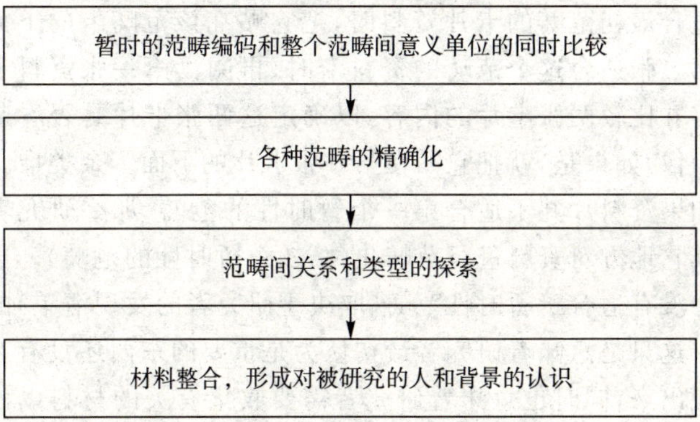

```
┌─────────────────────────────────────────┐
│ 暂时的范畴编码和整个范畴间意义单位的同时比较 │
└─────────────────────────────────────────┘
                    ↓
┌─────────────────────────────────────────┐
│           各种范畴的精确化              │
└─────────────────────────────────────────┘
                    ↓
┌─────────────────────────────────────────┐
│        范畴间关系和类型的探索           │
└─────────────────────────────────────────┘
                    ↓
┌─────────────────────────────────────────┐
│   材料整合,形成对被研究的人和背景的认识  │
└─────────────────────────────────────────┘
```

下面简单说明这些步骤。

1. 暂时性的范畴编码。

在暂时性的范畴编码开始之前，研究者已经具有了范畴编码的必要条件，具有下列一些必要的东西：意义单位的索引卡、研究日记、研究问题清单（记录研究者需要解决的主要问题和由此而来的次要的问题之清单）、最初在材料中反复出现的词、概念和主题等的发现清单。此外研究者还需要胶带、空白索引卡、大张纸、剪刀等。要强调的是，研究者此时必须对材料已有足够的熟悉。

把大张纸挂在墙上，作为研究的工作面，作为分析的记录。这有助于研究者对意义单位进行深入细致的研究分析。

首先研究者要检查在材料中反复出现的概念和主题的最初发现清单。把任何在观点上相互包含的材料合并起来，然后从发现清单中选择一个主要的观点。在索引卡上写下这个观点并把它贴在大张纸的左边。这个词或短语就是研究者的第一个暂时性的范畴。研究者的发现清单上的每一个词或短语都被认为是一个暂时性的范畴。然而要注意的是，这些都是暂时性的范畴，是从研究者所熟悉的材料中得出来的。

下一步是，研究者要仔细阅读已经建立起来的资料卡，看看是否还有一个或更多的卡片上的资料观点适合于暂时性的范畴。发现有适合最初范畴的卡片资料时，把它贴在该范畴卡的下面。当发现第二张适合这个范畴的资料卡时，再阅读第一张资料卡片上的内容并比较两张卡片的内容，以确定这两张卡片是否看起来类似或相像，如果是，就把它贴在第一张卡片的下面。余类推。

如果资料片并不适合第一个暂时性的范畴，那么研究者就需要在其它地方对资料进行范畴化（第二个暂时性的范畴）。可能研究者会没有适合于暂时性范畴（取决于研究者的发现清单）的资料卡片。这只是意味着研究者最初认为是重要的东西还没有在材料中表现出来，同时也意味着研究者需要收集有关的材料以说明该范畴。下图详细描述了研究者进行最初的范畴编码的过程。

在对材料的意义单位进行分析时,研究者主要采用"看起来类似"的标准来判断意义单位索引卡上内容的相同或不同。它是一种描述定性材料范畴化过程中必然会出现的方式。研究者向他自己发问,一张卡片上的意义单位是否类似于另一张卡片上的意义单位。用这种系统而费力的方法,研究者暂时性地概括出意义单位的范畴。

当研究者根据"看起来类似"的标准发现资料卡片上的内容不符合第一个暂时性的范畴时,研究者就需要检查自己的发现清单,看看资料卡的内容是否符合其他暂时性的范畴,如果是,那么就把它贴在该范畴下;如果不是,那么就在空白的索引卡上写下第二个暂时性的范畴,并把它放在第一个范畴的右边,把资料卡贴在新建立的范畴的下面。检查符合第二个暂时性范畴的其它资料卡并把它与已经范畴化的资料卡片进行比较。

当发现资料卡片不符合发现清单上的任何暂时性的范畴时,研究者就需要提出一个新的范畴,并尝试用一个词语来表示它。可以用有关的词或短语,或用引自材料上的第一个句子来作为范畴名。把资料卡片贴在这个新的暂时性的范畴下,再逐一检查、比较剩余的资料卡片,直至全部卡片资料被范畴化完毕。

图 13－6　最初的暂时性的范畴编码

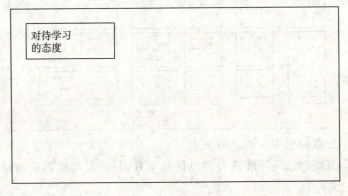

图 13-7 暂时性的范畴编码的继续

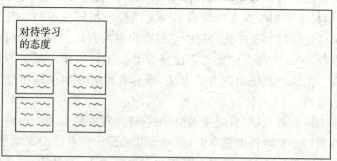

图 13-8 暂时性的范畴编码的扩展

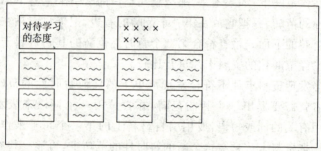

图 13-9 增加新的范畴

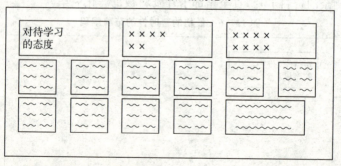

2.范畴的进一步准确表述

范畴的进一步准确表述包括两个方面:一是范畴名的重新确

定,一是辨别意义单位标准的进一步精确。当资料卡根据"看起来类似"的标准而分组后,研究者还需要再仔细地阅读这些资料卡片。这时研究者需要考虑的问题是,在该范畴下聚在一起的一组资料卡,其基本特征或性质是什么。研究者在这里的目标是对资料卡片进行抽象概括。在这里,最初的范畴名可能会得到修正。在对一组资料卡的基本特征或性质进行思考时,研究者还需要写下用作包含(或剔除)后面资料卡的规则。通俗地讲,所谓包含的标准就是研究者用准确的命题陈述的形式明确表述研究者最初采用的"看起来类似"的具体含义。"看起来类似"只是研究者对材料进行辨别的感性认识,也是一种比较粗浅的认识。"看起来类似"其内涵是模糊的不清楚的,需要作进一步的考虑。包含的标准要写成命题陈述的形式。命题是基于材料的一般事实陈述。换句话说,命题陈述就是传递聚集在某个范畴名下的资料卡片中的意义。包含的标准,陈述为各种命题的形式,是要展示研究者要知道或要研究的现象是什么。它是达到研究者所要获得的研究结果的关键一步。

各种范畴的进一步准确表述还需要对记录范畴的卡片进行编码。一旦研究者写出了范畴的包含标准,那么研究者就必须对范畴进行编码,它能够标识组成范畴的资料卡。例如,上面的范畴编码是由拼音的第一个字母所指出,同时写出范畴名。范畴卡的编码应反映范畴的意义并应提供可辨认的线索。范畴编码应置于每张资料卡的顶端。

材料的范畴化从"看起来类似"的标准到以命题的形式来陈述材料的包含标准,研究者实际上经历了由一般的现象概括到对对象的本质的概括。因此,研究者现在就可以进入到对材料分析的下一阶段。

3. 探索各种范畴之间的关系和类型

在材料的分析中,这一步的重点就是细致检查从先前的分析中得出的命题陈述。一些命题可能比其它命题更有助于问题的解决。这些命题是研究者对材料进行研究的初步结果,但是这些命题可能相互之间并没有密切的关系。一些喻题可能独立存在着,充分地描述教育现象的某些方面,其它命题可能以重要的方式相互联系。研究者的目标就是研究那些独立存在的命题和那些构成明显关系和类型的命题。我们把由两个或多个命题构成的命题称为结果命题(outcome propositions)。

4.材料整合,撰写出研究报告

材料分析的最后一步是写出研究者所闻、所见、所感,使所收集的材料经过整理、分析,而成为一个和谐的意义整体,以叙述的形式,表现研究者对所研究现象或问题的认识与理解。

概括起来讲,定性材料的分析大致经历了由确定材料的意义单位或意义块到意义单位或意义块的范畴化、明确的命题陈述、命题间关系和类型的确定。在这样的一个过程中,研究者需要不断进行分析与比较、归纳与综合、抽象与概括,最终获得对现象及问题的本质认识。在此基础上,研究者对所分析的材料进行整合,撰写出研究报告,与同事或其它人员交流。

二、定量分析

研究者除了用定性分析的方法对教育现象进行描述和解释外,还可以用定量的方法对研究的问题进行描述和解释。下面分别就描述的定量方法和解释的定量方法作简单介绍。

(一)描述的定量方法

定量描述就是使用统计、数学与电子计算机对教育事实的规模、数量、相互关系进行数量化呈现。定量描述可以精确、清晰地呈现教育事实。使用定量技术是描述方法科学化的重要途径。描述的定量方法可以分统计表和统计图的资料显示、定类、定距尺度的描述、集中趋势描述、离中趋势描述等。

1. 统计表和统计图的资料显示(参见第八章第一节)

2. 定类定距尺度的描述

使用图表来概括观测资料,仅仅是呈现统计资料的初步工作,是一种粗略的、直观性的描述。要进行分析研究,还有待于对资料作进一步处理,进行数学的概括。这就是必须根据整理出来的数据,用特定的算式,计算出一些量数,用以描述数据的全貌及各种特征。这些描述包括定类、定距尺度描述、集中趋势描述、离中趋势描述。

定类尺度的描述方法,包括比例、百分比与比率的计算与呈现。某类的数值除以总体的数值即得某类的比例,比例乘以100即等于百分比值。两个数值之比即是比率,在总体中,某类个体数与另一个体数相除,就得到一种不同于比例的比率。

定距尺度的描述方法包括全距、组距、频数、频率等值的计算。全部数值中两端数值之差即为全距。一组数值中两端之差即为组距。频数是某数值中出现的次数。频率是各组单位数在总体数中的比率。

3. 集中趋势描述

教育研究对象的整体规模和水平,就是该对象总体的集中趋势。在收集材料的各数值中,找出一个数值来代表全体数值即是集中趋势的描述。用集中量值来代表全体材料数据,是认识对象总体特征的一种基本方法。集中量值有两个方面的功用:第一,它是一组数据的代表数值,可以用来说明一组数据全貌的一个方面的特征即它们的典型情况;第二,它可用来进行组间的比较,以判明一组数据与另一组数据的数值差别。表示集中趋势的数值有平均数值、众值、中位值等。

假定我们做一实验,要研究对象在一定时间内做成某事,有些人第一次就做成了,有些人第二次才做成,还有些人需要更多的时间。下列实验数据表明,7个研究对象第一次就做成了,12个人需要做第二次,余类推。

尝试次数	成功人数
1	7
2	12
3	22
4	18
5	6
6	2

平均值就是观测数值的总和除以观测数值的个数所得到的商数。在上例中,平均值就是先求出全体研究对象尝试次数的总和:$(7 \times 1)+(12 \times 2)+(22 \times 3)+(18 \times 4)+(6 \times 5)+(2 \times 6)=211$。然后用实验人数67去除:$211/67=3.15$,即意味着平均每人做成某一事要尝试3.15次。

众值是在整个变量数列中,具有最多数的变量。求众数通常只要观察哪个变量最普遍,那个变量就是众数。在上例中,由于三次做成的人数最多,所以众数就是3。

中位值就是"中间"值,是在变量数列中位于正当中的变量。它是将变量数列区分为两个部分的一个点,在这一点的两边各有相同个数的观测变量。如果变量数列的个数是奇数,那么中间一个变量便是中位数;如果变量数列的个数是偶数,那么数列中心的两个变量的平均数便是中位数。在上例中,将67个研究对象按尝试次数多少排列,第24个人是位于中间的人,他是3次做成的,所以中位值就是3。换句话说,有一半尝试了3次或少于3次,另一半的人尝试了3次或多于3次。

4. 离中趋势描述

集中趋势描述只是用简单的数据代表某一现象的特征,以测定大量同类现象的代表性,反映全部研究对象的共同特点,但是仅有集中趋势描述还不足以使未见到原始材料的人了解全部材料的情况。例如,甲乙两班学生各50人,其数学平均成绩各为70分,但甲班最高成绩为95分,最低成绩为45分,显而易见,这两个班的数学成绩并不是相同的。反之,如果两个班的最高成绩和最低成绩均彼此相同,而平均成绩则不相同,我们也不能把这两个班的程度说成是没有差别的。因此,在对教育科学研究材料进行定量描述时,我们不仅要描述研究对象(数据)的集中趋势即一般共同的特征,还要考虑数据的离散程度。这就是说,当你描述某甲班平均分数为70分时,还应描述他们的分数幅度是从45分到95分。

各个变量与集中趋势的偏离程度,可以通过标准差、平均差、四分位差等集中趋势描述方法来度量。

(二)解释的定量方法

如果说描述的定量方法在于描述研究对象"是什么",那么解释的定量方法则在于说明研究对象"为什么"。解释的定量方法可以分为相关分析、回归分析、因素分析等。

1. 相关分析

相关分析是对于两个变量之间关系的密切程度的一种测定方法。呈现两个变量之间相互影响的程度,可以是一种描述的程度,也可以是一种解释的程度。教育现象错综复杂,纯粹的因果解释往往难于形成,于是转而把揭示两个事物之间的密切程度当作一种解释。

教育现象之间存在着普遍的相互联系。从定量的角度来看,有些联系是事物之间的确定性关系,这种联系被称为函数关系;有些联系是事物之间不完全确定的关系,这种联系被为称为相关关系。因此,相关关系也是事物普遍联系的一种方式。我们容易把事物的普遍联系仅仅理解为因果关系,甚至仅仅理解为因果长链。从某种意义上说,相关关系更能客观地反映事物"为什么这样"的问题。因为社会中的两个事物之间的关系,一般不是纯粹发生的,在两个变量发生不确定的关系时,还有许多变量同时也在与它们发生着不确定的关系。

相关分析一般在确定事物之间存在相互联系时,才能使用相关系数计算等分析手段。同时在测定了变量之间存在的相关关系后,宜使用其他分析方法继续探索变量之间别的相互关系。

2. 回归分析

相关分析是为了估计任何两种变量之间的联系和联系的程度,而回归分析则在用一个(或多个)变量来估计另一个变量。其中以一个(或多个)变量为自变量,而以另一个变量为因变量。

变量之间的关系,通常可以分为两种类型。一种是完全确定的关系,如一定质量的理想气体的体积 V、压强 P 与绝对温度 T 之间,有如下的确定性关系:

$PV=CT$　其中 C 为常数。这种确定性的关系为函数关系。

但是在实际问题中,特别是在较为复杂的教育问题中,变量之间的关系并不是这样确定,也没有这样简单。例如儿童学习的努力显然是与其学习成绩有关的,但是两者之间并不存在确定性的关系。因为学生成绩的好坏,并不简单地由学生的努力程度这一因素来确定,学生对试题的理解程度和考试时生理和心理状态以及试题是否恰当等都会影响学生的考试成绩。这就是说,在许多实际问题中,影响一个变量的因素是多方面的,其中有些是属于人们一时还没有认识或掌握的,有些是已认识但暂时还无法控制或测定的,再加上在测定一些变量的数值时或多或少都有些误差,所有这些偶然性的综合作用,决定了变量之间的不确定性。因而在涉及对人类社会现象的研究时,往往不能用精确的数学表达式(函数关系)来表示变量之间的关系。对于这样的变量关系,我们称之为统计相关,或称相关。用统计的术语来说就是大量的偶然性中蕴藏着必然性的规律。我们可以用统计方法在大量的实践和观察中找到这种规律,这类统计规律称为回归关系。而有关回归关系的计算理论和方法称为回归分析。

回归分析的主要内容是：

从一组数据出发，确定这些变量之间的定量关系式；

对这些关系式的可信程度进行检验；

利用所求得的关系式对教育过程进行预测或控制；

从影响一个量的许多变量中，判断哪些量是显著的，哪些是不显著的等等。

3. 因素分析

在教育实践活动中，对某一行为或现象起影响作用的往往不是某个单一的因素，而是大量交互相关的多个因素。教师要更有效地从事教育实践活动，就需要知道，在这些多个交互相关的因素中，起决定作用的少数基本因素是什么。因素分析的方法就是寻找少量起决定作用的因素，然后把某种行为或现象表述为这些基本因素的函数。这样我们就有可能使用科学理论上具有明确内涵的基本因素来进行预测。

简言之，因素分析的主要程序是：（1）在特定的问题探索领域内，对几个观察变量按其实验数据分别求出各对之间的积差相关系数，并把所得结果表列 $n \times n$ 项的交互相关表，即"相关矩阵"；（2）通过一系列的数学处理，把构成这些交互相关的基本公共因素分解出来，即从这个相关矩阵推导出一个由 $n \times m$ 项（$m < n$）构成的"因素矩阵"即因素负荷表。所谓因素负荷，就是某一因素在某一有关变量或测验所贡献大小的指标。通俗地讲，求出因素矩阵就是寻找彼此交互关联性最大的因素组成变量群，从而以较小的因素来概括原先大量的变量而不失其原来的代表性。概括地说，因素分析法的全部过程就是把相关矩阵转化为因素矩阵的过程。这个过程，是从事前的相关矩阵开始，而以导出的相应的因素矩阵告终。

解释的定量分析方法还有许多，如协方差分析，其功能是利用直线回归法,将足以影响实验结果却无法用实验方法加以控制的有关因素(共变量)从方差中剔除出来,这种方法在教育实验中具有特别重要的价值;典型相关分析,以组合的数个自变量,预测组合的因变量,判别分析,求取两个以上自变量与因变量之间的相关,并根据某群体过去在预测变量与被预测变量之间的相关等等。有关各种定量分析的技术与方法,读者可阅读有关教育统计与测量方面的书籍。

第十一章 教育科学研究报告的撰写

无论是自然科学还是社会科学研究,也无论是理论性还是应用性研究,研究人员针对某一研究课题,在提出假设,搜集有关文献与情报资料,以及通过观察、实验、调查等方法搜集经验事实之后,就要运用各种逻辑方法或横向科学方法对所搜集的资料与事实进行加工、整理和概括,于是,研究人员就在某一方面获得了对所探索研究事物和问题的一些新的认识,即获得了新的看法、新的观点、新的结论。这些新的看法、观点和结论,就是研究人员获得的研究成果。那么,研究工作是不是就此终结了呢。不是。我们还有必要把研究成果整理并"发表"出来,公诸于世,让别人了解和分享。由此,研究工作进入最后一个阶段:研究报告的撰写阶段。

第一节 教育科学研究报告的类型和结构

一、研究报告撰写的意义

有人用服装形成过程来作比喻:形成科研要求和设想,好比穿衣戴帽的欲望;选择课题,好比选择材料和款式设计;科研过程,好比纺线织布过程;而撰写研究报告,则好比把织成的布料经过裁剪、加工,做成可以穿用的衣服。科学研究的成果同样需要一个加工、再创造过程。科研成果不仅仅是一种客观成果,同时,这种成果还需要为社会所了解。因为即使你获得了出色的、非常有价值的新观点、新见解、新结论,如果不用一定的形式把它们表现出来,使人们了解,那么,你的研究成果就不能为人所知,当然也就不能算是获得了科研成果(至少别人无法承认)。撰写研究报告是教育研究工作钓最后一步工作。

研究报告不但是研究者对整个研究的全面总结,更主要的是为了将研究的结果通过各种途径,诸如登载于专业刊物、油印散发、学术报告等,让有关的人员能比较全面系统地了解,并由他们通过对研究报告的理解与验证来评判,来接受或应用这一研究成果。如果研究报告写不好,研究成果就很难全面、正确地反映出来,也就严重影响研究成果的价值。所以,认真探讨研究报告的撰写问题是十分重要的。

教育科学研究报告撰写的目的,一般来说,一份研究报告是否具有学术(理论)价值和社会(应用)价值,是衡量这个研究报告质量高低的主要标准。所谓是否有学术价值,是指研究成果对教育科学的某一领域是否提供了新的知识,是否正确反映了客观事物的状况及其运动规律。也就是说,是否丰富了所涉领域的知识,为新的研究过程提供了新的材料、新的观点、新的方法。所谓是否有社会价值,是指研究成果对教育实践的变革是否起到推动、促进作用。也就是说,研究报告是否提供了某一教育问题的真实情况,是否为解决这个问题提供了理论依据或方法技术,从而可以根据研究报告的成果改进教育工作。

撰写研究报告与科研工作其它阶段的要求有显著的不同。如果说以前的阶段主要是解决为什么、做什么、如何做——追求特定的结果的话,那么,撰写研究报告阶段遇到的主要问题不是在成果本身,而是在成果内容的选择、组织以及表述上。研究报告作为可公诸于世的科研成果,它在内容上应该提供新的事实和新的见解,为本学科及其有关工作的开展作出贡献。在表述上应准确、明白、易于理解,并遵守一定的规范,使人们能了解研究过程和研究结果,从而达到丰富理论、推动工作的目的。

为了实现撰写研究报告的目的要求,提高研究报告的质量,教育科研人员(特别是科研新手),有必要了解研究报告撰写的要求和规范,并进行有关的写作训练。本章的任务是在阐述研究报告撰写的目的、意义的基础上,介绍有关撰写研究报告的基础知识,希望对研究人员,特别是科研新手写好研究报告能有所帮助。

二、研究报告的类型

教育研究报告就是教育科学研究成果的文字形式,这是对研究报告的广义理解。根据教育研究内容和方法的不同,可以把教育研究报告划分为若干类型:

第一类是以理论分析与概括为主要研究方法的研究报告,称为理论性研究报告。理论性研究报告是以阐述对某一事物、问题的理论性认识为主要内容,要求能提出新的观点或新的理论体系,并阐述新旧理论之间的关系。它向人们展示的是论点及理论体系形成的思维过程。理论性研究报告的常见形式是理论性论文,它的特点是富有深刻的哲理性和逻辑力量。

第二类是主要以文献法进行研究的研究报告,称为文献性研究报告。这类报告以文献的分析、比较、综合为主要内容,报告重在展示文献的考证过程,说明文献的来源与可靠性程度。这些内容构成文献性研究报告的主要特色。如教育史研究中的文献考证性论文即属此类。

第三类是用实证性方法进行研究的研究报告,我们把它统称为实证性研究报告。主要形式有:调查报告、实验报告、经验总结报告等。这类报告一般都以对事实直接研究所得的材料构成报告的主体。此类研究报告中必须包括研究方法与过程的说明,以确凿的事实、科学的操作,为研究成果与结论的可靠性提供"坚强后盾"是这类报告的显著特点。

应当指出,从科学研究的整体来说,研究报告一般仅仅是狭义的指第三类而言的。在教育科学研究中,严格地讲,研究报告也主要是指后者。但由于以经验总结和资料研究为基础的,以对现象与资料的逻辑归纳、推演与思辨为方法的研究,目前在教育科学研究中仍然占有较大的比重,因此,反映教育科研成果的形式,除了一部分个案研究报告、观察报告、调查报告、实验报告及综合研究报告外,主要形式仍然是论文和总结报告。将各类研究成果的表述形式统称为研究报告,是从广泛意义上使用这一概念的。

三、研究报告的结构

研究报告的结构是研究内容的联系和表达形式,是作者对研究结果在写作上的布局、谋划、安排。一篇研究报告的结构应是一个统一的整体。毛泽东同志说过:"写文章要讲逻辑。就是要注意整篇文章、整篇说话的结构,开头、中间、尾巴要有一种关系,要有一种内部的联系,不要互相冲突。"[①]这就是说,一篇文章要层次分明,首尾连贯,符合逻辑,必须有一个完整的构成状态,这是对一篇文章的基本要求。当然,不同内容的研究工作,选题不同,研究方法、研究过程、逻辑推理和所得出的结果不同,因而在研究报告撰写上采用的格式、体例、写法也允许有所不同。

一般说来,论文大多没有固定的格式,它比较讲究语言生动、材料详实、观点鲜明、论证严谨。从结构上讲,虽然有时也述及研究的重要性、研究方法等,但其基本框架则不外乎是观点、材料及对两者关系的论述。而反映观察、调查和实验结果的研究报告,则有一个约定俗成的格式与规范。除了各学科领域或课题研究的特殊需要外,一般来讲,研究报告包括:标题、前言、研究方法、结果、讨论、附录等部分。正因为如此,不少研究工作者认为"内容决定形式",研究报告不应该有千篇一律的固定模式。

我们认为,随着科学文化和科学研究事业的发展,研究成果将越来越多,在这种情况下,研究人员没有时间(有时也没有必要)从头到尾读完所有的研究报告,他们一般是有选择地快速读完某些章节(如摘要、前言和结论部分),至于文章的细节,大多无暇也无必要详读(只是待以后需要时再去详读),因此,我们认为,研究报

---

① 《毛泽东选集》,第五卷,1977,217 页。

告有一个比较统一的格式或结构还是需要的。正是基于这种认识,人们从大量研究报告的格式中进行科学的总结,归纳出研究报告表达方式的共同特点,形成了今天大家常用的研究报告结构形式,即所谓"老三段"。各种论文的写作形式虽然各不相同,但是它们也包含了或者可以归结为前言、正文、结论这个"老三段"的基本格局。如调查报告可分为(1)总提(或称导言);(2)主体,(3)结论三个部分。经验总结报告可分为(1)情况概述;(2)经验总结;(3)存在问题和今后意见等三个部分。实验报告可以分为(1)前言;(2)实验过程和结果,(3)讨论和结论等三个主要部分。

虽然如此,研究报告习惯格式的沿用,并不能限制文章结构形式的创新。只要能够达到结构完整,层次分明,逻辑缜密,条理清楚的要求。研究报告的结构是可以根据内容和体裁的不同而灵活掌握的。

如前所述,广义的研究报告可以包括,在经验总结的基础上撰写的总结报告,在资料研究的基础上撰写的论文,以及在个案研究、观察研究、调查研究、实验研究以后撰写的研究报告(狭义)。一些同志强调各种形式研究报告结构上的相似性,进而认为各种形式研究报告在撰写上也应该基本类似,于是乎笼而统之、不加区别地阐述"如何撰写研究报告",我们认为,各种研究报告虽然在结构上类似,但由于研究工作的内容不同、选题不同、运用不同的研究方法,因而在研究报告撰写格式、体例、写法等方面存在着很大的差异。我们不能简单地用共性代替个性。目前,在教育科学研究中,人们普遍认为,以经验总结和以资料及逻辑推理为基础撰写的研究论文,与以调查和实验为基础撰写的研究工作报告,在撰写要求和风格上存在较大差异。正因为如此,我们一反不少书本中笼统阐述"如何撰写研究报告"的做法,把二者分开阐述。先讨论学术论文的撰写,然后讨论实验报告与调查报告的撰写。

第二节 教育学术论文的撰写

一、学术论文的涵义

什么是学术论文？简单地说，学术论文就是在科学研究领域内表达科学研究新成果的文章。广义的学术论文与前述广义的研究报告涵义相近。狭义的学术论文，是指以资料整理和事实抽象为基础，主要运用归纳、推演和思辨的方法而形成的科学研究新成果，将这些成果写成文章就是学术论文。不反映科学研究新成果的文章，不能称为学术论文。这里的学术论文（主要指后者）是针对教育科学研究来说，它是指除教育实验报告、调查报告等实证性研究报告以外的教育科学成果的文字表达形式。学术论文篇幅有长有短，长的（一般超过 5 万字如有些博士论文）则称为学术专著。这里主要是就短篇论文来说的。

学术论文有其自身独有的特点，这些特点突出地表现在学术论文的内容方面。学术论文的全部价值的大小均取决于它的内容。学术论文的内容不是别的，正是科学研究的新成果，这是学术论文区别于其他文章的根本点。那么，什么是科学研究的新成果？在整个科学研究领域中，所谓新成果可以规定为"前人所没有的"或"前人所未知的"。如果你在研究过程中发现了别人所没有发现的新东西，那么你就获得了新的科研成果。这种发现用文章表达出来就是货真价实的学术论文。

学术论文的价值有大有小。依据其对人类的贡献，可以表现以下几方面：第一，一些新成果可以开创一门新的学科或某一学科的分支，建立一种新的理论体系。例如，爱因斯坦的"相对论"、教育史上的《学论》等就是如此。第二，相当数量的新成果表现为在某一学科领域中对前人的成果加以补充、完善或修正。例如，在测定某一化合物的某种常数中，如果这种常数未经前人测过，或者你是用更精确的仪器和方法测出多一位有效数字,也是一种新成果。现在一些学术刊物上开展的商榷、讨论的学术文章,也属于这种情况。第三,有些新成果表现为把一些分散的材料加以综合系统化,用新的观点或新的方法加以论证,得出了新的结论,如教育史方面的一些研究。

应当指出,所谓学术论文中要有新见解,但这并不是说,每一篇论文从头到尾都要"新",实际上这是不可能的。如果这样要求,就很可能什么也出不来。钱三强同志曾经说过:"那些有名的科学家,平均一生发表三五十篇文章吧,一般也不过只有几篇东西还有意义,大多数是普通的,没有什么显著的意义,还有些东西甚至是错误的,但这并不妨碍他后来成为名家。"[1]目前,有些人,有些地方滥用学术论文的概念,使学术论文称号已经名不副实。教育科学研究者应当用高标准来要求自己,努力做到不断创新,整建教育科学研究的良好学风。

学术论文同其他类型的文章有一定区别。目前,国内学术界普遍认为,学术论文属于议论文文体。这是因为学术论文要用充分的论据和严密的论证来证明科学研究的成果,它主要带有议论文的色彩。但是,学术论文还带有说明文的因素,因为对成果除论证外,还要加以说明。因此,学术论文的"近邻"是属于议论文文体的政论文;稍远一点的是属于说明文文体的教科书(教材)。

政论文是通过论据、论证来证明论点的一种议论文,它的主要特点是内容具有强烈的政治性;学术论文也要用论据、论证来证明论点(结论),这是两者的共性。但是,两者又有许多区别:政论文具有强烈的阶级性,而学术论文则没有阶级性;政论文基本上是对已发现的真理、理论的阐述和论证,而学术论文则要有新的见解,要向未知领域作新的探索;政论文要紧密配合政治斗争,学术论

---

[1] 钱三强著:《科坛漫话》,知识出版社,1984,232页。

本身没有这样的针对性;政论文随着政治斗争的结束而失去作用,而学术论文则不会由于时间推移失去存在的价值。可见,时政论文是不能与学术论文等同的。当然,在社会科学的某些领域,这种区别是相对的。研究人员应当明确意识到这种差别。

撰写学术论文同编写教科书(教材)也有许多不同之处。这也是一个容易产生含混的问题。尤其是长篇学术论文(专著)与教材更是容易混淆的。一般地说,编写教科书是对已经确立了的科研成果的理解消化,它本身已不属于发现新成果的科学研究了。具体说,学术论文的中心是创新,理论上要有所发展;教科书的中心是讲述,是对理论、观点的系统阐述,将深奥的学术结论通俗地、深入浅出地进行讲解,只要结构合理、逻辑性强、阐述清楚、易于接受就行了,能否提出有创新的见解并不是衡量教科书质量的主要标准(有当然更好)。教科书的直接目的是传授知识,它对科研成果的表述,往往要等到科研成果经过了实践的检验、正式确定之后;而学术论文要及时反映出科研成果。学术论文是给本学科同行看的文章,因此,它并不需要全面重复该学科已有的知识,只要把自己在科学研究中有所发明、创造的精华加以论述和表述就是足够了,并不是向门外汉宣传、解释自己的科研成果;而教科书则要全面叙述该学科的一般基础知识,并对所叙述的观点进行详细的解释和旁征博引,这是主要的一环。以上是两者在表达同一科学内容方面的区别。当然,这种区别对社会科学领域的论文和教科书来说相对要困难些,这在教育科学研究领域尤其突出。至于那些创立新学科的教科书或以专著作教材的情形更应另当别论。

二、教育学术论文的撰写过程

(一)谋篇构思与拟定提纲

1.谋篇构思

什么是构思?法国画家米勒说过,构思就是指把一个人的思想传递给别人的艺术。谋篇构思就是为了组织文章,在通盘考虑的基础上,使作者的思想寻找一种恰当的表达方式。在现实生活中,人们经常可以看到这样的现象,即不少研究人员,虽然受过严格的科研训练,但他们写文章却是杂乱无章的。原因何在?重要原因之一就是他们不善于谋篇构思。

那么,撰写学术论文时的谋篇构思应考虑哪些方面的问题?我们认为,下面几点值得引起注意:一是论文的读者是什么人?怎样选择有助于读者理解文章的组织方式?二是论文的重点是否突出?主要观点放在什么样的位置?三是论文的结构是否匀称和平衡?论文结构的匀称是指文章主体各部分的篇幅比例要和它们的内容的重要性大致相当,而且要避免长短过于悬殊。四是如何处理内容的层次?在对论文进行谋篇构思时,论文层次的顺序安排是关键性的一个环节,论文主体部分结构安排的基本格式大多采用"链条结构"。在这种结构中,各层次之间保持逻辑上或表述上的连贯性,好像链条一样,一环扣一环。如果调换它们之间的顺序,就会出现逻辑上的不严密或者表述上的不清楚。"链条结构"既要重视客观事物内部的必然联系,又要考虑读者认识或接受事物的规律,还要注意如何突出研究者要强调的内容。

此外,处理材料时,除了要考虑相互关系外,还要妥善安排论文材料(论据)的顺序:第一,时间顺序。凡涉及到事物发展变化过程的材料都可按时间顺序排列。整篇论文以时间为顺序主线的不多,但其中某一部分以时间为顺序组织材料线索的则相当普遍。第二,空间顺序。凡涉及事物空间位置关系的材料都应该按照空间顺序排列。第三,逻辑顺序。凡揭示事物内在联系和规律的材料都应按逻辑顺序排列。第四,重要性顺序。按重要性组织材料,可按重要性上升的顺序(高潮)、或按重要性减少的顺序(反高潮)、或者两种顺序的结合排列。在一篇学术论文中,上述四种顺序常常是综合运用的。在谋篇构思时,应当灵活运用上述组织材料的顺序,从而使整篇文章构成一个严密的整体。

2. 拟定提纲

在写作前的准备阶段,拟定写作提纲是非常重要的一个环节。通过写作提纲,可以把你所想到的内容以最简洁的语言形式落实到纸面上,你可以通过提纲检验自己的设想,看看文章是否首尾贯通,重点突出,要谈的问题是否搞清楚了。此外,通过提纲,你可以仔细推敲各部分之间的逻辑关系,看看自己的思考是否周密。

常用的提纲形式有三种:句子提纲、标题提纲和段落提纲。句子提纲以句子的形式出现,用句号结尾,表示一个完整的意思。在句子提纲中,每二部分都应是一句完整的话。合乎理想的是,句子提纲里的每一句话都是正文定稿里每一段的基础。标题式提纲列出每一节或每一段中所讨论的主要内容。这种提纲一般按论文内容层次列出一系列名词或短语以作为论文章节的标题。在段落提纲中,每一部分都是一个段落的内容提要。段落式提纲对于短文章特别有用,但其思想不如上述两种提纲表达得完整、周密。

在实际写作中,许多作者往往把上述几种提纲形式结合起来。列提纲时,一般是由大到小、由粗到细、一层层地思考拟定。首先,把论文的大框架搭好,再考虑每一部分的内部层次;然后,在各层次下列出要点和事例;最后,在提纲的各个大小项目之下记下一些需要的具体材料(索引号),以备行文时采用。文章写多了以后,你会习惯于某一种提纲。研究新手常犯的一个毛病,是对掌握的材料舍不得割爱,总想把全部材料都塞进文章中去。有了详细的提纲,就可以帮助我们从全局着眼。某些材料虽然很好,但从文章的全局来看却是没有什么用处的,应坚决砍掉。当我们在谋篇构思基础上完成了写作提纲之后,如果没有发现漏洞、重复或不妥之处,并且材料也有了充分准备,就可以开始下一步工作——动手撰写论文初稿了。

(二)撰写初稿

撰写初稿是学术论文撰写过程中的中心环节。为了更好地写作初稿,了解学术论文撰写的格式是十分重要的。学术论文主要由题目、引言、本论三个基本部分以及摘要、引文注释和参考文献三个辅助部分组成。题目、引言、本论三个部分是任何学术论文的撰写所必须具备的,也是一般发表学术论文的撰写所必须具备的,是不可缺少的。由于论文去向、篇幅等方面因素的制约,论文的辅助性部分要求有较大差异。严格的学术论文,在正规的、较高级别的学术刊物上发表时,还应当有关键词、论文摘要、引文注释、参考文献等项目。某些刊物还要求附有外文摘要。以下分别根据上述项目的顺序,摘要加以简单说明。

1. 论文题目

题目是论文内容的高度概括,它要求用最少的文字告诉读者自己所要阐述的问题,使人一目了然。拟定题目,一般要考虑到以下三个方面的要求:一是要醒目、确切、得体,要准确表达论文的内容,恰如其分地反映研究的范围和深度;二是题目不可过长,要简洁、精练,如删掉一些字后又表达不清,可加注副标题;三是要便于分类,尽可能使人从题目上就可以看出它属于什么学科范畴。有些论文命题太笼统,或题目与内容不符,或题目太长,或用夸大的字眼,这样的题目都是不适合的。一些科研新手喜欢用大题目,以为题目大了,研究报告的分量就重了。有的人学识一般,掌握的材料也很有限,却要用一个大题目,结果是蜻蜓点水,深入不下去。反之,如果从实际出发,选用一个小一点而又恰当的题目,名实相符,效果可能会更好一些。

2. 论文摘要

摘要,即内容提要,就是将文中最重要的东西摘录出来。其作用是使读者一看就能了解论文的概貌,并吸引他读下去。论文摘要的要求是短小、精练、完整,内容要准确,行文要精练,通常以二三百字为宜。论文摘要虽然放在论文前面但往往是最后写成的。写好论文摘要,对较长的、准备在正规学术刊物上发表的论文,显得十分重要。目前,正规的学术刊物稿件较多,编辑力量又不足,如果你的文章较长,又没有摘要,就有可能被积压拖延下来。这需要引起研究人员的重视。

3. 引言

引言又称为序言、前言等,它写在正文之前,犹如是一出长剧的序幕。一般来说,引言用作说明写作的目的,研究的经过和研究(成果)的意义,并提出论文的中心论点。读者可以从引言中看出作者研究水平的高低。引言通常包括以下几方面的具体内容:一是研究的背景,指出前人做了哪些工作,哪些尚未解决,现在进展到何种程度;二是说明自己研究这个问题的目的,达到什么水平;三是概述研究成果的理论意义和现实意义。

引言的开头一般从阐述课题开始。阐明课题可以是平铺直叙的,也可以从揭示矛盾,提出问题的角度开始。提及好的问题可以引起读者的兴趣和积极思考。在撰写时,研究者要注意避免出现以下三个问题:一是课题的阐述含糊不清,或一带而过,没有给人以清晰的印象,这会影响读者对所研究的中心问题的注意;二是用夸大或空泛的词句来说明课题的意义,或者毫无根据地否定前人的研究成果,以歪曲事实的方式来突出自己研究的价值。此类前言一开始就可能让人对其科学性产生怀疑。意义的阐述越是朴实、具体.越能使人产生信任;三是篇幅过长,拖泥带水,造成本末倒置。研究者要切记,前言的作用只是引子。

当然,由于论文的性质不同,引言的规格和要求也有一定差异。一般供学术刊物发表的论文,前言部分要力求简单扼要,直截了当,不要拖泥带水。长篇论文,如学位论文的前言则可以详细一些,甚至自成一章。此外,有时在引言中还要介绍文献查阅的情况。一般在专业报刊上发表的论文,不必把这个内容专列出来。大多是在前言中阐发研究课题的意义时,简单介绍一下前人有关这个课题的研究情况,然后引出本研究有何发展的叙述。

4. 本论(含结论)

本论占论文中绝大部分篇幅,它是研究者表述研究成果的主要部分,占有突出的重要地位。对于学术论文,这部分主要是论证,即在于证明作者所提出的论题。论证不仅可以帮助读者了解结论是怎样出来的,而且使读者相信结论的正确性。在论文中怎样使自己的论文清晰而有力地得到论证,这是应关注的核心问题。在撰写理论性文章时,一般要注意或处理好以下几个方面的问题:

一是论点要清晰。论点的清晰表述首先与语言的准确、简洁有关。为了使论点的清晰度提高,研究者可以把自己的论点与其它相似的论点,或者与相对的论点作比较,指出其差异之所在。同时,还应把论点与提出论点的背景材料区别开来。由提出问题开始,把论点形成的思维过程简单地表述出来,是使读者对论点的核心所在和针对性有清晰印象的有效方法。在此,论点的表述是通过论证来实现的。

二是论点与他人观点的关系。在论点阐述过程中,必然会涉及他人的观点或人们日常生活中形成的经验与观点。作者要注意引证和批驳,尤其是对与论文中的观点完全相反的观点更要正确对待。研究者要想使自己的观点"站稳脚跟",就需要对这样的观点做出批驳。批驳能否成功,关键在于能否找出其错误所在。当然,对这类观点,研究者也不要轻易采取全盘否定的做法,更不能在没有清楚别人观点本身是什么时,就作虚张声势的批驳。否则,结果可能适得其反。

三是要处理好论点与事实的关系。论文中论点的论证除了必须严格地遵守逻辑规则,即依靠逻辑的力量以外,还需要有科学事实的支撑。在论述过程中处理好论点与事实的关系,关键是要注意选好事实并恰当地配置事实。缺乏经验的研究人员在这方面表现出来的缺点,或是不重视事实的论证作用,或是滥用事实。前者使论文显得严空"与"飘",后者使论文变得臃肿拖沓。

四要注意论点间的逻辑关系与文章结构。这是论证严密性的重要保证。研究者在论文的阐述中应有意识地揭示这种联系,使各论点确实构成一个有机的整体。抓住事实的历史发展逻辑或矛盾运动的路线来阐述理论,一般能够避免上述结构不严密的问题。

至于文献考证性论文,当然也有一些自身的规范。其关键在于是否选择了有代表性的文献,以及对这些文献的分析如何——关键的功夫在"考"与"证"。要想成功地把考证文献的过程展现出来,研究者不仅要沉入"文献之海",还要跳出"文献之海",努力用正确的观点来组织考证的过程。在文献性的论文,如教育史方面的论文中,最易犯的两种毛病,一是"以论代史",考证过程的阐述不严谨、不细致,致使考证结果缺乏可靠性和说服力。二是"以史代论",文献堆砌,论文思路不清晰,缺乏启发性。无论是"以论代史",还是"以史代论"的倾向都是应当避免的。

由于本论部分内容较多,为求眉目清楚,往往要使用不同的序码,有时还要加上小标题。作为理论性与考证性论文来说,其本论就是讨论过程。

结论在论文中占的篇幅不多,一般是水到渠成的。结论部分往往还包含着对研究的简要自我评价,指出研究过程中遇到的困难与不足,提出在现有研究基础上可继续开展研究的问题或方向,有时还可以谈一下自己对于研究有关的某一方面问题的猜测与可能性分析等。总之,不要使结论徒有其形。好的结论是研究者深思熟虑的产物,它能激起读者的深思与回味。结论的措辞要力求精练、富有表现力和说服力。

5. 引文注释,参考文献

撰写学术论文时,需要用到各种不同的注释方式。其中最常用的有以下几种:

(1)题注,是紧接在题目后的注,常用符号"*"表示。题注的使用较宽泛。当研究是由某一集体进行的时候,题注主要用来说明研究活动参加者的姓名,各人承担的具体任务,研究报告的执笔者以及向提供过资料、意见的人或其他合作者致谢。有时,题注用来对有关研究(诸如性质、来源等)或该题目作某一方面的说明。题注是很有讲究的。

(2)引文出处注,作者在撰写的论文中,引用了其它资料的原文时,一定要加引号和注。引文注有页注、夹注和尾注之分。页注又称脚注,写在每一页的下面,用一横线与正文隔开;夹注紧接引文夹在行文之中,用括号与引文隔开;尾注在全文结束之后,按引文出现先后统一编号。各种注法都有各自的长处,但在一篇文章或一本专著中,加注方式应前后一致。注的具体内容包括:作者姓名(若是译文还要写译者姓名),书名或论文、资料题目,资料出处(如引自什么杂志,要标明杂志名称与出版的年号、期号),出版社名称、时间与版本以及引文页码。

(3)作者注,这是论文撰写者除题注、引文出处注以外所写的注。作者注一般有以下几种不同的内容和作用:一是作者对文中的一些术语、人物、著作的简要的知识性介绍,意在帮助读者破除一些由专门化知识带来的阅读或理解障碍;二是作者介绍一些相关的参考资料,便于读者就某一相关方面作进一步查阅;三是写出作者由文中观点引申出来的一些想法,或者对文中某一观点的评论。这些想法和评论虽然都是由文中的相关内容引出的,但若是把它放在正文中,就可能使文章结构松散或破坏上下行文的连贯性,于是就用加注的办法来解决;四是补充一些与报告中某一内容相关的,但还不足以列在正文中的事实或观点方面的说明。写得好的作者注,其重要性并不亚于正文。马克思在《资本论》中的注就是典型的例子。使用作者注不仅是论文内容本身的需要,而且还体现作者较高的业务水平与广博的学识。

参考文献一般均附于篇后。列出参考文献的目的:一是反映作者的科学态度和求实精神,表示作者对他人成果的尊重,二是利于人们了解该领域的研究情况,以便人们作进一步探讨或验证;三是参阅文献的多少,也反映了作者对本课题的历史和现状研究的程度,便于人们评价论文的水平和结论的可信度。参考文献一般要求择要列入,未公开发表的资料一般不要引用。参考文献必须是作者直接阅读和引用的,不要把所看文献后面标列的文献也算作自己论文的参考文献。文献须有准确的完整的出处,其要求与引文注的项目类似。

写成初稿是整个论文写作过程中最重要的一环节。写作时,要尽量避免各种干扰,尽可能一气呵成。初稿完成以后,作者最好将它搁置一段时间,以便让自己的头脑冷静下来,当自己能较客观地对待自己的作品时,再着手修改初稿。

(三)修改定稿

论文初稿完成以后,还需要反复推敲,不断修改。修改论文,不外乎是从思想内容和表现形式两大方面来考虑。对思想内容的检查修改是首要的,表现形式方面的问题也不容忽视。在修改论文时,应先大后小,由整体到局部。先检查文章的思想内容是否有意义,中心论点与论据是否正确、全面、深刻。然后检查结构、表达方式和语言修辞问题,先检查观点和材料是否统一,内容和形式是否一致,再决定对某些材料的增删、详略和位置的处理。

修改论文时,一般需要把它通读几次,每一次都设法寻找不同的缺点——不能希望读一次就发现所有的毛病。在修改论文时,一定要注意论文的整体与局部的关系,一切都要服从整体需要。论文的具体修改方式主要有增、删、换、移。增,就是增加、补充。如果发现论文中有材料不足、论据不充分的情况,就要增补。段落之间如果缺乏必要的承上启下、转折过渡,就要把相关的词语加上去。删,就是删繁就简,即把文中多余、重复、冗长的段落、句子、字词等抹去,毫不可惜。换,就是更换。如果发现初稿中有用得不准确的材料,或表述不正确、不全面的地方,或找到了更好更典型的材料、词句,就要调旧换新。移就是移动、调整。如发现文稿中的章、节、段落和材料安排不够恰当,或内容顺序排列不合逻辑等等,就要进行调整,使章、节、段落和材料各得其所。

有些人在论文或研究报告写好后,不大愿意修改,有的是自以为写得不错,不必再修改;有的感到修改比写稿还难,不想再去改它。诚然,初稿是自己呕心沥血写出来的,自己觉得恰当的才写进去,要自己去发现哪些地方不恰当当然不容易。只有对自己高标准、严要求,才能坚持修改并修改得好,至于自以为自己写得不错,就不肯修改,这未免自视过高或言之过早。须知任何认识都不是一次完成的。任何文章,只要仔细审阅,都会发现或大或小的问题。有人说,好文章不是写出来的,而是改出来的,不无道理。

不过文章写好后,可以不必马上修改。因为一篇论文脱稿后,原有思路有滞后性。一写完就修改,往往跳不出原构思圈子。搁一段时间后再修改,原有思路淡薄了,也许会得到新的启发或有新的想法,这时再修改,效果可能会更好些。如果可能,论文修改后,还应当请人批评,再行修改。

论文经多次反复修改后,如果本人感到满意,就可以誊清定稿了。至此,论文写作的任务就算完成了。

三、有关教育论文撰写应注意的几个问题

论文撰写除了重现上述几个方面和步骤外,还需要注意以下几个与论文撰写有关的问题:

(一)论文的去向与投稿

一般来说,一篇学术论文只有三种结局,在学术会议上宣读或交流,在有关刊物上发表或编进论文集中;放在自己的抽屉里。一个研究人员辛辛苦苦写出一篇论文,花了不少时间、精力,甚至财力、物力,总希望其研究成果得到社会的承认,或在学术会议上宣读;或在专业杂志上发表;或在出版社出版。

当你对自己的研究成果作了认真的评价,确信它的价值,并决定发表后,就要考虑采用哪一种形式和篇幅发表更为恰当。在这一阶段,自己先要对研究结果严格的检查,以免日后遭到别人的批评。然后,如果决定投稿,还应仔细考虑将稿投到哪家杂志(包括出版社)。选择投稿杂志与考虑读者对象是联系在一起的。如果不考虑读者的水平,盲目地为一家杂志准备文章,那是不明智的。因为你所论述的主题不属于这家杂志的出版范围,也就是说,你的文章与该杂志的读者对象相抵触,编辑无疑要将你的文章"枪毙"。因此,投稿之前看一看可供选择杂志,看看这些杂志的办刊宗旨、征稿启事和作者须知之类的东西是十分必要的。这样你才能作出最后决定,到底哪家(类)杂志最适合刊登你(准备写或已写)的论文。选中了某家(类)杂志后,还需了解该杂志的载文长短、水平要求等等。如果有几家杂志都显得合适,就应从各方面比较,然后决定弃取。

当你把自己的学术论文写好誊正之后,并对自己的研究成果的价值深信不疑的话,那你就要尽快地同你准备投稿的刊物取得联系。单篇学术论文也可不必进行联系,直接将论文寄去就可以了。不过,投稿时还要注意,有些杂志不退稿件,你最好保留底稿或复印一份。如果你接到一封退稿信,应该不要气恼,这种情况是任何研究者都可能碰到的。你要做的是及时研究一下退稿的原因,并采取下列相应的措施:修改、改投或放弃。一般来说,只要你的研究有特色,只要坚持不气馁,总会成功的。此外,要注意不要一稿两投。

(二)文字与篇幅问题

一切科学研究成果,包括教育科研成果,,往往都要借助文字信息(图像)才能流传。因此,对于学术论文或专著来说,起码的要求是文字通顺,叙述明确,合乎逻辑,层次分明。反之,文字晦涩,概念含混,逻辑杂乱,层次不清,使人看不懂或不愿看,就会影响科学研究成果的传播。"言而无文,行之不远"就是说的这个道理。

"语不惊人死不休"。作者要形成严谨治学的作风,在写作时"还要讲文法",始终注意语言修辞问题。

论文的篇幅也是一个重要的值得注意的问题。文章长短与学术价值并非成正比例。长期以来,不少论文最常见的毛病是繁琐冗长。《老子》总共不过五千字,《学记》不过千余字,然而却有很高的学术价值。文贵简洁,古今中外莫不如此。因此,要提倡写短文。众所周知的道理、谦虚之词等等,尽量不要写;有图解说明问题的,就不必列表,如此等等。总之,要根据论文的实际需要和去向决定篇幅,尽可能删繁就简、压缩篇幅。

(三)论文与著作的关系问题

学术专著就是长篇学术论文印成书籍的结果。一般情况下,它要比撰写论文难度更大,劳动更艰辛。因为单篇论文一般是就个别问题探讨,而学术专著则大多要对相关的一系列问题进行探讨。时下有人说"作文难于写书",这是一种不正常的现象。当然,如果把写书理解为"编写",自有一定道理。但是,倘若"著书立说"沦为抄写编造,甚至等于学生的书文习作,那只能是学术界的一种悲哀,一种笑谈。关于论文与著作的关系,于光远同志认为:"研究工作一开始不应该是写书,一开始就写书是不容易写好的。写一本书,要做很多准备工作,先要对书中准备好的问题一个一个地进行研究。这些问题的研究结果主要采取论文的形式,把科学成果先发表出来,然后经过讨论,来看看取得的研究成果在科学上是否站得住,或者还需要做哪些补充、哪些修改。这样,一篇篇论文在科学上站住了,最后把许多研究的成果集中系统化,写成一本科研的著作。"[①]他的意见值得重视。目前学术界,包括教育界那种华而不实、粗制滥造的倾向是值得引起注意的。

---

① 于光远著:《论社会科学研究》,四川人民出版社,1981,267页。

(四)署名问题

撰写供发表的论文,必须签署作者姓名及其工作单位。署名的目的是表示对研究工作及其结果负责,记下他们的姓名也是为了尊重作者的辛勤劳动,以便给予他们应得的荣誉。是否署名,要以是否直接参加全部或主要工作,能否对研究工作负责,是否作出较大贡献为衡量标准。凡只参加部分具体工作,提供过某些材料,对全面工作不大了解,不能对研究报告全面负责的人,不必署名,可在附注中说明他们的贡献。如果是集体研究成果,还有一个署名先后的问题。署名先后应当以贡献大小为先后次序的标准,而"谁提出了研究设想,谁承担了主要研究工作,谁解决了关键问题",[①]则是衡量贡献大小的标志。对于集体撰写的论文或著作,可署单位或小组名,但应写明执笔人,列出课题参加者的名字。应当指出,联合攻关,协作研究已经成为当代教育科研工作的趋势。这样,联合署名的事就会经常出现,我们应当以严肃认真的态度对待这个问题。因此,如果这个问题处理不好,不仅将影响科研工作的进一步开展,还会败坏良好的科研风气。注明工作单位也是一个值得重视的问题,它有利于学术交流和防止剽窃现象的发生。

第三节 教育实验报告与教育调查报告的撰写

教育学术论文的撰写与教育实验报告、教育调查报告的撰写,同属于科研成果的表述形式,并且在结构上存在很大程度的类似性,因而各类研究报告在撰写上也有一些共同要求。对于共同的要求,尤其是本书前面已经讲到的几方面,为了避免重复,我们在这里只略作交待,重点讨论实验报告和调查报告在撰写上的不同的方面,以利于读者把握个性,写出特色。同时还应当指出,以实

---

① 谭炳煜著:《怎样撰写科学论文》,辽宁人民出版社,1982,27页。

验为基础形成的实验研究报告,与以调查为基础形成的调查研究报告,在撰写的体例和写法上也是有所不同的。本节重点讨论实验性研究报告的撰写,对调查报告的撰写也作简略的专门介绍。

一、教育实验报告及其撰写

规范的实验研究报告由导言、研究方法、研究结果、讨论和附录等五个基本部分组成。导言与研究方法实际上与课题设计(研究工作计划)是一致的,唯一的区别是,课题设计是用将来时编写的,而实验报告是以过去时撰写的。

(一)导言

导言有时也称前言、引言,它是实验报告的第一部分。导言部分一般阐述下列问题:(1)课题提出的缘由,研究这一课题的意义,(2)目前国内外在这一方面的研究成果、现状、问题及趋势;(3)假说的陈述及其理论基础;(4)该项研究所要解决的问题和达到的水平。鉴于这一部分所要述及的内容,有人直接以"目的与意义"为标题。这一部分虽然只是报告的引言,但它却可以显示出该项研究的学术地位,使人们了解该项研究在教育理论上和实践上的价值,在有关领域中的重要性,以及在国内外同类研究中所处的水平,从而为读者接受该项研究成果奠定心理上与认识上的基础。

实验报告导言部分要特别注意说清楚前人的工作:前人或同时代的人对于这项研究已经进展到什么程度,哪些问题已经解决了,哪些问题还没有解决。自己是在什么基础上开始研究的,已经走到了哪一步。有的实验报告在导言部分回顾历史时,说得很笼统,不交代清楚前人的贡献,这无形中夸大了自己的作用。有的人在报告中对前人的工作妄加指责,随意否定,或轻易断言"没人研究过",这是一种学风不正的表现。因此,我们要注意措词,使之既实事求是地介绍概况,又能恰到好处地赢得读者的信赖和注意。

实验报告如何开头?可以采用开门见山的方法,直入主题;可以通过提出问题,引入主题;可以先交代研究的目的、要求,逐步展开……怎样开头为好,应根据研究报告的内容、风格等等因素,全面考虑后确定。

总之,导言部分应准确、简洁、明了,字数不宜过多。

(二)研究方法

这一部分主要是向读者交待本研究的方法和过程,目的是为了让人们了解整个研究所采用的主要方法和研究工作的基本步骤及其全过程,以便让人们评价整个研究在方法论和教育理论上的科学性和客观性,从而据此规定是否承认或接受该项研究所得出的结果。

研究方法部分的介绍包括:研究对象的选择、假设、实验分组的原则、条件的控制、实验材料、测量工具、实验过程与每一个实验所测得的数据及统计处理的方法等。这类描述是为了读者能了解研究的整个过程,甚至有可能根据实验报告作出验证性实验的设计,因此不能过分简单。关于实验方法叙述的顺序,可以根据实验进行的先后排列,也可以按实验报告内容上的逻辑顺序插入方法的叙述。

总之,研究方法部分应注意条理清楚,交待明白,使别人可以据此重复研究,而具体实施的措施介绍则不一定如课题设计中那样周详细致了。如果这一部分内容较多,或附有设计图纸、量表、测验题等,应以附录的形式附在后面。

(三)结果

研究结果是实验报告的实质部分。撰写这一部分的主要目的,就是要将研究结果作为客观事实显示给读者,这一部分主要包括两方面内容:一是显示在研究中所收集的原始文献资料和观测资料,经过初步整理、分析后的结果,如对定性资料的归纳、列条,对定量资料列出周表等;二是对资料初步整理分析后,采用一些逻辑的或统计的技术手段,推出研究的最后结果或结论。所以这一部分的标题也常称作"结果和结论"。

应当指出,教育实验研究是一项科学性、技术性很强的工作,一些教育研究者习惯于定性分析,常常把论文撰写中的举例说明问题的做法,迁移到实验报告的撰写中,这样做不仅有违实验研究以实验事实(数据)说明问题的规范,而且从根本上动摇了实验的科学性,特别是读者对报告的信任。因此,在实验报告中既要重视定性的分析,更要重视定量的分析,要有对客观数据资料的统计分析处理。

表述这一部分的一条普遍原则是,详尽准备文稿,使读者阅读正文即可明了结果,而无须查阅图表。同样,图表的内容也能独立描述研究结果,使读者无须阅读正文即可了解研究的基本收获。

(四)讨论

讨论是研究者根据研究的客观事实和结果,结合自己对教育理论和实践的认识与了解,通过分析与思考,对当前教育理论或实践的发展所提出的认识、建议和设想,因此,这一部分也常以"分析与讨论""讨论与建议""建议"等作标题。

讨论部分主要讨论实验的结果与未被人们认识的部分,它是研究者对特定研究的一种个人表述,研究者可以充分发挥他们的洞察力和创造性。这一部分是研究报告的最关键部分,往往也是最难撰写的部分。在导言、方法和结果部分中,研究的细节支配着内、容,但在讨论部分却不是这样,它的结构性最小。

为了叙述和讨论的便利,有的教育实验报告中常把这一部分与结果部分合二为一,或先显示结果,接着讨论,或者夹叙夹议。但是,不论其形式如何,我们应明确地看到它们之间的区别。研究结果呈现的是研究中的客观事实,它应该是基本肯定的,并可以在相同的研究中重复出现的;而讨论则是主观的认识与分析,是研究者将研究的结果引向理论认识和实践应用的桥梁。因此,对同一研究结果,不同的研究者可能会有不同的看法(结论)。

讨论就是研究者对特定研究结果的看法。作为实验研究报告的撰写者,应该对实验及其结果有一个全面透彻的分析。即结果作什么解释?在研究方法中什么事件可能是产生结果的原因?为什么结果没有按假说或所预期的方向发生?什么因素是造成没有料到的结果的原因?这一研究的局限性是什么?有哪些特点?为了有效地回答上述问题,并进行合理的推测和作出概括性的结论,要求研究报告的撰写者既亲身经历研究的全过程,有充分的感受和体会,又谙熟教育理论与教育实践,善于提出问题和思考问题,善于从逻辑的角度、理论的角度、实践的角度,多侧面地加以分析和讨论。

在讨论中,可以沿用一些理论或建立新的理论;可以推荐应用,提出一些改进教育或教学的建议和措施;可以提出个人的一些想法和思考,也可以提出由于该项研究而发现与产生的新的问题、新的设想,建议推广以待进一步研究。在这一部分中还常常对该项研究的方法设计进行必要的反省,讨论诸如变换研究方法可能对研究结果带来哪些有意义的变化之类的问题。这一部分视实际内容的多少,可长可短,一般都是以 1、2、3、4……的方式,将所要讨论的观点一一列出。所列出的观点应条理清楚,观点鲜明,切忌含糊其辞,冗长拖沓。

(五)附录

一些在研究中所收集的客观材料,在研究中所采用的工具、设备、资料等,不仅在表述研究结果,说明研究结论,或进行重复研究时有举足轻重的地位,而且对于读者了解整个研究结果与结论,也常常是必不可少的。但这样的资料较多,不可能全部放在正文部分,因此人们常常把它们,作为附录,,列在研究报告的后面。附录主要包括三方面的内容。

一是研究中参考、引用的重要文献资料目录。这是最常见的一种附录,一般以"参考资料"或"参考文献"为标题,开列出文献资料的目录。开列目录主要有两种形式:一种是列出研究中的主要参考文献,以便于其他研究者进一步研究该课题时参考。开列参考文献可按参考的程度排列,也可按研究报告中对文献参考的先后顺序排列。另一种是列出研究报告中所引录的文献资料。有关体例和规格与论文撰写中的"引文注释"和"参考文献"部分要求基本相同。

二是研究中所收集的重要原始材料。如对日本中学生职业指导的研究,需要将日本中学生的指导计划与课程计划作为原始资料附上,所附原始资料一定要少而精,对原始资料中不十分必要的部分可作大胆的删节。那些已经正式出版的资料,那些可以化作统计图表的资料,只要注明出处,就不必列出了。

三是研究中所采用的设备、工具和手段。这里主要是指研究过程中不可缺少或代替的仪器设备、测验量表、试卷等。如果这些东西是可以买到或众所周知的,如采用的是什么型号的仪器,什么名称的测验量表,或哪一次地区统考,或开学考试的试题等,则在研究方法一节中说明即可;如果是自制或自编的,则仪器设备应至少提出设计草图,而量表、试卷如可以提供的应如实提供,如尚需保密的(如有关量表的常模),则应该附有描述性的说明。

至此,一份研究报告基本完成了,这时再系统地看一遍或几遍,以检查整篇研究报告是否观点鲜明、事实确凿、思路清晰、结构严密,最后再核对一下有关数据,对文字表述作系统的推敲和润色。

至于实验报告撰写中的标题、摘要、篇幅以及署名和投稿等问题的要求,与上节所述基本相同,这里就不赘述了。

二、教育调查报告及其撰写

(一)教育调查报告的基本内容

一般情况下,撰写教育调查报告应包括以下几项基本内容或部分:

1. 调查目的和有关情况

调查报告的开头要开宗明义地写出调查什么问题,为什么要调查这个问题,要把调查的缘由、背景、筹备过程、组织领域、主要内容和调查过程,以及国内外对同一课题的研究概况、此次调查的理论意义、实践意义和学术价值等等内容交待清楚。在调查报告中还要概述调查的时间、地点、对象、范围、选择及调查的方式、方法等等情况,并分析此次调查的有利因素和不利因素。

2. 调查内容

这是调查报告的主体部分。可以通过叙述、调查图表和统计数字,用纲、目、项的形式把调查内容显示出来。调查内容的呈现有两种方法:一是把调查的基本情况按种类分成并列的几个部分来写,如对一个地区的形势调查报告,可以分为政治方面、经济方面、文化教育方面等等;二是把调查的基本情况按照事物发展逻辑顺序排列起来,分成互相衔接的几个部分,层层深入地来写。

3. 结论与建议

在对整个调查内容进行总体的定性、定量分析的基础上,概括出事物的内在联系和规律,并提出新的见解、理论和参考意见。在观点和材料的处理上可以先列出材料,然后进行分析和推论;也可以先摆明观点,然后以调查得来的事实材料的分析来证明。有的调查是为了验证已有的理论,有的调查是为了寻求新的理论,有的调查是为实用目的而寻找解决问题的办法。如系后两种情况,就要提出新的理论,或向实际工作部门提供参考意见(如改革方案)。提出新的理论或建议要谨慎、严肃,观点要从事实中引出,同时要考虑其它社会因素的影响,要全面衡量理论或建议的合理性和可行性,不要轻率地下结论和提建议。

必要时,要把调查工具或部分原始材料作为附录附在报告后面,以便让他人分析鉴定搜集调查材料的方法是否科学,材料是否可靠,并供其他研究人员参考。

(二)撰写教育调查报告应注意的事项

撰写调查报告要注意的问题有些是与撰写其它研究报告(学术论文、实验报告)相同的,因此不再赘述。这里仅就以下五个事项,提请教育研究者注意。

第一,掌握调查报告的一般撰写格式。一般来说,调查报告撰写格式由题目、序言、正文、总结等四个方面的内容组成。

第二,调查报告要用事实说话。各方面的材料和论述都是为了说明主题的,每一个观点、每一个命题都要有确凿的材料作依据,切忌空谈。

第三,调查报告要简明,要有点有面,不要堆砌材料、不着边际,也不要笼统浮泛、空发议论。

第四,调查报告语言要准确、生动、朴实。如果用当地方言土语,要加注释。

第五,调查报告写好之后,不要急于上报或发表,而要组织有关人员讨论,进一步核实材料,并就原稿内容征询被调查单位的意见。至此,一篇高质量的调查报告就可以展现在读者面前了。

附录：教育科研报告及研究设计三例

例一　《中小学校活动性德育课程实验方案》（摘录）

本实验研究的课题是：中小学校活动性德育课程系统教育的实验研究。

选择我省"六、三"学制、"五、四"学制全日制小学、初级中学和三年制全日制高级中学部分学校参加实验研究。

活动性德育课程（相对知识性或理论性德育课程），包括晨会（夕会）、班团队活动、社会实践活动和学校传统教育活动等。

活动性德育课程一般指的是：学校（班级）根据国家教育方针和德育目标，给学生提供有目的、有计划、有组织、有系统的德育活动。活动性德育课程具有活动性、系统性、适应性和联系性的特点。活动性德育课程是德育主导课程，理论性德育课程是德育的基础课程。

一、课题由来

《课程计划》中明确规定，学科和活动两部分课程，主要由国家统一安排，也有一部分由地方安排。在课程安排过程中，如何发挥活动课在实施全面发展教育中同学科相辅相成的作用，如何发挥学科课和活动课的整体功能，为学生全面发展打好基础，必须进行具体有效的科学研究。

活动性德育课程中的班团队活动目的、内容、过程、延续、效果及评估等，是本课题实验研究的突破口。这一课题的实验研究：(1)有利于提高对理论性德育课程与活动性德育课程两者关系、地位和作用的认识；(2)有利于德育课程体系特别是活动性德育课程体系的建立；(3)有利于活动性德育课程的教材建设；(4)有利于加强和改进学校德育工作；(5)有利于学生全面发展和品德素质提高。

二、实验假设和实验目标(略)

三、实验指导思想(略)

四、实验变量

1. 自变量

根据《黑龙江省中小学贯彻〈爱国主义教育实施纲要〉细则(试行)》的要求,拟成教育阶段、年级教育点,形成《黑龙江省中小学德育指导系列丛书撰写细则》。根据该《细则》条文拟出各年级(上、下册)课题,撰写课文形成活动性德育课程。课程标准分为五级,每级水平的目标既相互交叉,又循序渐进,形成《指导书》体系。

各级水平、目标:

一级水平,小学低年级,共两册,每册又分为上册、下册,上册八课、下册八课。

二级水平,小学中年级(分册办法同上)。

三级水平,小学高年级(分册办法同上)。

四级水平,初中年段,每年级两册,共八册(分册办法同上)。

五级水平,高中年段,每年级两册,共六册(分册办法同上)。

分级目标:国家规定的德育目标(终极目标);各级学校的德育目标(中程目标);每课德育、活动的目标(短程目标)。

《指导书》各课目标:明理,寓教于思;知事,寓教于学;激情,寓教于乐;导行,寓教于做。抓住德育活动中这四个环节,达到学与做、知与行的统一。

2. 因变量

通过实验揭示德育活动内在的本质的必然的联系,即规律性。

活动性德育课程的建立;活动性德育课程的内涵和外延;德育活动的主体;主体对德育活动的选择、参与、接受和创造;德育活动的结构和功能;自主自觉的自我教育活动;德育活动的时空条件;德育活动的评估。

3. 非实验变量的控制

(1)实验班主任和实验班学生的确定:选择具有组织班级活动能力和经验的班主任作为实验班主任,实验学生采用自然状态下班级建制,班团队组织健全。

(2)一律采用实验《指导书》作为实验用书,并按《指导书》的内容、形式、方法开展实验工作。

(3)一律用班团队活动时间进行实验活动。隔周一课。课序一般不宜串动,必要的串动要经实验负责人同意方可进行,并要写好课序串动记实。

(4)实验班主任要努力提高实验的理论水平和能力,忠实履行实验的要求。

(5)实验的程序安排要合理、协调、稳定。保证实验周期:1996年3月1日—1996年8月(即95年度下学期)为第一周期;1996年9月1日—1997年1月(即96年度上学期)为第二周期。

(6)严格控制实验班按《指导书》的要求进行活动,并在规定的一节课的时间内完成。

(7)各实验单位要提供必备的实验条件(包括实验经费的投入)。

五、实验目标

经过三年的实验研究(1995年4月—1997年7月)要达到下列主要目标:

1. 课程建设目标

(1)通过实验修订、完善课程标准;

(2)修订《指导书》,形成《德育活动指导》(课本)体系;

(3)完善与《指导书》配套的资料、设备。

2. 学生发展目标

(1)提高学生自我教育的意识;

(2)提高学生组织活动和品德践行的能力;

(3)发展学生的集体观念和爱国主义思想情感,增强责任感和培养学生健康的兴趣、爱好及良好的个性心理品质。

3.理论认识目标

(1)活动性德育课程的确立;

(2)活动性德育课程的结构和功能;

(3)德育活动与活动性德育课程的关系;

(4)德育活动与其他活动的关系;

(5)活动性德育课程的实施和典型的培养。

六、实验的实施

1.1995年4月—1995年11月为实验的准备阶段

主要任务:1.选题立项;2.制定《黑龙江省中小学德育指导书系列丛书编写计划》;3.编制《指导书》撰写细则;4.完成《指导书》自小学一年级至高中三年级(下册)各册编写任务。

2.1995年12月—1997年1月为实验阶段

主要任务:1,制定实验方案;2.《指导书》印刷、发行工作;3,1996年2月举办实验教师培训班;4.1996年3月1日—1996年8月为《指导书》(下册)实验实施阶段;5.1995年12月—1996年8月完成《指导书》(上册)编写、印刷、发行任务。

3.1997年1月—1997年7月为第一轮《指导书》实验总结阶段

(1)各实验单位撰写、完成(上册、下册)实验报告;(2)完成《指导书》实验总报告;(3)开展评估、验收工作;(4)开展与实验有关的比赛活动,总结评奖工作,颁发奖励证书;(5)做好《活动性德育课程》计划、教材的审报工作。

实验成果形式:(1)实验报告(分报告、总报告);(2)《黑龙江省中小学德育指导系列丛书》(自小学一年级至高中三年级,每年级分上下两册,共26册);(3)论文、专著。

七、实验检测、评估

1. 检测评估内容

(1)课程建设目标(见前) (2)学生发展目标(见前) (3)理论认识目标(见前)

2. 检测评估方法

采用观察、测试、访谈、问卷调查、学生评议和教师评议等定性和定量相结合的方法对实验目标进行形成性和终结性评估。

编制实验检测指标体系。

采取一课一评,期中小结,期末总结的程序,搞好实验的记实、资料积累、实验档案的存管工作。学期写出阶段性实验报告。学年度写出实验总报告。务实验区(哈市南岗区、太平区、道里区、香坊区、动力区、平房区等,大庆市、双鸭山市、齐齐哈尔市、齐市中国一重集团公司、双城市等)写出年度总报告,实验终结由课题组写出《指导书》实验终结报告。

八、实验原则

1. 思想性、科学性、艺术性统一的原则

2. 学生的主体作用与教师的指导相结合的原则

3. 普遍的系统性与相对的独立性相结合的原则

4. 实验性与实效性相统一的原则

九、实验单位及组织领导

1. 实验单位分为实验学校、实验区和省实验大区三级

2. 组织领导

三级实验单位分别成立三结合的课题组领导实验工作。课题组机构内部责任、分工根据各实验单位具体情况酌情设定。省设立总课题组领导区级课题组和学校课题组开展实验工作。对实验的具体内容、目标、方法、步骤、要求、评估、论证等有指导、调控、评价、培训、表彰等职能。保证实验的正确方向和实施。区级课题组对本区内实验学校的实验工作有领导、指导的责任。

3.各实验单位要依据总课题组的《指导书实验方案》制定实施方案和细则

4.省总课题组每学期举行一次实验成果汇报会,每一周期实验终结召开课题总结会

对实验教师等实验工作人员评发实验成果证书。

5.建立实验档案

各实验学校课题组对教师(班主任)的实验工作档案、学生档案、实验材料、数据以及对《指导书》的评价等各种有价值的资料,都要分类归档妥善保存,为实验总结、评估、论证提供依据。区级和省大区课题组也应建立相应的实验档案,专人管理。

6.总课题组组成人员及分工(略)

7.课题评估验收表(略)

(作者:张家恩、李哲 原载《教育探索》1996年第3期)

例二 《中小学生受封建迷信及宗教思想影响的调查报告》(摘录)

一、调查目的与方法

改革开放以来,随着商品经济的发展以及传播媒介的增多,一些地方封建迷信沉滓泛起,宗教活动日趋活跃。烧香、拜佛、算卦、相面现象到处可见,有关鬼神内容的书刊、电影、电视也逐渐增多,所有这些都对中小学生产生着不容忽视的消极影响。中小学生尚处在长知识、长身体的发展阶段。他们的是非辨别能力不高,他们的人生观、世界观还没形成或正在形成之中,封建迷信及宗教思想极易对他们造成不良影响,这对于他们科学的人生观、世界观的形成,对于他们身心的健康成长,尤其对于我们培养社会主义建设事业的接班人都是十分不利的。

现在的中小学生是21世纪的社会主义现代化的建设者,对广大中小学生进行科学无神论教育,肃清封建迷信和宗教思想的影

响,使他们逐步确立唯物主义的世界观,是直接关系到下一代的健康成长、关系到祖国的未来和民族命运的大问题。从这一意义出发,调查了解中小学生受封建迷信及宗教思想影响的现状,对揭示中小学生信教、信神、信鬼、信命的起因,探讨在中小学生中进行科学无神论教育的内容、形式、方法和途径是十分必要的。

本调查正是基于上述目的、意义,力求在辩证唯物主义思想指导下:从学生自身以及学生与周围环境的联系中,查找中小学生信教、信神、信鬼、信命的主要原因,为研究制定相应的教育对策提供依据。

调查以问卷形式为主,普遍调查与抽样调查相结合,在此基础上进行座谈与重点访谈。调查范围涉及长春市南关区、吉林市昌邑区、辽源市龙山区、吉林省抚松县等20多所初中和小学。

调查主要围绕三个问题展开。(1)中小学生受封建迷信影响状况;(2)中小学生受宗教思想影响状况;(3)学生家庭、社会环境及亲属信教情况及对学生的影响。

二、调查结果与分析

此项调查得到以下几个方面结果:

(1)中小学生已在不同程度上受到封建迷信及宗教思想的影响。据对吉林市第25小学四至六年级702名学生抽样调查,有81人相信"福祸命中注定",占调查人数的11.5%;有70人相信"灵魂不死",占调查人数的10.0%;有56人相信"算卦、相面、看手相",占调查人数的8.0%;有68人相信有"鬼神",占调查人数的9.7%;有67人相信"人死后可转世",占调查人数的9.5%;有59人相信有"天堂、地狱",占调查人数的8.4%;有27人相信有"上帝、神佛",占调查人数的3.9%。据对长春市南关区初中一、二年级814名学生的抽样调查,相信"福祸命中注定"的学生107人,占调查人数的13.1%;相信"灵魂不死"的92人,占调查人数的11.3%;相信"算卦、相面、看手相"的68人,占调查人数的8.3%;

相信有"鬼神"的45人,占调查人数的5.5%;相信"人,死后可转世"98人,占调查人数的12.0%;相信有"天堂、地狱"的51人,占调查人数的6.3%;相信有"神佛"的30人,占调查人数的3.7%。

2. 受封建迷信及宗教思想的影响,在小学阶段呈上升趋势,到初中阶段呈下降趋势。以吉林市第25小学和长春市南关区初中的调查为例,相信"世上有鬼神"(A)的占小学四年级调查人数的4.81%,占小学五年级的11.6%,占小学六年级的12.0%,占初中一年级的5.5%,占初中二年级的5.3%;相信"算卦、相面、看手相"(B)的占小学四年级的6.7%,占小学五年级的8.0%,占小学六年级的9.4%,占初中二年级的5.3%(见图1)。相信有"天堂、地狱"(C)的占小学四年级的3.9%,占小学五年级的7.9%,占小学六年级的14.1%,占初中一年级的6.3%冲目信有"上帝"(D)的,占小学四年级的2.4%,占小学五年级3.3%;占小学六年级的6.3%,占初中一年级的4.3%,占初中二年级的1.9%(见图2)。辽源市龙山区谦宁街小学对全校955命学生进行的调查统计,也反映了受宗教影响的上升趋势。全校有59名学生信教,占学生总数的6.17%,其中低年级占4.0%、中年级占6.7%、高年级占7.7%。

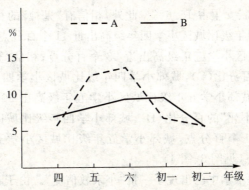

图1 小学四年级——初中二年级的受封建迷信及宗教思想影响调查统计图

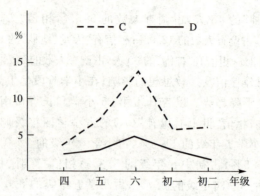

图 2 小学四年级——初中二年级受封建
迷信及宗教思想影响调查统计图

3.城郊地区,封建迷信及宗教思想对学生的影响比城区的大。据对长春市南关区城区和城郊小学四、五年级1622名学生的调查,城郊小学生受封建迷信及宗教思想的影响是相当严重的。如相信"人的祸福是命中注定的"百分比(A),城郊小学四年级的男生占35.7%、女生占40.4%,五年级男生占40.9%、女生占59.1%;而城区小学四年级男生占23.5%、女生占21.4%,五年级男生占15.3%、女生占15.6%。此外,相信有"鬼神"的百分比(B),城郊小学四年级比城区小学四年级高出近11个百分点,城郊小学五年级比城区小学五年级高出近23个百分点;相信"算卦、相面、看手相"的百分比(C),城郊小学四年级比城区小学四年级高出7个百分点,城郊小学五年级比城区小学五年级高出20个百分点;相信"灵魂不死"的百分比(D),城郊小学四年级比城区小学四年级高出近11个百分点,城郊小学五年级比城区小学五年级高出30个百分点(见图3、图4)。

4.在中小学中已出现了一批"小宗教信徒"。由于在大多数问卷调查中,并没有直接问及学生本人信教情况)故对究竟有多少学生信教没有得出一个具体的数字,但从几个调查点的情况可窥见

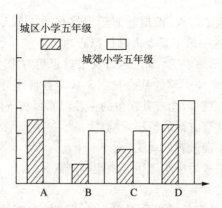

图 3 城区与城郊小学四年级受封建
迷信及宗教思想影响调查统计图

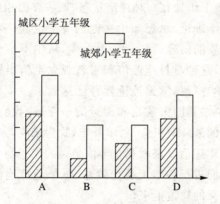

图 4 城区与城郊小学五年级受封建
迷信及宗教思想影响调查统计图

一斑,足以看出宗教势力已渗透到学校内部,且有蔓延的趋势。如吉林市第 25 小学四至六年级中有 10 人信教,有 29 人参加过各种形式的宗教礼仪活动;辽源市谦宁街小学有 59 人信教,在 17 个教学班中,只有 5 个班级没有信教学生;抚松县一所中、小学合一的学校,共有学生 285 人,而信教的学生就有 200 多人,占学生总数的 70% 以上,这一数字是令人触目惊心的。

以上调查结果表明,封建迷信及宗教思想对中小学生的影响已经成为一个十分严峻的社会现实。从调查情况分析,中小学生的迷信思想和宗教观念有其产生的主客观原因和条件。

(1)来自社会方面的消极影响。

(2)学校正面教育软弱无力。

(3)亲属信教对中小学生影响比较严重。

三、思考与对策

封建迷信及宗教思想具有极大的愚昧性和腐蚀性,对中小学生的健康成长有害无利。就目前来讲,封建迷信及宗教思想在中小学生身上的影响还没有达到根深蒂固的程度,一些信教或迷信的学生;在思想上仍处在一种迷茫状态,如一方面相信上帝、鬼神;一方面一些科学理论、思想知识在他们身上也起一定的作用。对本属于一个性质的内容,信一半、否一半,从中不难看出他们的幼稚性和盲从性,这种对封建迷信和宗教观念半信半疑的状况提示我们,对中小学进行科学无神论教育已达到了一个刻不容缓的地步,这是一场关系到国家前途和命运的争夺战,我们若掉以轻心,就会失去教育的最佳时机。"亡羊补牢,犹为未晚",我们必须抓住中小学生对封建迷信及宗教观念半信半疑的思想特点,及时地、有的放矢地对他们进行科学无神论教育,尽早地把他们的思想引导到辩证唯物主义的轨道上来。

当前,应从以下几个方面采取对策,加强对中小学生的科学无神论教育。

1. 呼吁社会强化科学无神论宣传。

2. 把科学无神论教育列为中小学德育的一项重要内容。

3. 协同家庭教育,形成科学无神论教育的合力。

(作者:崔天升、王晶　原载《教育研究 1995 年第 7 期》)

例三 《辽宁省功勋教师的教育观研究》——经验总结报告（摘录）

1994年,辽宁省人民政府授予了辽宁有史以来第一批功勋教师,共11名。这些功勋教师在教育实践活动中,经过多年的努力探索,大多在某一领域或一定范围内积累了丰富的经验,其先进事迹和丰硕成果能给人带来特殊的启发作用。他们所做出的贡献,不仅仅在于卓有成效地教好了学生,更在于拓展了教书育人的思路,使更多的人看到了未来教育的光辉前景。研究他们的教育观与经验,不仅具有突出的现实意义,也有长远的历史意义。

根据我们现有的研究条件,这些功勋教师分布的状况以及当前教改亟待解决的问题,我们选择了魏书生、冯振飞、沈智和钱令希这几位在功勋教师中有代表性的人物作为研究对象。试图通过对他们教育观及其共同特点的研究,得出一种带有普遍性的启示,以供广大教育工作者思考。

启示之一:教育思想的形成必须源于丰富的教育实践

人才的成长,理论的发展,思想的形成,都离不开扎实而又持久的具体实践。从对功勋教师的研究中我们可以发现,他们都能长期扎根基层,善于观察总结,不断突破自我,从而在具体教育实践中将经验性的体会升华为思想理论的结晶,使教学改革工作能获得稳步的提高。"实践,理论;再实践,再理论",这是他们教育观形成的共同轨迹。魏书生任教不足3年时,就做出了比较突出的成绩,受到上级领导部门的表彰。由此我们可以看到,实践不仅仅是个教龄长短的问题,更是把心紧紧贴在教育这个事业上,实现知行合一这样一个过程。因此,只有不光把实践当成一项身体活动,更当成一项精神活动来完成,教育观念的科学化才会成为可能。

启示之二:教育事业的发展迫切需要一批具有开拓精神的带头人

一所学校的好坏取决于这个学校的教师队伍是否过硬,而一支过硬教师队伍的建设,则取决于学校带头人的训练和带领。面对社会转型时期所出现的种种消极因素,教育要想保持一方净土,成为教书育人的阵地,尤其需要一批思维活跃但又脚踏实地,勇于开拓探索但又肯于任劳任怨的管理者和带头人。他们不仅能把思想和经验、要求和主张变成所率领的教师的思想和经验、要求和主张,并且能够诱发教师的想象力和创造性。功勋教师,不仅本身即是杰出的教育探索者,而且还都是优秀的管理工作者和具有开拓精神的带头人,正是通过言传身教,率先垂范,他们所领导的学校才能持久地保持一种积极上进和超越自我的氛围。在冯振飞的学校里,"不做教书匠,要当教育家"的口号,是每一个教师的口头禅和座右铭。在钱令希的学校内,被这位大学者极力提倡的"学术细胞",保证了学术思想的活跃和知识更新,促进了新学科的生长、多学科的协作以及拔尖人才的脱颖而出。在沈智领导的赵杖子小学,5名教师获市级先进教师,4名获省级先进,3名获国家级先进称号,真正称得上是强将手下无弱兵了。

启示之三:片面追求升学率问题并非无法解决

从盘锦实验中学、辽宁省农村实验中学的多年实践来看,在同类学校中,这两年学校的.升学率始终是很高的,可在他们那里,却并不存在"片追"问题。在这两所学习气氛浓郁,学生全面素质都较优秀的学校里,没有为了升学而安排的补课、模拟考试及额外的家庭作业,也不会为了应考而挤掉农业课、体育课和节假日休息等时间。事实上,魏书生、冯振飞的经验都很朴素,只要端正教育思想并辅以相应措施就行了。"片追"问题已经成为教育领域的一大公害,固然有着来之于方方面面的多种原因,但最根本的原因是教育工作者自身的原因,或迫于外部压力,或只重眼前效益,或自身素质低下,明知"片追"贻害无穷,可还要被"片追"牵着鼻子走。而魏书生、冯振飞作为教师和领导,却大张旗鼓地在师生中、家长中和社会上宣传全面发展原则,并且在所有方面及时消灭"片追"的苗头。同时制定出各种针对"片追"的规章制度进行严格的监督执行。冯振飞坚持向课堂上的 45 分钟要效益,要求教师们要"以纲为纲,以本为本"进行教学。为了有效地制止"片追",他规定:假日不补课,不许做任何模拟题,劳技术课与职教课不得占用,不搞任何形式的模拟考试,不许教师为学生排名次。显然,当有意识地抵制"片追"已经形成一股风气后,"片追"问题的解决也就变得容易了。

启示之四:勤工俭学依然是办教育的法宝

在我国目前的社会发展状况下,对教育的投入依然十分有限,单靠"等靠要",甚至靠募捐赞助和高收费滥收费来办教育,都不是长远之计。对于那些处于偏远贫困地区的教育工作者来说,重新捧起勤工俭学办教育这个传统法宝,是至关重要的。沈智领导的赵杖子小学,不仅早就实现了"四免"(免学费、书费、文具费、在校医疗费)、"三自给"(取暖费、办公费、差旅费自给),更取得了许多无形的精神领域的丰硕成果。可当年,这个断壁残垣、杂草丛生的地方只有沈智夫妇这一对教师,他们从开荒、种地、垒圈养猪开始,辟开了赵杖子小学的勤工俭学之路,靠自己的双手,把文化知识和文明进步一同播种在孩子们的心里。冯振飞的地膜覆盖种植水稻大豆等科研项目,不仅培养了学生的技能,服务了中国农业,也为学校的发展提供了物质保证。更主要的是,勤工俭学,也成了对学生进行思想品德教育的大课堂。

启示之五:爱学生的最终目的是为了让学生学会爱

作为一名教师,对学生充满爱心是一个先决条件。冯振飞用自己的收入给特困生交学费,钱令希想方设法把自己学非所用的学生调到能施展他们才华的工作岗位上。但功勋教师们所做的远远不止这些,他们更看重的是把爱教给学生,让学生不仅仅作为教师之爱的承接者和受惠者,而是自己本身也成为一个富有爱心的人,并用自己的爱去光照一切。魏书生对此深有感悟,他说:"更深刻意义上的教师,就是从根本上改变学生个性、欲望、素质的教师。"又说:"一个负责任的教师,最重要的不仅是教给学生眼前的知识,而是培养学生有利于未来、有利于人类的个性。"这个个性的最高境界即是广博的爱心。功勋教师们都认为,一个懂得爱真理、爱民主、爱知识的人,才是一个能够爱祖国、爱生活、爱同类、爱工作的人。在冯振飞的学校里,即使是那些"升学有基础"的学生,也都对劳动、对农村,怀有真挚的热爱。在沈智的赵杖子小学,学生进校的第一课是"五爱"教育,这"五爱"精神的延续,表现为30年来学校的桌椅无一破损,教室的墙壁无一画痕,门窗的玻璃无一破碎。长年执教高等学府的钱令希,不仅是广位著名,的力学专家,更是一位独具慧眼的"人学"专家,这除了表现在他会识才选才上,还充分地表现在他会培养人才、会爱惜人才上。正是钱令希对学生的爱,激发了学生们对事业的爱,使得他带出来的学生,在成为学术骨干业务尖子的伺时,往往还能够成为富有开拓精神和创新意识的组织者、领导者。我们国家的两院院士可谓凤毛麟角,可钱令希培养的学生和带过的助手中就有四人名列其间。

(作者:于月萍、宁安生 原载《教育研究》1996第3期)

附表：教育科学研究常用统计分析表

表一：随机数字表

	00～04	05—09	10～14	15～19	20～24	25～29	30～34	35～39	40～44	45～49
00	88758	66605	33843	43623	62774	25517	09560	41880	85126	60755
01	35661	42832	16240	77410	20686	26656	59698	86241	13152	49187
02	26335	03771	64115	88133	40721	06787	95962	60841	91788	86386
03	60826	74718	56527	29508	91975	13695	25215	72237	06337	73439
04	95044	99896	13763	31764	93970	60987	14692	71039	34165	21297
05	83746	47694	05143	42741	38338	97694	69300	99864	19641	15083
06	27998	42562	65402	10056	01668	48744	08400	83124	19896	18805
07	82685	32323	74625	14510	85927	28017	80588	14756	54937	76379
08	18386	13862	10988	04197	18770	72757	71418	81133	69503	44037
09	21717	13141	22707	68165	58440	19187	08421	23872	03036	34208
10	18446	83052	31842	08634	11887	86070	08464	20565	74390	36541
11	66027	75177	47398	66423	70160	16232	67343	3620S	50036	59411
12	51420	96779	54309	87456	78967	79638	68869	49062	02196	55109
13	27045	62666	73159	91149	96509	44204	92237	29969	49351	11804
14	13094	17725	14103	00067	68843	63565	93578	24756	10814	15185
15	92382	62518	17752	53163	63852	44840	02592	88572	03107	90169
16	16215	50809	49326	77232	90155	69955	93892	70445	00906	57002
17	09342	14528	64727	71403	84156	34083	35613	35670	10549	07468
18	38148	97001	03509	79424	39625	73315	18811	86230	99682	82896
19	23689	19997	72382	15247	80205	58090	43804	94548	82663	22799
20	25407	37726	73099	51057	68733	75768	77991	72641	95336	0138
21	25349	69456	19693	85568	93876	18661	69018	10332	83137	88257
22	02322	77491	56095	03055	37739	1e216	81791	32245	84081	18436
23	15072	33261	99219	43307	39239	79712	94753	41450	03944	53912
24	27002	31036	85278	74547	84809	36252	09373	69471	15506	77209

表二：X^2 分布的上侧分位数（X_α^2）表

$P(X_f^2 > X_\alpha^2) = \alpha$

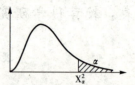

α \ f	0.99	0.98	0.96	0.90	0.80	0.70	0.50	0.30	0.20	0.10	0.05	0.02	0.01	0.001	f
1	0.0³157	0.0³628	0.0²393	0.0158	0.0642	0.148	0.455	1.074	1.612	2.706	3.841	6.412	6.6135	10.828	1
2	0.0201	0.0404	0.103	0.211	0.446	0.713	1.386	2.408	3.219	4.605	5.991	7.824	9.210	13.816	2
3	0.115	0.185	0.362	0.584	1.005	1.424	2.366	3.665	4.642	6.251	7.815	9.837	11.345	16.266	3
4	0.297	0.429	0.711	1.064	1.649	2.195	3.357	4.878	5.989	7.779	9.488	11.668	12.277	18.467	4
5	0.564	0.762	1.145	1.610	2.343	3.000	4.351	6.064	7.289	9.236	11.070	13.388	15.068	20.515	5
6	0.872	1.131	1.635	2.204	3.070	3.828	6.348	7.231	8.568	10.646	12.692	15.033	16.812	22.458	6
7	1.239	1.564	2.167	2.833	3.822	4.671	6.346	8.383	9.803	12.017	14.067	16.622	18.475	24.322	7
8	1.646	2.032	2.733	3.490	4.694	5.527	7.344	9.624	11.030	13.362	15.507	18.168	20.090	26.125	8
9	2.088	2.532	3.325	4.168	6.380	6.393	8.343	10.656	12.242	14.684	16.919	19.679	21.660	27.877	9
10	2.566	3.059	3.940	4.865	6.179	7.207	9.342	11.781	13.442	15.987	18.307	21.161	23.209	29.588	10
11	3.053	3.609	4.575	5.578	6.989	8.148	10.341	12.899	14.631	17.275	19.675	22.618	24.725	31.264	11
12	3.571	4.178	5.226	6.304	7.807	9.034	11.340	14.011	15.812	18.549	21.026	24.064	26.217	32.909	12
13	4.107	4.765	5.892	7.042	8.634	9.926	12.340	15.119	16.985	19.817	22.362	25.472	27.688	34.528	13
14	4.660	5.368	6.571	7.790	9.437	10.821	13.339	16.222	18.151	21.064	23.685	26.873	29.111	36.123	14
15	5.229	5.985	7.261	8.547	10.307	11.721	14.339	17.322	19.311	22.307	24.996	28.259	30.578	37.697	15
16	6.812	6.614	7.962	9.312	11.152	12.624	15.338	18.418	20.465	23.542	26.296	29.633	32.000	39.252	16
17	6.408	7.255	8.672	10.085	12.002	13.531	16.338	19.511	21.615	24.769	27.587	30.995	33.409	40.790	17
18	7.015	7.906	9.390	10.865	12.867	14.440	17.338	20.601	22.760	25.989	28.869	32.346	34.805	42.312	18
19	7.633	8.667	10.117	11.651	13.716	15.352	18.338	21.689	23.900	27.201	30.144	33.687	36.191	43.820	19
20	8.260	9.237	10.861	12.443	14.678	16.266	19.337	22.775	26.038	28.412	31.410	35.920	37.666	46.315	20
21	6.897	9.915	11.591	11.240	15.446	17.182	20.337	23.858	26.171	29.615	32.671	36.343	38.932	40.797	21
22	9.542	10.600	12.338	14.041	16.314	18.101	21.337	24.939	27.301	30.813	33.974	37.659	40.289	48.268	22
23	10.196	11.293	13.091	14.848	17.189	19.021	22.337	26.018	28.429	32.007	35.172	38.968	41.638	49.728	23

(续表二)

α\f	0.99	0.98	0.96	0.90	0.80	0.70	0.50	0.30	0.20	0.10	0.05	0.02	0.01	0.001	α\f
24	10.856	11.992	13.848	15.659	18.062	19.943	23.337	27.096	29.553	33.196	36.415	40.270	42.980	51.179	24
25	11.524	12.697	14.611	16.473	18.940	20.867	24.337	28.172	30.675	34.382	37.652	41.666	44.314	52.618	25
26	12.198	13.409	15.379	17.292	19.820	21.792	25.336	29.246	31.795	35.563	38.885	42.856	45.642	54.052	26
27	12.879	14.125	16.151	18.114	20.703	22.719	26.336	30.319	32.912	36.711	40.113	44.140	46.963	55.476	27
28	13.565	14.847	16.928	18.939	21.588	23.647	27.336	31.391	34.027	37.916	41.337	45.419	48.278	56.893	28
29	24.256	15.574	17.708	19.768	22.473	24.577	28.336	32.461	35.139	39.087	42.557	46.693	49.588	58.301	29
30	14.953	16.306	18.493	20.599	23.364	25.508	29.336	33.530	36.250	40.256	43.773	47.962	50.892	59.703	30

表三: t 分布的双侧分位数 (t_α) 表

$P(|t| > t_\alpha) = \alpha$

α\f	0.9	0.8	0.7	0.6	0.5	0.4	0.3	0.2	0.1	0.05	0.02	0.01	0.001	α\f
1	0.158	0.325	0.510	0.727	1.000	1.376	1.963	3.078	6.314	12.706	31.821	63.657	636.61	1
2	.142	.289	.440	.617	0.816	1.061	1.306	1.886	2.920	4.303	6.965	9.925	31.598	2
3	.137	.277	.424	.584	.765	0.978	1.250	1.638	2.353	3.132	4.541	5.841	12.924	3
4	.134	.271	.414	.569	.741	.941	1.190	1.533	2.132	2.776	3.747	4.604	8.610	4
5	.132	.267	.408	.559	.727	.920	1.156	1.476	2.015	2.571	3.365	4.032	6.859	5
6	.131	.265	.404	.553	.718	.906	1.134	1.440	1.943	2.447	3.143	3.707	5.959	6
7	.130	.263	.402	.549	.711	.896	1.119	1.415	1.895	2.365	2.998	3.499	5.405	7
8	.130	.262	.399	.546	.706	.889	1.103	1.397	1.360	2.306	2.896	3.355	5.041	8
9	.129	.261	.398	.543	.703	.883	1.100	1.383	1.833	2.262	2.821	3.250	4.781	9
10	.129	.260	.397	.542	.700	.379	1.093	1.372	1.812	2.228	2.764	3.169	4.587	10
11	.129	.260	.396	.5499	.697	.876	1.088	1.363	1.796	2.201	2.718	3.106	4.437	11

(续表三)

α\f	0.9	0.8	0.7	0.6	0.5	0.4	0.3	0.2	0.1	0.05	0.02	0.01	0.001	f
12	.128	.259	.395	.539	.695	.873	1.083	1.356	1.782	2.179	2.681	3.055	4.318	12
13	.128	.259	.394	.538	.694	.870	1.079	1.350	1.771	2.160	2.650	3.012	4.221	13
14	.128	.258	.393	.537	.692	.868	1.076	1.345	1.761	2.145	2.624	2.977	4.110	14
15	.128	.258	.393	.536	.691	.866	1.074	1.341	1.753	2.131	2.602	2.947	4.073	15
16	.128	.258	.392	.535	.690	.865	1.071	1.337	1.746	2.120	2.583	2.921	4.015	16
17	.128	.257	.392	.534	.689	.863	1.069	1.333	1.740	2.110	2.567	2.898	3.965	17
18	.127	.257	.392	.534	.688	.862	1.067	1.330	1.934	2.101	2.552	2.878	3.922	18
19	.127	.257	.391	.533	.688	.861	1.066	1.328	1.129	2.093	2.539	2.861	3.883	19
20	.127	.257	.391	.533	.687	.860	1.064	1.325	1.725	2.086	2.528	2.845	3.850	20
21	.127	.257	.391	.532	.686	.859	1.063	1.323	1.721	2.080	2.518	2.831	3.819	21
22	.127	.256	.390	.532	.686	.858	1.061	1.321	1.717	2.074	2.508	2.819	3.792	22
23	.127	.256	.390	.532	.605	.058	1.060	1.319	1.714	2.069	2.500	2.807	30767	23
24	.127	.256	.390	.531	.685	.857	1.059	1.318	1.711	2.064	2.492	2.797	3.745	21
25	.127	.256	.390	.531	.684	.856	1.058	1.316	1.708	2.060	2.485	2.781	3.725	25
26	.127	.256	.390	.531	.684	.856	1.058	1.315	1.706	2.056	2.479	2.779	3.707	26
27	.127	.256	.389	.531	.684	.855	1.057	1.314	1.703	2.052	2.473	2.771	3.690	27
28	.127	.256	.389	.530	.683	.855	1.056	1.313	1.701	2.048	2.467	2.963	3.671	28
29	.127	.256	.389	.530	.633	.854	1.055	1.311	1.699	2.045	2.462	2.756	3.659	29
30	.127	.256	.389	.530	.683	.854	1.055	1.310	1.697	2.042	2.457	2.750	3.646	30
40	.126	.255	.308	.529	.681	.851	1.050	1.303	1.604	2.021	2.423	2.704	3.551	40
60	.126	.254	.387	.527	.679	.848	1.046	1.296	1.671	2.000	2.390	2.660	3.460	60
120	.126	.254	.386	.526	.677	.845	1.041	1.289	1.658	1.980	2.358	2.617	3.373	120
∞	.126	.253	.385	.521	.674	.841	1.036	1.232	1.645	1.960	2.326	2.576	3.290	∞

表四：检验相关系数 $\rho=0$ 临界值 (r_α) 表

$$P(|r|>r_\alpha)=\alpha$$

α \ f	0.10	0.05	0.02	0.01	0.001	α \ f
1	0.98709	0.99692	0.999507	0.999877	0.999988	1
2	.90000	.95000	.98000	.99000	.99900	2
3	.8054	.8788	.98488	.95878	.99119	3
4	.7293	.8114	.8822	.91720	.97406	4
5	.6694	.7545	.8829	.8745	.95074	5
6	.6125	.7067	.7887	.8348	.92498	6
7	.5822	.6664	.7498	.7977	.8982	7
8	.5494	.6819	.7155	.7646	.8721	8
9	.5214	.6021	.6851	.7348	.8471	9
10	.4978	.5760	.6581	.7079	.8239	10
11	.4762	.5529	.6339	.6835	.8010	11
12	.4575	.5824	.6120	.6614	.7800	12
13	.4409	.5139	.5923	.6411	.7603	13
14	.4259	.4978	.5742	.6226	.7420	14
15	.4124	.4821	.5577	.6055	.7246	15
16	.4000	.4683	.5425	.5897	.7084	16
17	.3887	.4555	.5285	.5751	.6932	17
18	.3788	.4438	.5155	.5614	.6787	18
19	.3687	.4329	.5034	.5487	.6652	19
20	.3598	.4227	.4921	.5368	.6524	20
25	.3233	.3809	.4551	.4869	.5974	25
30	.2960	.3494	.4093	.4487	.5541	30
35	.2746	.3246	.3810	.4182	.5189	35
40	.2573	.3044	.3578	.3932	.4896	40
45	.2428	.2875	.3384	.3721	.4648	45
50	.2306	.2732	.3218	.3541	.4433	50
60	.2108	.2500	.2948	.3248	.4078	60
70	.1954	.231g	.2737	.3017	.3799	70
80	.1829	.2172	.2565	.2830	.3568	80
90	.1726	.2050	.2422	.2673	.3375	90
100	.1638	.1946	.2301	.2540	.321	100

表五：T 值表

df	$P(2)_2$ / $P(1)_2$	0.50 / 0.25	0.20 / 0.10	0.10 / 0.05	0.05 / 0.025	0.02 / 0.01	0.01 / 0.005	0.005 / 0.0025	0.002 / 0.001	0.001 / 0.0005
1		1.000	3.078	6.314	12.706	31.821	63.652	27.323	18.309	36.619
2		0.816	1.886	2.920	4.303	6.965	9.925	14.089	22.327	31.599
3		0.765	1.638	2.353	3.182	4.541	5.841	7.453	10.215	12.924
4		0.741	1.533	2.132	2.775	3.747	4.604	5.598	7.173	8.610
5		0.727	1.476	2.015	2.571	3.365	4.032	4.773	5.892	6.869
6		0.718	1.440	1.943	2.447	3.143	3.707	4.317	5.208	5.959
7		0.711	1.415	1.895	2.365	2.998	3.499	4.029	4.785	5.408
8		0.706	1.397	1.860	2.306	2.896	3.355	3.833	4.501	5.041
9		0.703	1.383	1.833	2.262	2.821	3.250	3.690	4.297	4.781
10		0.700	1.372	1.812	2.228	2.764	3.169	3.581	4.144	4.587
11		0.697	1.363	1.796	2.201	2.718	3.106	3.497	4.025	4.437
12		0.695	1.356	1.782	2.179	2.681	3.055	3.428	3.930	4.318
13		0.694	1.350	1.771	2.160	2.650	3.012	3.372	3.852	4.221
14		0.692	1.345	1.761	2.145	2.624	2.977	3.326	3.787	4.140
15		0.691	11.341	1.753	2.131	2.602	2.947	3.286	3.733	4.073
16		0.690	1.337	1.746	2.120	2.583	2.921	3.252	3.685	4.015
17		0.689	1.333	1.740	2.110	2.567	2.898	3.222	3.646	3.965
18		0.688	1.330	1.734	2.101	2.552	2.878	2.197	3.610	3.922
19		0.688	1.328	1.729	2.093	2.539	2.851	3.174	3.579	3.883
20		0.687	1.325	1.725	2.086	2.528	2.845	3.153	3.552	3.850
21		0.686	1.323	1.721	2.080	2.518	2.831	3.135	3.527	3.819
22		0.686	1.321	1.717	2.074	2.506	2.819	3.119	3.505	3.792
23		0.685	1.319	1.714	2.069	2.500	2.807	3.164	3.485	3.763
24		0.685	1.	318	1.711	2.064	2.492	2.797	3.091	3.467
25		0.684	1.316	1.708	2.060	2.485	2.787	3.078	3.450	3.725
26		0.684	1.315	1.706	2.056	2.479	2.779	3.067	3.435	3.707
27		0.684	1.314	1.703	2.052	2.473	2.771	3.057	3.421	3.690
28		0.683	1.313	1.701	2.048	2.467	2.763	3.047	3.408	3.674

(续表五)

df	$P(2)_2$ $P(1)_2$	0.50 0.25	0.20 0.10	0.10 0.05	0.05 0.025	0.02 0.01	0.01 0.005	0.005 0.0025	0.002 0.001	0.001 0.0005
29		0.383	1.311	1.699	2.045	2.462	2.756	3.038	3.396	3.659
30		0.683	1.310	1.697	2.042	2.457	2.750	3.030	3.385	3.646
31		0.682	1.309	1.696	2.040	2.453	2.744	3.022	3.375	3.633
32		0.682	1.309	1.694	2.037	2.449	2.738	3.015	3.365	3.622
33		0.682	1.308	1.692	2.035	2.445	2.733	3.008	3.356	3.611
34		0.682	1.307	1.691	2.032	2.441	2.728	3.002	3.343	3.601
35		0.682	1.306	1.690	2.030	2.438	2.724	2.996	3.340	3.591
36		0.681	1.306	1.688	2.028	2.434	2.719	2.990	3.333	3.582
37		0.681	1.305	1.687	2.026	2.431	2.715	2.985	3.326	3.574
38		0.681	1.304	1.686	2.024	2.429	2.712	2.980	3.319	3.566
39		0.681	1.304	1.685	2.023	2.426	2.708	2.976	3.313	3.558
40		0.681	1.303	1.684	2.021	2.423	2.704	2.971	3.307	3.551
50		0.678	1.299	1.673	2.009	2.403	2.678	2.937	3.261	3.495
60		0.679	1.296	1.671	2.000	2.390	2.660	2.915	3.232	3.460
70		0.678	1.294	1.667	1.994	2.381	2.648	2.899	3.211	3.435
80		0.678	1.292	1.664	1.990	2.374	2.639	2.887	3.195	3.416
90		0.677	1.291	1.662	1.987	2.368	2.632	2.878	3.183	3.402
100		0.677	1.290	1.650	1.984	2.364	2.626	2.871	3.174	3.390
200		0.767	1.286	1.653	1.972	2.345	2.601	2.839	3.131	3.340
500		0.675	1.283	1.648	1.965	2.334	2.585	2.820	3.107	3.310
1000		0.675	1.282	1.646	1.962	2.330	2.581	2.813	3.098	3.300
∞		0.6745	1.2816	1.6449	1.9600	2.3263	2.5758	2.8070	3.0902	3.2905

注:表右上角图中的阴影部分表示概率 P. P(2)是双侧的概率. P(1)是单侧的概率。df 是自由度。

表六：正态分布表

$$\Phi(u) = \frac{1}{\sqrt{2\pi}} \int_{-\infty}^{u} e^{\frac{x^2}{2}} dx \quad (u \leqslant 0)$$

%	0.00	0.01	0.02	0.03	0.04	0.05	0.06	0.07	0.08	0.09	u
−0.0	0.5000	0.4960	0.4920	0.4880	0.4840	0.4801	0.4701	0.4721	0.4681	0.4641	−0.0
−0.1	.4602	.4562	.4522	.4483	.4443	.4404	.4364	.4325	.4286	.4247	−0.1
−0.2	.4207	.4168	.4129	.4090	.4052	.4013	.3974	.3936	.3897	.3859	−0.2
−0.3	.3321	.3183	.3715	.3707	.3669	.3632	.3594	.3557	.3520	3483	−0.3
−0.4	.3446	.3400	.3372	.3336	.3300	.3264	.3228	.3192	.3156	.3121	−0.4
−0.5	.3085	.3050	.3015	.2981	.2946	.2912	.2877	.2843	.2810	.2776	−0.5
−0.6	.2743	.2709	.2676	.2643	.2611	.2578	.2546	.2514	.2403	.2451	−0.6
−0.7	.2420	.2389	.2358	.2327	.2297	.2266	.2236	.2206	.2177	.2148	−0.1
−0.8	.2119	.2090	.2061	.2033	.2005	.1997	.1949	.1922	.1894	.1867	−0.8
−0.9	.1841	.1814	.1788	.1762	.1736	.1711	.1685	.1660	.1635	.1611	−0.9
−1.0	.1507	.1562	.1539	.1515	.1492	.1469	.1446	.1423	.1401	.1379	−1.0
−1.1	.1357	.1335	.1314	.1292	.1271	.1251	.1230	.1210	.1190	.1170	−1.1
−1.2	.1151	.1131	.1112	.1093	.1075	.1056	.1038	.1020	.1003	.09853	−1.2
−1.3	.09680	.09510	.09342	.09176	.09012	.08851	.08691	.08534	.08379	.08220	−1.3
−1.4	.08076	.07927	.07780	.07636	.07493	.07353	.07215	.07078	.06944	.06811	−1.4
−1.5	.06681	.06552	.06426	.06301	.06178	.06057	.05938	.05821	.05705	.05592	−1.5
−1.6	.06480	.05370	.05262	.05155	.05050	.04947	.04846	.04746	.04648	.04551	−1.6
−1.7	.04457	.04363	.04272	.04182	.04093	.04006	.03920	.03836	.03754	.03673	−1.7
−1.8	.03593	.03515	.03438	.03362	.03288	.03216	.03144	.03074	.03005	.02938	−1.8
−1.9	.02872	.02807	.02743	.02680	.02619	.02559	.02500	.02442	.02385	.02339	−1.9
−2.0	.02275	.02222	.02169	.02118	.02068	.02018	.01970	.01923	.01876	.01831	−2.0
−2.1	.01786	.01743	.01700	.01659	.01618	.01578	.01539	.01500	.01463	.01421	−2.1
−2.2	.01390	.01355	.01321	.01287	.01255	.01222	.01191	.01160	.01130	.01101	−2.2

(续表六)

%	0.00	0.01	0.02	0.03	0.04	0.05	0.06	0.07	0.08	0.09	u
-2.3	.01072	.01044	.01017	.0^{2}9903	.0^{2}9642	.0^{2}9387	.0^{2}9137	.0^{2}8894	.0^{2}8656	.0^{2}8424	-2.3
-2.4	.0^{2}8108	.0^{2}7976	.0^{2}7760	.0^{2}7549	.0^{2}7344	.0^{2}7143	.0^{2}6947	.0^{2}6756	.0^{2}5669	.0^{2}6387	-2.4
-2.5	.0^{2}6210	.0^{2}6037	.0^{2}5868	.0^{2}5703	.0^{2}5543	.0^{2}5386	.0^{2}5234	.0^{2}5085	.0^{2}4940	.0^{2}4799	-2.5
-2.6	.0^{2}4661	.0^{2}4527	.0^{2}4396	.0^{2}4269	.0^{2}4145	.0^{2}4025	.0^{2}3907	.0^{2}3793	.0^{2}3681	.0^{2}3573	-2.6
-2.7	.0^{2}3467	.0^{2}3364	.0^{2}3264	.0^{2}3167	.0^{2}3072	.0^{2}2980	.0^{2}2890	.0^{2}2803	.0^{2}2718	.0^{2}2635	-2.7
-2.8	.0^{2}2555	.0^{2}2477	.0^{2}2401	.0^{2}2327	.0^{2}2256	.22186	.0^{2}2118	.0^{2}2052	.0^{2}1988	.0^{2}1926	-2.8
-2.9	.0^{2}1866	.0^{2}1807	.0^{2}1750	.0^{2}1695	.0^{2}1641	.0^{2}1589	.0^{2}1538	.0^{2}1489	.0^{2}1441	.0^{2}1395	-2.9
-3.0	.0^{2}1350	.0^{2}1306	.0^{2}1264	.0^{2}1223	.0^{2}1183	.0^{2}1144	.0^{2}1107	.0^{2}1070	.0^{2}1035	.0^{2}1001	-3.0
-3.1	.0^{3}9676	.0^{3}9354	.0^{3}9043	.0^{3}0740	.0^{3}8447	.0^{3}8164	.0^{3}7888	.0^{3}7622	.0^{3}7364	.0^{3}7114	-3.1
-3.2	.0^{3}6871	.0^{3}6637	.0^{3}6410	.0^{3}6190	.0^{3}5976	.0^{3}5770	.0^{3}S571	.0^{3}5377	.0^{3}5190	.0^{3}5009	-3.2
-3.3	.0^{3}483	.0^{3}4665	.0^{3}4501	.0^{3}4342	.0^{3}4189	.0^{3}4041	.0^{3}3897	.0^{3}3758	.0^{3}3624	.0^{3}3495	-3.3
-3.4	.0^{3}3369	.0^{3}3248	.0^{3}3131	.0^{3}3018	.0^{3}2009	.0^{3}2803	.0^{3}2701	.0^{3}2602	.0^{3}2507	.0^{3}5415	-3.4
-3.5	.0^{3}2326	.0^{3}2241	.0^{3}2158	.0^{3}2078	.0^{3}2001	.0^{3}1026	.0^{3}1854	.0^{3}1785	.0^{3}1718	.0^{3}1653	-3.5
-3.6	.0^{3}1591	.0^{3}1531	.0^{3}1473	.0^{3}1417	.0^{3}1363	.0^{3}1311	.0^{3}1261	.0^{3}1213	.0^{3}1166	.0^{3}1121	-3.6
-3.7	.0^{3}1078	.0^{3}1036	.0^{4}9961	.0^{4}9574	.0^{4}9201	.0^{4}8842	.0^{4}8496	.0^{4}8162	.0^{4}7841	.0^{4}9532	-3.7
-3.8	.0^{4}7235	.0^{4}6948	.0^{4}6673	.0^{4}6407	.0^{4}6152	.0^{4}5906	.0^{4}5669	.0^{4}5442	.0^{4}5223	.0^{4}5012	-3.8
-3.9	.0^{4}1810	.0^{4}4615	.0^{4}4427	.0^{4}4247	.0^{4}4074	.0^{4}3908	.0^{4}3747	.0^{4}3594	.0^{4}3446	.0^{4}3304	-3.9
-4.0	.0^{4}3167	.0^{4}3036	.0^{4}2910	.0^{4}2789	.0^{4}2673	.0^{4}2561	.0^{4}2454	.0^{4}2361	.0^{4}2252	.0^{4}2157	-4.0
-4.1	.0^{4}2066	.0^{4}1978	.0^{4}1894	.0^{4}1814	.0^{4}1737	.0^{4}1662	.0^{4}1591	.0^{4}1523	.0^{4}1458	.0^{4}1395	-4.1
-4.2	.0^{4}1335	.0^{4}1277	.0^{4}1222	.0^{4}1168	.0^{4}1118	.0^{4}1069	.0^{4}1022	.059774	.0^{5}9345	.0^{5}8934	-4.2
-4.3	.0^{5}8540	.0^{5}8163	.0^{5}7001	.0^{5}7455	.0^{5}7124	.0^{5}6807	.0^{5}6503	.0^{5}6212	.0^{5}5934	.0^{5}5668	-4.3
-4.4	.0^{5}5413	.0^{5}5160	.0^{5}4935	.0^{5}4712	.0^{5}4498	.0^{5}4294	.0^{5}4098	.0^{5}3911	.0^{5}3732	.0^{5}3561	4.4
-4.5	.0^{5}3398	.0^{5}3241	.0^{5}3092	.0^{5}2949	.0^{5}2813	.0^{5}2682	.0^{5}2558	.0^{5}2439	.0^{5}2325	.0^{5}2216	-4.5
-4.6	.0^{5}2112	.0^{5}2013	.0^{5}1919	.0^{5}1828	.0^{5}1742	.0^{5}1660	.0^{5}1581	.0^{5}1506	.0^{5}1434	.0^{5}1366	-4.6
-4.7	.0^{5}1301	.0^{5}1239	.0^{5}1179	.0^{5}1123	.0^{5}1069	.0^{5}1017	.0^{6}9680	.0^{6}9211	.0^{6}9765	.0^{6}8339	-4.7
-4.8	.0^{6}7933	.0^{6}7547	.0^{6}7178	.0^{6}6827	.0^{6}6492	.0^{6}6173	.0^{6}5869	.0^{6}5580	.0^{6}5304	.0^{6}5042	-4.8
-4.9	.0^{6}4792	.0^{6}4554	.0^{6}4327	.0^{6}4111	.0^{6}3906	.0^{6}3711	.0^{6}3525	.0^{6}3348	.0^{6}3179	.0^{6}3019	-4.9

(续表六)

$$\Phi(u) = \frac{1}{\sqrt{2\pi}} \int_{-\infty}^{u} e^{-\frac{x^2}{2}} dx \, (u \geq 0)$$

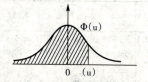

%	0.00	0.01	0.02	0.03	0.04	0.05	0.06	0.07	0.08	0.09	u
0.0	0.5000	0.5040	0.5080	0.5120	0.5160	0.5199	0.5239	0.5279	0.5319	0.5359	0.0
0.1	.5398	.5438	.5478	.5517	.5557	.5596	.5636	.5675	.5714	.5753	0.1
0.2	.5793	.5832	.5871	.5910	.5948	.5987	.6026	.6064	.6103	.6141	0.2
0.3	.6179	.6217	.6255	.6293	.6331	.5368	.6406	.6443	.6480	.6519	0.3
0.4	.6554	.6591	.6628	.6661	.6700	.6736	.6972	.6808	.6844	.6879	0.4
0.5	.6915	.6950	.6985	.7019	.7054	.7088	.7123	.7157	.7190	.7224	0.5
0.6	.7257	.7291	.7324	.7357	.7389	.7422	.7454	.7486	.7517	.7549	0.6
0.7	.7580	.7611	.7642	.7673	.7703	.7734	.7761	.7794	.7823	.7850	0.7
0.8	.7881	.7910	.7939	.7967	.7995	.8023	.0051	.8070	.8106	.8139	0.8
0.9	.8159	.8186	.8212	.8238	.8264	.8289	.8315	.0340	.0365	.8389	0.9
1.0	.8413	.8438	.8461	.8485	.8508	8531	.8554	.8577	.8599	.8621	1.0
1.1	.8643	.8665	.8686	.8708	.8729	.8749	.8770	.0790	.8810	.8830	1.1
1.2	.8849	.8869	.8888	.8907	.8925	.0944	.8962	.8980	.8997	.90147	1.2
1.3	.90320	.90490	.90658	.90824	.90988	.91149	.91309	.91466	.91621	.91774	1.3
1.4	.91024	92073	.92220	.92364	.92507	.92647	.02785	.92922	.930S6	93189	1.4
1.5	.93319	.93448	.93574	.93699	.03822	.93943	.94062	.94179	.94295	.9408	1.5
1.6	.94520	.94630	.94738	.94845	.94950	.95053	.95154	.95254	.95352	.95499	1.6
1.7	.05543	.95637	.95728	.95818	.95907	.95994	.96080	.9616	.96246	.96327	1.7
1.8	.96407	.96485	.96562	.96638	.96712	.96784	.96856	.96926	.96995	.97062	1.8
1.9	.97128	.97193	.97257	.97320	.97381	.97441	.97500	.97558	.97615	.97670	1.9
2.0	.97725	.97778	.97831	.97882	.97932	.97902	.98030	.98077	98124	.98169	2.0
2.1	.98214	.98257	.98300	.98341	.98882	.98422	.98461	.98500	.98537	.98574	2.1

(续表六)

%	0.00	0.01	0.02	0.03	0.04	0.05	0.06	0.07	0.08	0.09	u
2.2	.98610	.98645	.98679	.98713	.98745	.98778	.98809	.98840	.98870	.98899	2.2
2.3	.98928	.98956	.98983	.9^{2}0097	.9^{2}0358	.9^{2}0613	.9^{2}0863	.9^{2}1106	.9^{2}1344	.9^{2}1576	2.3
2.4	.921802	.9^{2}2024	.9^{2}2240	.9^{2}2451	.9^{2}2656	.9^{2}2857	.9^{2}3053	.9^{2}3244	.9^{2}431	.9^{2}3613	2.4
2.5	.9^{2}3790	.9^{2}3963	.9^{2}4132	.9^{2}4297	.9^{2}4457	.9^{2}4614	.9^{2}4766	.9^{2}4915	.9^{2}5065	.9^{2}5201	2.5
2.6	.9^{2}5339	.9^{2}5473	.9^{2}5604	.9^{2}5731	.9^{2}5855	.9^{2}5975	.9^{2}6093	.9^{2}6207	.9^{2}6319	.9^{2}6427	2.6
2.7	.9^{2}6533	.9^{2}6636	.9^{2}6736	.9^{2}6833	.9^{2}6928	.9^{2}7020	.9^{2}7110	.9^{2}7197	.9^{2}7282	.9^{2}7365	2.7
2.8	.9^{2}7445	.9^{2}7523	.9^{2}7599	.9^{2}7673	.9^{2}7744	.9^{2}7814	.9^{2}7882	.9^{2}7948	.9^{2}8012	.9^{2}8074	2.8
2.9	.9^{2}8134	.9^{2}8193	.9^{2}8250	.9^{2}8305	.9^{2}8359	.9^{2}8411	.9^{2}8462	.9^{2}8511	.9^{2}8559	.9^{2}8605	2.9
3.0	.9^{2}8650	.9^{2}8694	.9^{2}8736	.9^{2}8777	.9^{2}8817	.9^{2}8856	.9^{2}8893	.9^{2}8930	.9^{2}8965	.9^{2}8999	3.0
3.1	.9^{3}0324	.9^{3}0646	.9^{3}0957	.9^{3}1260	.9^{3}1553	.9^{3}1836	.9^{3}2112	.9^{3}2378	.9^{3}2636	.9^{3}2886	3.1
3.2	.933129	.9^{3}3363	.9^{3}3590	.9^{3}3810	.9^{3}4024	.9^{3}4230	.9^{3}4429	.9^{3}4623	.9^{3}4810	.9^{3}4991	3.2
3.3	.9^{3}5166	.9^{3}5335	.9^{3}5499	.9^{3}5658	.9^{3}5811	.9^{3}5959	.9^{3}6103	.9^{3}6242	.9^{3}6376	.9^{3}6505	3.3
3.4	.9^{3}6631	.9^{3}6752	.9^{3}6869	.9^{3}6982	.9^{3}7091	.9^{3}7197	.9^{3}7299	.9^{3}7398	.9^{3}7493	.9^{3}7585	3.4
3.5	.9^{3}7674	.9^{3}7759	.9^{3}7842	.9^{3}7922	.9^{3}7999	.9^{3}8074	.9^{3}8146	.9^{3}8215	.9^{3}8282	.9^{3}8347	3.5
3.6	.9^{3}8409	.9^{3}8469	.9^{3}8527	.9^{3}8583	.9^{3}8637	.9^{3}8689	.9^{3}8939	.9^{3}8787	.9^{3}8834	.9^{3}8879	3.6
3.7	.9^{3}8922	.9^{3}8964	.9^{4}0039	.9^{4}0426	.9^{4}0799	.9^{4}1158	.9^{4}1504	.9^{4}1838	.9^{4}2159	.9^{4}2468	3.7
3.8	.9^{4}2765	.9^{4}3052	.9^{4}3327	.9^{4}3593	.9^{4}3848	.9^{4}4094	.9^{4}4331	.9^{4}4558	.9^{4}4777	.9^{4}4983	3.8
3.9	.9^{4}5190	.9^{4}5385	.9^{4}5573	.9^{4}5753	.9^{4}5926	.9^{4}6092	.9^{4}6253	.9^{4}6406	.9^{4}6554	.9^{4}6696	3.9
4.0	.9^{4}6833	.9^{4}6964	.9^{4}7090	.9^{4}7211	.9^{4}7327	.9^{4}7439	.9^{4}7546	.9^{4}7649	.9^{4}7748	.9^{4}7843	4.0
4.1	.9^{4}7934	.9^{4}8022	.9^{4}8106	.9^{4}8186	.9^{4}8263	.9^{4}8338	.9^{4}8409	.9^{4}8477	.9^{4}8542	.9^{4}8605	4.1
4.2	.9^{4}8665	.9^{4}8723	.9^{4}8778	.9^{4}8832	.9^{4}8882	.9^{4}8931	.9^{4}8978	.9^{5}0226	.9^{5}0655	.9^{5}1066	4.2
4.3	.9^{5}1460	.9^{5}1837	.9^{5}2199	.9^{5}2545	.9^{5}2876	.9^{5}3193	.9^{5}3497	.9^{5}3788	.9^{5}4066	.9^{5}4332	4.3
4.4	.9^{5}4587	.9^{5}4831	.9^{5}5065	.9^{5}5288	.9^{5}5502	.9^{5}5706	.9^{5}5902	.9^{5}6089	.9^{5}6268	.9^{5}6489	4.4
4.5	.9^{5}6602	.9^{5}6759	.9^{5}6908	.9^{5}7051	.9^{5}7187	.9^{5}7318	.9^{5}7442	.9^{5}7561	.05^{7}675	.9^{5}7784	4.5
4.6	.9^{5}7888	.9^{5}7987	.9^{5}8081	.9^{5}8172	.9^{5}8258	.9^{5}8340	.9^{5}8419	.9^{5}8494	.9^{5}8566	.9^{5}8634	4.6
4.7	.9^{5}8699	.9^{5}8761	.9^{5}9821	.9^{5}8877	.9^{5}8931	.9^{5}8983	.9^{6}0320	.9^{6}0789	.9^{6}1235	.9^{6}1661	4.7
4.8	.9^{6}2067	.9^{6}2453	.9^{6}2822	.9^{6}3173	.9^{6}3508	.9^{6}3827	.9^{6}4131	.9^{6}4420	.9^{6}4696	.9^{6}4958	4.8
4.9	.9^{6}5208	.9^{6}5446	.9^{6}5673	.9^{6}5889	.9^{6}6094	.9^{6}6289	.9^{6}6475	.9^{6}6652	.9^{6}6821	.9^{6}6981	4.9

参 考 文 献

1. 叶澜:《教育研究及其方法》,中国科学技术大学出版社,1990年版。
2. 李秉德:《教育科学研究方法》,人民教育出版社,1986年版。
3. 瞿葆奎主编:《教育学文集·教育研究法》,人民教育出版社,1988年版。
4. 戴忠垣:《教育统计、测量与评价》,中国科技出版社,1990年版。
5. 戴汝潜、宛士奇:《实用教育实验法》,教育科学出版社,1992年版。
6. 李达顺等:《社会科学方法研究》,中国国际广播出版社,1991年版。
7. 陈波等:《社会科学方法论》,中国人民大学出版社,1989年版。
8. 刘元亮等:《社会认识论与方法论》,清华大学出版社,1987年版。
9. 王梓坤:《科学发现纵横谈》,上海人民出版社,1982年版。
10. [德]W·布雷岑卡:《教育知识哲学》,1992年英文版。
11. [法]G·米亚拉雷等,思穗、马兰译:《教育科学导论》,教育科学出版社,1991年版。
12. [日]大河内一男等,曲程、迟凤年译:《教育学的理论问题》,教育科学出版社,1984年版。